이 책에 쏟아진 찬사

★★★★★

저자는 이 책에서 성장을 추구하는 경영자들이 마주할 수밖에 없는 근본적 도전
에 대해 이야기한다. 강력한 사례 연구를 통해 비즈니스 이론의 주요 개념들을
모두 다루고 있는 주목할 만한 책이다.

조셉 바워*Joseph L. Bower*, 하버드 비즈니스 스쿨 교수

'어떻게 새로운 환경에 적응하며 장기적으로 생존할 것인가?'라는 경영자들의
가장 근본적인 질문에 답하는 책이다. 어떻게 기업을 변화시킬 수 있을지 보여주
고, 기업이 성공하려면 받아들여야 하는 오늘날 글로벌 시장 현실과 최신 기술
트렌드를 설명한다. 모든 리더가 이 책에서 격변하는 21세기를 헤쳐나갈 지혜를
얻을 것이다.

요안 비 크눗스토프*Jorgen vig Knudstrop*, 레고 그룹 회장

글로벌 경쟁 시대, 끊임없는 변화의 시대에 기업들은 어떻게 장기적 성공을 달성할 수 있을까? 이 책은 조직을 혁신하고 지속 가능한 성장을 추구하려는 이들을 위한 전략적 아이디어의 보고다.

얼스 로너Urs Rohner, 크레딧스위스 그룹 회장

대기업이 도전받고, 백년 기업이 시대에 뒤처지고, 전혀 다른 분야에서 온 후발 주자와 경쟁해야 하는 격변의 시대다. 저자는 이 책에서 기업을 혁신하는 방법에 대한 중요한 가이드를 제공하고, 기업 혁신 과정에서 최고 경영진이 열정, 자부심, 연대 의식을 보여줄 필요가 있다고 말한다. 빅데이터와 휴머니티의 결합으로 기업은 근본적으로 바뀔 수 있다. 나는 이 책을 더없이 높이 평가한다.

풀 와이로치Poul Weihrauch, 마즈 글로벌 펫케어 부문 사장

저자는 인공지능 시대에도 인간의 혁신 능력이 기업 번영에 핵심적 요소일 것이라 주장한다. 전 세계의 CEO와 관리자들에게 귀중한 조언을 담고 있는 책이다.

비제이 고빈다라잔VG Govindarajan, 다트머스 경영대학원 교수, 《리버스 이노베이션》 저자

기술의 대격변으로 기업의 성공 공식이 바뀌고 있는 지금, 저자는 경영자들이 맡아야 할 역할을 여러 사례와 함께 설명한다. 〈Leap〉는 먼 미래까지 생존하고 번영하는 기업을 건설하고 싶은 경영자에게 유익한 가이드다.

키이스 페라지Keith Ferrazzi, 페라지 그린라이트 회장, 《혼자 밥 먹지 마라》 저자

왜 유비쿼터스 연결성과 스마트 기기의 시대에도 인간의 호기심과 창의성이 중요한지 보여주고, 리더들이 도약하는 법을 왜 배워야 하는지, 어떻게 배울 수 있는지 설명해주는 통찰력 있는 책이다.

요코 카르비넨Jouko Karvinen, 핀에어 회장

경영자가 기업에서 혁신을 이루는 데 도움이 되는 프레임워크를 제공한다. 누구나 이해하기 쉽게 풀어 쓴 영감 넘치는 이 책은, 제품과 서비스에서 새로운 성장 동력을 창출하려는 독자를 다르게 생각하고 다르게 행동하도록 이끈다.

청싱야오Cheng Hsing Yao, 궈코랜드 싱가포르 대표이사

저자는 위기감을 느끼는 선도 기업들에게 용기를 준다. 그는 이 책에서 오래된 기업일지라도 사업 방식을 재고할 준비가 되어 있다면 앞으로도 계속 번영할 수 있다고 말한다.

파이낸셜 타임스

하워드 유는 상상력이 풍부하고 유창한 이야기꾼이다. 간결하고 힘찬 문장력을 가진 그가 제공하는 상세한 설명은 매우 이상적이다. 그는 일상생활에서 친숙한 제품들―피아노, 면화, 비누―을 예로 들어 독자들을 이야기에 빠져들게 할 뿐 아니라 인간의 판단력과 영향력이 기업 경영에서 어떤 가치가 있는지 다시 생각해볼 것을 호소한다.

스트래터직 비즈니스

심도 깊은 연구를 바탕으로 기업사와 미래 경영 전략을 인상적으로 결합한 책.

Inc. 매거진

소년 같은 얼굴과 쾌활한 성격을 가진 하워드 유 교수는 기업이 생존하기 위해 취해야 하는 전략을 가장 친절하게 잘 설명해주는 전문가다.

스트레이트 타임스

LEAP

위대한 도약

하워드 유 지음

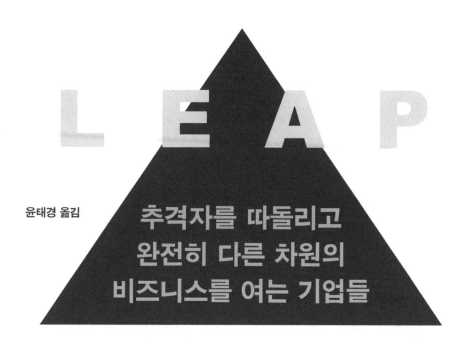

LEAP

윤태경 옮김

추격자를 따돌리고
완전히 다른 차원의
비즈니스를 여는 기업들

가나

영속과 번영의 길로 가고자 하는
기업가들의 필독서

싸이월드를 해본 적이 있는가? 이 책을 읽고 있는 30대 이상 독자들이라면 대부분 '해보았다'고 답할 것이다. 하지만 지금도 싸이월드를 즐기는 이들이 많을까?

세상을 연결하는 인터넷 웹 세상이 펼쳐지던 초기에는 대부분 야후를 검색엔진으로 활용하였다. 그러나 지금도 야후를 검색엔진으로 쓰는 사람은 많지 않다. 그 밖에도 코닥, 블록버스터, 보더스, 타워레코드 등, 한때는 세상을 주름 잡던 산업계의 리더들이 지금은 이름도 찾기 힘들다.

한편 레고나 라이카, 무지, 츠타야 등은 한때 사망 선고 근처에

4 **위대한 도약**

갔었으나, 힘차게 회생하여 멈춤없는 성장을 지속하고 있다.

이 책은 산업을 개척한 선구적 기업들이 후발업체에게 밀리고, 그 후발업체는 또 다른 물결에 쓸려 몰락한 과정을 그리는 것으로 시작한다. 그리고 이런 변화의 물결 속에 선도기업의 자리를 지킬 뿐 아니라 더욱 번성한 기업의 특징을 파헤친다. 사실상 '지속적인 경쟁'이 어려운 이 시대에 몇몇 선도기업들은 수 세대에 걸쳐 추격자들을 견뎌냈고 심지어 번창해왔다. 어떻게 그럴 수 있었을까? 그리고 우리는 그들에게서 무엇을 배울 수 있을까?

기업 전략/혁신 분야의 전문가인 하워드 유는 기업이 오랫동안 번영할 수 있는 유일한 방법은 '도약leap'이라고 말한다. '한 지식 분야에서 다른 분야로 뛰어넘어 발전하는 일'을 의미하는 이 단어는 후발 주자의 추격으로부터 살아남아 비즈니스를 영위해 나갈 수 있는 효과적인 방법으로 제시된다.

저자는 과거의 성공적인 도약과 비극적인 추락에 대한 다양한 사례를 활용하여, 설득력 있게 새로운 경영의 원칙을 재정립해 나간다. 기업의 경영자와 리더들은 이 책을 통해 선구자적인 기업이 어떻게 비즈니스를 새롭게 정의하여 번영을 이루고, 어떻게 고객과 관계를 맺으며 존재해왔는지 단계별로 고찰할 수 있을 것이다.

과거에는 선도기업의 오리지널리티, 그 자체가 경쟁력이었다.

소비자의 인식 속에 '1등 기업'이 되고 나면 그 영광은 기업의 가장 믿음직한 자산이 되어 먹거리를 책임졌다. 지금은 그렇지 않다. 후발업체는 거의 모든 제품 또는 서비스를 더 적은 비용으로 복제하여 낮은 가격에 시장에 내놓고, 고객의 마음은 '나은 조건'을 향해 금세 움직인다. 이러한 경향은 전문가의 직관력과 경험치가 시스템 알고리즘에 의해 추월당하면서 더욱 심화되었다.

이때 필요한 것이 '새로운 지식 분야로의 도약'이다. 도약은 '이미 가지고 있는 지식(기술)'에 '새로운 지식(기술)'이 더해질 때 레버리지 효과를 발휘한다. 즉 도약 기술은 오래된 기업, 선도기업이 취할 수 있는 무기인 것이다.

오래된 기업부터 최신 기업까지 생존 전략을 연구해온 저자는 신중하게 뽑은 다양한 기업들의 사례를 통해 지식생산 필터를 현장에서 어떻게 적용하고 성공적으로 도약할지 보여준다.

스타인웨이의 아성에 도전한 후발기업 야마하의 전략, 제약회사에서 미생물학, 유전체학으로 도약에 성공한 전통의 제약기업 노바티스와 초기의 제약회사들, 도약의 시기를 놓치고 역사의 뒤안길로 사라진 19세기 미국 섬유업, 자사의 핵심 제품을 잡아먹으면서까지 도약을 시도한 P&G 등 후발주자에 대응하는 선도기업의 태도와 그에 따른 결과를 서술했다.

또 위챗, 미 국방부 다르파, 구글코드잼, 신젠타, 위키피디아,

알파고, 왓슨, 완다그룹, 리크루트 홀딩스, 페이스북, 에이수스, 애플 등 미래지향적인 기업들은 어떻게 스스로 도약 전략을 취하며 생존해왔는지 보여주고, 이 외에도 GE, 커먼그라운드, 혼다, 존 디어 트랙터 등 수많은 기업들의 사례를 추적하며 기업들이 어떻게 한 단계 도약할 수 있을지 구체적으로 제시한다.

이 책은 각 기업의 역사적 일화를 스토리텔링 방식으로 자세하고 친근하게 설명하고 있어 경영자뿐만 아니라 초보자나 일반 대중도 어렵지 않게 읽을 수 있다. 저자는 자기 주장의 단점까지도 솔직하게 인정하고, 이것을 해명하는 과정에서 설득력을 높인다. 시대와 분야를 막론한 깊고 폭넓은 사례 탐구 역시 이 책의 큰 장점이다.

저자는 수많은 사례를 산만하게 나열하는 것이 아니라 지식생산 필터(knowledge funnel) 모형을 이용해 도약의 구체적인 과정을 일관성 있게 설명한다. 지식생산 필터의 5단계는 다음과 같다.
(1)회사가 가진 핵심역량을 인지하고 지속적으로 재평가한다. (2)경쟁 업체가 출현했을 때 빠르게 도약하기 위해 새로운 지식 분야를 습득하고 연마한다. (3)경쟁사보다 빨리 변화를 확인하고 추구할 수 있게 역사적 연구를 실시한다. (4)실험을 통해 위기 발생 시 도약 시나리오를 수립한다. (5)실행의 몰입에 들어간다. 그

리고 일상 작업을 스마트한 자동화로 전환시키고 인간의 능력을 창의성 발휘에 사용되게 하여 이들을 조화롭게 활용한다.

중국을 비롯하여 많은 국가들이 단순 제조업은 물론, 고부가가치 영역에서도 우리나라를 추격하는 상황이다. 우리나라 기업의 불안한 미래와 전반적인 상황을 고려할 때 저자의 '도약' 전략은 깊이 생각해 볼 점이 있다.

산업혁명을 주도하며 번성하던 영국 섬유 기업들이 미국 기업들에게 역전당한 원인은 자본 부족이 아니었음을 유의해야 할 것이다. 저자는 선도기업이 계속 시장에서 앞서가기 위해서는 언제든 핵심 지식체계를 바꿀 준비가 되어 있어야 한다고 말한다. 그렇지 않으면 후발주자는 선도기업이 거친 과정을 생략하고 더 효율성 높은 방식으로 경쟁우위에 설 것이라고 경고한다.

지금 우리나라의 많은 기업들이 처한 상황을 돌파할 좋은 경영 전략을 소개하는 시의성과 타당성을 갖춘 책이라는 점에서도 기업가들의 일독을 권한다.

미래는 기존의 지식체계로 이해할 수 없을만큼 급변하고 있다. 그렇다면 우리가 어떻게 대비할 수 있을까? 저자는 유비쿼터스 연결성의 출현, 인공지능의 대두, 노동의 역할 변화라는 세 개의 레버리지 포인트를 제시하고 있다. 그리고 미래에 대비할 수 있도록 세상의 변화에 대한 구체적 그림을 그려준다.

저자는 누구나 도약할 수 있다며 긍정적인 메시지로 책을 마무리한다. 그러나 이 책을 읽고 난 경영자들은 고민에 빠질 것이다. 나를 딛고 도약할 것인가, 아니면 이대로 죽어갈 것인가? 전자는 '파괴적 혁신'이라는 고통스러운 과정을 수반하기에 더욱 강력한 의지가 필요하다.

분명한 건 위험을 감수하고 도전할 의지가 있는 기업만이 영속할 수 있다는 것이다.

이 미래를 위한 지침서를 통해 선도기업들이 비즈니스, 고객과의 관계, 우리 기업이 존재하는 이유를 재고하고, 영속과 번영의 길로 갈 수 있길 바란다.

홍성태
모비브 아카데미 대표교수,
한양대 경영대학 명예교수

HOW TO THRIVE IN A WORLD
WHERE EVERYTHING CAN BE COPIED

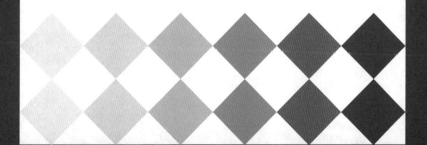

경쟁의 양상

외국시장이든 국내시장이든 시장 개척은 …… 기존 경제 구조를 끊임없이 파괴하고, 새로운 경제 구조를 끊임없이 창조함으로써, 경제 구조를 내부에서부터 끊임없이 혁신하는 발전 과정의 일부다. 이런 창조적 파괴의 과정이 자본주의의 본질이다.

경제학자, 조지프 슘페터(1883~1950)

기업이 경쟁을 이겨내고 지속하기란 어려운 법이다. 수십 년, 또는 심지어 백 년간 그렇게 하기는 불가능해 보인다. 위대한 산업혁명이 일어난 이래 모든 나라가 다른 나라를 모방함으로써 부유해졌다. 프랑스는 영국을, 미국은 독일을 모방했고, 일본은 앞서간 모든 서구국가를 모방했다.

이러한 경쟁 속에서 무수한 기업이 무너졌다. 하지만 몇몇 선구적 기업은 수 세기에 걸친 경쟁을 어떻게든 견뎌냈을 뿐 아니라 큰 성공을 거뒀다. 어떻게 이런 일이 가능했을까?

모든 기업이 같은 지식을
기반으로 경쟁할 때

'1872년 미국 사우스캐롤라이나 주, 그린빌 시'

미국 남부 사우스캐롤라이나 주의 그린빌 시민회관에서 지역 경제인들 앞에 선 헨리 해밋 시장은 들떠 있었다. 전용 마차가 필요할 정도로 뚱뚱한 체구, 대머리, 깔끔하게 면도한 창백한 얼굴, 늘어진 턱살로 사우스캐롤라이나 주 인사들에게 친숙한 인물이었던 그는 철도회사, 리치몬드 앤드 댄빌 레일로드(Richmond and Danville Railroad, R&D)[1]의 철도 건설 계획을 힘찬 목소리로 발표했다.

"이 철도와 접한 그린빌 시의 피드몬트 지역은 모든 번영의 조건을 갖추게 될 겁니다. 철도 이용객들은 이곳의 아름다움과 지리적 이점에 필시 감명받을 테고, 자본가라면 이곳에서 절호의 투자 기회를 발견할 겁니다."[2]

헨리 해밋 시장은 철도 개통을 지역 경제가 일어설 기회로 봤다. 실제로 철도는 빚에 허덕이는 농민과 시골 주민들이 모인 백인 빈민촌이던 피드몬트에 엄청난 변화의 바람을 몰고 왔다.

미국 역사에서 19세기 말은 철도 부설 사업의 황금기로 평가받는다. 1870년대 말부터 1890년까지 불과 10여 년 만에 미국에서 11만 7,400킬로미터 길이의 철도 노선이 건설됐다. 연평균 1만

1,200킬로미터 길이의 철도가 건설된 셈이다.

이 시기 미국 북부에서 남부와 서부로 철도 노선이 연장됐다.[3] 그린빌 동쪽 샬럿 시와 서쪽 애틀랜타 시, 북쪽 뉴욕 시와 남쪽 뉴올리언스 시를 최단거리로 연결하려면, 한가운데에 있는 피드몬트 지역에 철도가 지나가야 했다. 전국 어느 도시든 빠르게 도착하는 철도라는 비전이 너무도 매력적이었기에 피드몬트 철도 회사는 자사의 노선을 '에어라인(항공로)'이라고 광고했다. 상업 항공사가 등장하기도 전에 이 단어를 쓴 것이다.[4]

'자본가라면 반드시 이곳에서 절호의 투자 기회를 발견할 것'이라는 본인 말대로 헨리 해밋은 피드몬트 매뉴팩처링 컴퍼니(PMC)를 설립해 철도망을 활용했다. 1876년 3월 15일 PMC는 최신 방직기로 생산한 무명천을 지름 91센티미터의 원통형 용기에 담아 급성장 중이던 중국시장으로 수출했다.

사업은 대성공했다. 1883년까지 8만 달러의 설비 투자를 감행한 PMC는 방적설비 2만 5,796추, 방직기 554대를 갖춘 사우스캐롤라이나 주 최대 섬유업체가 됐다. 5년 뒤, 헨리 해밋은 두 번째 공장(피드몬트 No. 2)을 열고, 이듬해 세 번째 공장(피드몬트 No. 3)도 열었다.

값싸고 오래가는 천은 중국인들에게 인기를 끌었다. 중국 소비자들은 비싼 영국 제품보다 싼 미국 제품을 선호했다. 피드몬트 지역의 싼 임금과 서내한 공장은 세계적으로 유닝해졌나. 섬유제품에 대한 수요는 석탄, 석유, 철 같은 다른 상품들처럼 매우 탄력적이다. 소비자들은 가격이 낮아지면 더 많은 천을 샀고, 가격이 높아지면 천을 사지 않았다. 어떤 이는 중국을 여행하고 이런 글을 남겼다.

"동양에서 피드몬트 제품이 눈에 띄지 않는 곳은 없었다."[5]

폭풍 같은 성장세에도 불구하고 PMC는 다른 기업들에게 추월당했다. 홀트, 캐논, 그레이, 스프링스, 러브, 듀크, 하네스가 중국 시장으로 치고 들어왔다. 그들은 산업혁명 이후 아시아 시장에서 이어진 영국 기업 우위 시대에 종지부를 찍었다. 1930년대 미국 남부 섬유공장의 방적기 수가 미국 전체 방적기의 75퍼센트를 차지했다. 지역 언론은 남부 섬유업체들의 놀라운 성공 비결을 근면한 남부 사람들의 상인정신과 손재주에서 찾았다.

그러던 중 일본 섬유업체의 1달러짜리 블라우스가 미국 시장에 상륙했다.[6] 2차 세계대전 직후에는 일본 기업들이 저임금과 손재주 면에서 강점을 보였다. 능력이 더 좋은 일본 노동자들이 피드몬트 노동자들보다 훨씬 낮은 임금을 받았다.

하지만 이후 일본 의류 생산량도 하락했다. 홍콩, 대만, 한국에서 더 싼 노동력을 활용해 생산했기 때문이다. 머지않아 이 지역들의 임금도 오르자 섬유공장들은 재빠르게 중국, 인도, 방글라데시로 이전했다. 2000년 중국과 인도네시아의 섬유공장 노동자들의 시급은 1달러도 되지 않았다. 2000년 미국 노동자들의 시급은

14달러 정도였다.

20세기 말까지 미국에서 대형 섬유공장들은 쇠락했다. 공장 건물들은 방치되거나 다른 용도로 쓰이거나 박물관으로 개관했다. PMC 1호 공장(피드몬트 No. 1)은 남부 섬유업의 영광스러운 역사를 기리고자 국립역사기념물로 지정됐는데 1983년 10월에 화재 사고가 일어나 크게 손상됐다. 하지만 아쉬워하는 사람은 없었다. 이미 오래전부터 PMC 공장 주차장은 잡초가 무성했다. 찾는 이가 아무도 없었다. PMC 1호 공장은 이미 1977년에 섬유 생산을 중단했다. 불에 타고 남은 시설은 철거됐고, 국립역사기념물 지정이 해제됐다.[7] 오늘날 그린빌 섬유 유산 협회는 지역 노인들이 기억하는 바를 기록으로 남기는 작업 – 역사가들이 이용하는 사회사 연구 방법인 구술 기록 – 을 계속하고 있다.[8]

이 이야기를 들은 누군가는 '섬유업이 이례적으로 주기가 짧은 산업이었다'고 말할지 모른다. 하지만 이는 여러 산업에서 일어난 현상이다.

개인용 컴퓨터 산업은 어땠는지 생각해보라.

하드디스크 드라이브(HDD)가 처음 등장했을 때 사람들이 느낀 충격은 얼마나 컸는가? 기존 저장매체인 카세트테이프를 사용할 때에는 드라이브가 테이프 끝에 기록된 데이터에 접근하기 위해 전체 테이프를 다 읽어야 했다. HDD는 카세트테이프처럼 데이터를 순차적으로 접근하는 것이 아니라, 임의로 접근하기에 데이터를 저장하고 읽는 속도도 빨랐다. 하드디스크는 자성물질로 덮인 원형 디스크(플레터)를 분당 7,000번 정도 회전시키고 그 위를 헤드가 접근해 디스크 표면의 자기배열을 변경해 데이터를 기록하거나 판독한다.

당시 HDD 기술 개발의 난이도는 지상 3킬로미터 상공을 시속 965킬로미터로 날아가는 전투기에서 테니스공을 떨어트려 땅 위의 양동이에 집어넣는 일을 600회 연속으로 성공하는 수준이었다. 1956년에 이런 경이로운 업적을 달성할 수 있는 곳은 캘리포니아 새너제이에 위치한 IBM연구소 뿐이었다.

토머스 에디슨이 발명한 축음기에서 영감을 얻어 개발된 첫 하드디스크는[9] 그 후 HDD 기술이 크게 개선되면서 크기는 작아지고, 저장 용량은 훨씬 늘었다. 오늘날 HDD 산업의 중심은 미국이 아니다. 일본의 도시바를 필두로 여러 대만 기업들이 효율적인 제조 공정을 기반으로 치열하게 경쟁 중이다. 그에 따라 가격이 계속 떨어져 HDD는 마진이 거의 없는 산업이 됐다.

재생에너지 산업도 마찬가지다. 풍력발전 터빈은 GE, 지멘스, 베스타스가 개척했고, 한때 서구 기업들이 거의 독식한 시장이다. 하지만 최근 20년 사이에 골드윈드, 시노벨 같은 중국 기업들이 선구적 기업들의 점유율을 대폭 잠식해가며 세계 시장을 주도하고 있다. 태양광 패널 시장도 다르지 않다. 중국의 잉리가 2013년 세계 최대 태양광 패널 제조사로 등극했다. 태양광 패널 시장점유율 상위 10개 회사 중 7곳이 중국에 본사가 있고, 이들은 모두 후발주자다.

섬유업부터 컴퓨터 스토리지, 재생에너지 산업까지 역사를 살펴보면 한 가지 질문이 떠오른다. 초기에 산업을 개척한 선구적 기업들은 현대 경제에서 도태되는 것이 필연일까? 후발주자에게 추격당해 몰락하는 운명을 피하는 것이 가능할까?

바젤의 기적[*]

스위스 북서부 바젤 도심에서 차를 타고 5분 정도 가보면 복합업무 단지가 나온다. 세계 3위 제약사 노바티스(Novartis)의 본사다.

스테인리스 스틸로 기둥을 세우고 유리로 벽을 세운 현대적 건축 양식의 건물들이 들어서 있고, 건물들 사이의 정원에는 초현대적 느낌의 조각상들이 있다. 검은 양복을 입은 사무원들과 하얀 코트를 입은 기술연구원들이 돌아다니지 않았다면, 누가 현대미술관이라고 말해도 이상하지 않을 장소다.

노바티스 본사 건물 중 하나(파브릭스트라세22)는 영국 건축가 데이비드 앨런 치퍼필드가 설계했다. 이 건물의 공간감 있고 개방

---

[*] 2015년 스위스 바젤의 상황을 반영했음.

적인 구조는 건물 안의 과학자들에게 요구되는 학제간 협업만큼
이나 인상적이다. 이곳에서는 생물학, 화학, 계산과학, 의학이 모
두 어우러진 연구 활동이 진행된다. 암의 주요 발병 원인을 파악하
고자 전문가들이 세포 실험을 하고, 데이터를 분석한다. 암 치료제
를 개발하고자 오늘도 여러 과학자들이 이곳에서 연구 중이다. 그
리고 멋진 현대식 건물들은 노바티스가 얼마나 번영을 누리는 대
기업인지 보여준다.

건물은 새로 지었지만, 이곳은 오래 전부터 제약사 본사였다.
1996년 합병으로 노바티스가 되기까지 오랫동안 시바-가이기
(Ciba-Geigy), 산도스(Sandoz)가 스위스 바젤의 라인 강가에서 역
사를 쌓았다. 시바는 첫 해열제인 안티피린을 1887년에 생산했다.
1895년에는 경쟁사인 산도스가 사카린과 코데인 진통제를 출시했
다. 1896년 설립된 또 다른 스위스 경쟁사, 로슈(Roche)는 해외로
눈을 돌려 1897년에는 밀란, 1903년에는 파리, 1905년에는 뉴욕
으로 진출했다.

100여 년 뒤인 2014년 초 스위스 제약사, 노바티스와 로슈의
시가총액은 계속 증가해 4,000억 달러를 돌파했다. 2014년 노바
티스가 지출한 연구개발비는 99억 달러이고 로슈도 이에 육박했
다.[10]

번영하는 공업지대였다가 녹슨 공업지대(러스트벨트)로 전락
한 도시들과 달리, 바젤은 서유럽에서 가장 생활 수준이 높은 도시

로 손꼽힌다. 강 건너편에는 중세와 현대가 조화를 이룬 시청 건물들의 모습 - 바닥을 돌로 포장한 좁은 도로들로 둘러싸인 모범적인 현대식 구조의 건물들 - 이 보인다. 짧은 영화를 누린 피드몬트와 달리, 바젤의 번영은 끝이 없을 듯 보인다.

미국 섬유업체들이 오래전에 몰락한 반면, 스위스 바젤의 제약사들은 건재하다. 이들처럼 몇몇 선구적 기업들이 후발주자들의 추격을 뿌리치고 계속 성장하는 비결은 무엇일까?

홍콩의 경험

수수께끼 같은 문제를 발견하면 학자들은 읽고, 관찰하고, 인터뷰하고, 토론하고, 글을 쓴다. 이 책은 내가 스위스 IMD 비즈니스 스쿨 교수가 된 2011년에 시작한 연구의 직접적 결과물이다.

내가 맡은 최고위과정은 모든 것을 복제할 수 있는 세상에서 기업들이 번영하는 방법에 관한 핵심 아이디어를 탐구하는 실험실이었다. 다양한 국제적 기업 리더들을 포함한 프로그램 참가자들이 공유해준 기업들의 흥망성쇠 이야기는 내 연구에 길라잡이가 됐다. 나는 다양한 참가자의 경험담을 듣고 종합할 수 있는 특권을 누렸다.

하시반 내가 산업 역학과 선도적 기입의 지속직 교제라는 주제에 관심을 갖고 집착하게 된 계기는 IMD 교수가 되기 훨씬 이전으로 거슬러 올라간다. 나는 홍콩에서 태어나고 자라 지식과 자본의 끊임없는 유입을 지켜봤다. 초등학교 시절 선생님은 홍콩 경제를 설명하면서 홍콩을 '중계무역항 – 중국과 세계를 잇는 유일한 창구라는 뜻으로 영국인들이 홍콩에 붙인 이름 – '이라 불렀다. 당시에는 거의 모든 상품과 재화 – 치즈, 초콜릿, 자동차, 면화, 쌀 – 가 홍콩을 통해 중국으로 들어가거나, 중국에서 나왔다.

인건비가 낮았던 홍콩은 노동 집약 산업의 주요 제조 허브로 부상했다. 볼 것 없는 어촌이 동양의 진주라 불리며 경제개발의 모범사례로 변모했다. 1972년 홍콩은 일본을 제치고 세계 최대 장난감 수출국으로 등극했고, 의류 제조업은 홍콩 경제의 근간이 됐다. 300억 달러의 순자산으로 아시아에서 손꼽히는 부호인 리자청(李嘉誠)은 공장 노동자로 출발해, 플라스틱 조화 제조업체를 설립해 큰돈을 번 다음, 부동산 개발업체, 항만기업, 운수업체, 소매업체, 통신업체 등 다양한 기업을 성공시켰다.

그러나 1980년대 초 홍콩의 제조업 기반이 무너지기 시작했다. 기업들은 공장과 공장 일자리를 중국 본토로 이전했다. 초기에는 홍콩 옆에 있는 선전 시로 이전하다 나중에는 광둥성과 중국 전역으로 이전했다. 실업률이 치솟고, 오랫동안 홍콩에 팽배했던 낙관주의를 짓밟았다. 내가 대학교를 졸업할 무렵 동기들은 앞으로 먹고살려면 새 기술을 배울 필요가 있다고 말했다. 우리가 아직 취업하기도 전의 이야기다.

생존하기 위해 우리는 다른 모습으로 탈바꿈하겠다고 다짐했다. 그리고 홍콩은 그렇게 했다. 홍콩은 제조업과 식민지 정체성을 버리고 금융과 유통의 허브로 다시 태어났다.

나는 이러한 홍콩의 재탄생을 지켜보며 성장했다. 당시는 세계 각국의 정책 입안자들이 아웃소싱을 '효율적'이라고 칭송하던 시기였고, 지구화에 대한 맹목적 믿음이 만연한 시대였다. 하지만 나를 포함한 홍콩 시민들에게는 불신의 시대였다. 내가 만난 모든 사람들은 안정성과 지속성을 갈망했다.

나는 안정성과 지속성을 달성하는 방법이 궁금해졌다.

안정성, 불가능한 여정

피드몬트 기업과 홍콩 기업들이 가진 전문지식은 쉽게 외국으로 빠져나갔는데, 어째서 스위스 제약업은 여전히 굳건하게 번영을 지속하고 있을까?

내가 이런 질문을 던지면, 중역들은 잠시 나를 놀리듯 쳐다본 다음 "제약업은 섬유업과 장난감 제조보다 하이테크 산업이니까요."라거나 "대형 제약사는 특허가 많으니까요."라는 답변을 내놓는다. 이런 답변들은 다음과 같은 관찰을 토대로 나온 것이다.

'신제품을 개발하고 출시하는 과정이 복잡하다는 제약업 특징 때문에 스위스 제약사들이 보호받는 반면, 의류와 장난감 제조업은 특별한 기술과 지식이 필요하지 않기에 어느 기업도 안전하지 못하다.'

설득력 있고 자명해 보이기까지 한 설명이다. 하지만 복잡한 기술을 사용하는 산업들에서도 세월이 흐르면서 후발주자가 저임금을 무기로 선발주자를 추격하는 현상이 똑같이 일어난 이유를 설명해주진 못한다.

만약 복잡한 지식과 기술이 후발주자의 추격을 뿌리치는 결정적 요소였다면, 복잡한 기술을 사용하는 업종일수록 평균 기업 수명이 길 것이다. 이 가설이 맞다면 왜 경제학자들은 기술적 복잡성에 따라 각 업종의 평균 기업 수명을 표시한 그래프를 만들지 않았을까. 모든 비즈니스 스쿨 학생들이 배울 가치가 있는 간단하고 우아한 모델일 텐데 말이다.

아쉽게도 그런 그래프는 만들 수 없다. 하드디스크, 자동차, 풍력발전 터빈, 휴대전화 등 다양한 산업에서 외국의 후발주자들이 치고 올라왔기 때문이다. 이런 상황에서 '하이테크'라는 용어 자체도 부연 설명이 필요해 보인다. 피드몬트의 섬유업 역시 한때 첨단 산업이 아니었던가? 하이테크라는 말로는 바젤 제약사들과 피드몬트 섬유업체들이 다른 길을 간 이유를 설명하지 못한다.

또 다른 이들은 각 업종에 필요한 지식의 속성 차이에서 원인을 찾는다.

　일부 중역들은 제약업의 연구가 너무도 불확실하고 위험도가 높기 때문에 새로운 도전자들로부터 안전했다고 말한다. 신약이 임상시험을 통과해 출시되리란 보장이 없는 상태에서 노바티스가 매년 지출하는 천문학적 연구개발비 규모를 기준으로 보면 맞는 말이다. 오늘날 신약 하나를 상업화하는 데 드는 평균 비용은 26억 달러이고, 5년마다 2배 이상으로 증가할 것으로 전망된다. 반면 새로운 기업들에게 추월당한 섬유업, 전자산업, 풍력발전 터빈, 태양광 패널 분야는 신기술을 개발하는 비용이 훨씬 적고, 더 예측 가능하다.

　이처럼 예측 불능의 문제를 해결하려면 풍부한 경험, 심층적 지식, 전문가적 판단이 필요한데, 경험이 없는 후발주자가 이 모든 조건을 극복하기에는 진입장벽이 너무 높은 것이 현실이다.

　이들의 가설이 참이라면 신제품 개발 가능성이 매우 불확실한 산업에서는 후발주자가 기성 대기업을 위협할 기회가 없다. 그러나 역사를 돌아보면 전에는 극복하지 못하리라 예상했던 불확실성을 성공적으로 제거한 후발주자의 사례가 많다.

　자동차 산업을 보라. 과거 자동차 업계에서는 생산 과정에서 불량품이 나오는 것을 어쩔 수 없는 일이라고 생각했다. 포드, GM, 크라이슬러 경영자들은 엔지니어의 실력이 아무리 뛰어나도 인간의 근본적 오류 때문에 불량률을 낮추지 못할 것이라고 믿었다. 그래서 도요타와 혼다가 린 생산 방식*과 적기 생산 시스템**을 소개했을 때, 서구의 전문가, 컨설턴트, 경영학자들은 크게 놀랐다. 그들은 혼란스럽고 엉성하게 관리됐던 자동차 산업이 품질관리 도구를 통해 철저히 관리되는 예측 가능한 산업으로 바뀌리라고는 상상도 하지 못했다. 오래지 않아 도요타는 자동차 산업의 수도였던 디트로이트를 녹슨 공업지대(러스트벨트)로 전락시켰다.

제품 개발과 제조 과정이 예측 불능이라고 평가되었던 자동차 산업에서도 외국의 후발주자가 성공을 거뒀다. 이 대목에서 궁금한 부분은 왜 제약업에서는 그런 일이 – 최소한, 다른 업종만큼 – 일어나지 않았냐는 것이다. 물론 후발주자가 똑같이 모방해서 파는 행위를 막는 특허법과 규제도 어느 정도 영향을 미쳤을 것이다. 하지만 신약 후보 물질을 발견하고 신약으로 개발해 출시하는 방법을 후발주자가 배우는 것을 금지하는 법과 규제는 없다. 그런데 왜 아무도 그렇게 하지 않았을까? 반대로, 선구적 기업들이 후발주자에게 추월당하고 침체에 빠지는 사태를 막으려면 어떻게 해야 할까?

---

* lean production: 생산 현장에서 가치가 없는 제반 낭비를 제거하고 가치를 극대화하여 궁극적으로 불량률 0%, 재공 · 재고 0% 유지를 목표로 하는 생산 방식을 말한다. (KSA 한국표준협회)
** Just-in-time(JIT): 팔릴 물건을 팔릴 때에 팔릴 만큼만 생산하여 파는 무재고 생산 방식이다.

로드맵

마크 트웨인은 "과거는 그대로 반복되지는 않을지라도, 분명 그 운율은 반복된다."고 말했다. 내가 이 책을 쓴 의도를 잘 담은 표현이란 생각이 든다. 이 책에서는 처음부터 끝까지, 여러 산업의 역사와 기업 사례들을 비교 분석할 것이다. 각 기업이 거둔 결과에 대한 분석을 토대로, 노동력·정보·자본이 쉽고 싸고 빠르게 이동하는 업종에서도 기업이 번영하는 방법을 설명하고 예측하는 5개의 근본 원리를 제시하고자 한다.

독특한 포지셔닝을 위한 노력이 지속가능한 경쟁우위를 보장해주리란 생각은 환상이나. 시적세산권, 마켓 포지셔닝, 브랜드 인지도, 생산 규모, 유통망의 우위, 독특한 가치 제안도 언젠가는 다른 기업으로부터 도전을 받는다. 훌륭한 디자인과 아이디어는 특허법과 기밀 준수에도 불구하고 모방당한다.

이러한 환경에서 기업이 장기간 번영하는 유일한 방법은 '도약(leap)'하는 것뿐이다. 선도기업들은 지금까지 제품 개발에 이용했던 학문 분야에서 다른 학문 분야로 이동하여, 새 학문 분야의 지식을 신제품 개발의 핵심 지식으로 이용해야 한다. 이런 노력이 없는 선도기업은 후발주자에게 언젠가 추월당한다.

그렇다면 왜 산업을 개척한 선도기업들은 더 자주 도약하지 않을까? 경영자들이 현재 사업에서 좋은 실석을 내야 한다는 압박을 끊임없이 받기 때문이다. 실제로 기업에서 장기적으로 이로운 일을 준비하는 과정은 단기적으로는 고통스럽다. 따라서 도약을 준비하려면 다른 사고방식과 경영방식을 도입해야 한다.

제1원리
: 자사의 핵심 지식이 무엇인지 그리고
핵심 지식이 어떤 궤적을 그리는지 파악하라

왜 기성 기업들은 후발주자들의 추격을 힘겨워하는가?

기술적 혼란이나 소비자 취향 변화가 없는 상황에서도, 후발주자들이 선발주자들에게 강력한 도전장을 내미는 경우가 많다. 야마하가 스타인웨이를 몰락시킨 사례를 통해, 후발주자가 선구적 기업을 모방해 추월할 수 있는 이유와 그 과정을 고찰해보겠다. 피아노 제조 기술에 근본적 변화가 없었기에 스타인웨이는 후발주자의 추격을 받을 운명이었다. 이 위험한 궤적에서 벗어나기 위해 경영자가 가장 먼저 해야 할 일은, 자사의 사업에 토대가 되는 핵심 지식이 무엇인지, 그 지식이 얼마나 성숙된 지식인지 파악하는 것이다.

몰락의 위험을 피하려면 우선 내가 현재 어떤 상황에 처해 있는지부터 알아야 한다.

제2원리
: 새로운 핵심 지식 분야를 찾아내 연구하라

현대 의학사를 보면, 한 학문 분야에서 발견한 지식이 다른 분야의 새로운 발견으로 이어지는 경우가 종종 있다. 이러한 계속된 발견 과정이 궁극적으로 새로운 성장의 길을 연다. 따라서 기업의 경쟁우위는 얼마나 적극적으로 새로운 지식을 흡수하느냐, 얼마나 적절한 시점에 새로운 시장과 사업을 창조하느냐에 따라 좌우된다. 기존 제품을 개선하는 데 안주하지 말고 신제품을 개발해야만 선도기업을 모방하는 후발주자에게 따라잡히지 않는다. 스위스 제약사들은 이렇게 해서 한 세기 반 동안 선도기업의 지리를 유지했다.

경영자가 어떤 선택을 내리는지도 중요하다. 물론, 과학계의 새로운 발견이 기업이 어디로 도약해야 할지 말해주는 운 좋은 업종도 있고, 그렇지 않은 불운한 업종도 있다. 하지만 후자와 같은 업종에 있으면서도 100년 넘게 선도기업의 위치를 유지하는 기업이 있다. P&G는 새로운 지식 분야로 도약함으로써 생활용품 시장에서 선두를 지키고 있다. P&G의 사례는 뒷장에서 자세히 탐구해보겠다.

제3원리
: 거대한 기술 변화의 조류를 지렛대로 삼아라

역사가 과거를 이해하는 도구라면 – 그리고 새로운 지식 분야로 도약하는 작업을 돕는 도구라면 – 우리는 역사에 대한 이해를 기반으로 미래를 예측해야 한다. 우리는 어디에서 도약할 기회를 찾아야 할까?

산업들 간에는 중요한 차이점들이 있지만, 몇 가지 큰 변화의 조류는 누구나 느낄 것이다. 18세기 증기기관, 19세기 전기처럼 모든 기업을 21세기 후반으로 밀어 넣을 두 가지 트렌드가 있다. 바로, 인공지능의 대두, 유비쿼터스 연결성의 출현이다.

승자가 되려는 모든 조직은 이러한 거대한 기술 변화의 물결에 올라타 도약해야 한다. 기술 개발자도, 전통적 제조업자도, 스타트업 기업가도, 비영리조직도 향후 중요하게 부상할 변화의 조류가 무엇인지 파악하고, 남보다 먼저 자신의 경쟁력을 재구성해야 한다.

제4원리
: 실험을 통해 증거를 모아라

앞에서 거창하게 얘기했지만, 선택은 현실적으로 해야 한다. 대담한 결정은 언제나 멋져보인다. 잘못된 선택으로 판명나기 전까진 말이다. 미국의 정치가이자 사업가인 도널드 럼스펠드(Donald Rumsfeld)의 '알려지지 않은 미지의 것'이라는 표현을 빌리면, 경영자는 자신이 올바른 선택에 필요한 결정적 정보를 모르고 있다는 사실조차 모를 때가 있다. 증거에 기반해 의사결정을 하기 위해, 경영자는 무지의 영역을 줄이고 경험을 쌓기 위한 실험을 자주 해야 한다.

다른 관점에서 보자면 이렇다. 거대하고 복잡한 조직의 생존을 위협하는 가장 큰 리스크는 정치적 내부 투쟁과 집단적 관성이다. 이사회에서 일어나는 논쟁이 각 개인의 고정관념과 이해관계에 따른 공허한 수사의 남발에 지나지 않을 수 있다. 실험은 진실의 빛을 안으로 들여보내는 진실의 창이다. 결정적 가정들을 어떻게 판별할 수 있는지, 어떻게 엄격한 실험을 통해 검증할 수 있는지 뒷장에서 살펴보겠다.

제5원리
: 충분히 헌신하라

인지는 헌신과 다르다. 따라서 통찰만으로는 충분치 않다. 전략 수립과 집행은 불가분의 관계로, 아이디어를 일상 행동과 운영 전술로 변환하지 않는 선도기업은 모방자에게 추월당할 위험이 있다. 좋은 아이디어를 생각해도 행동으로 이어지지 않으면 아무 의미가 없다.

역사가 오래된 선구적 기업들의 근본적 이점은 이전에 쌓은 지식이다. 이것을 새로운 지식 분야와 결합하면, 제품 개발의 궤적을 바꿀 수 있다. 역사가 오래된 선구적 기업들이 도약하기 어려운 원인은 사업 제안서가 수뇌부로 보고되는 과정에서 획기적인 아이디어들이 걸러지기 때문이다. 고위 임원들이 필요하다면 현장에 개입해 새로운 지시를 내려야 하는 이유다.

나는 최고경영자가 조직 내 벽을 뛰어넘는 권력을 행사해, 결정적인 부분에 개입하는 행동을 '깊이 관여하기'라고 부른다. 깊이 관여하기는 마이크로매니지먼트와 명백히 다르다. 마이크로매니지먼트는 관리자가 모든 업무 단계를 일일이 감시하고 작은 사안에 집착하느라 큰일을 그르치는 직위 권력의 남용일 뿐이다. 깊이 관여하기는 경영자가 전문가적 판단에 입각해, 혁신을 막는 장벽을 제거하는 행동이다. 이 마지막 원리가 기성 기업의 혁신 과정을 방해하는 마지막 허들을 제거한다.

* * * * *

이제 이 로드맵을 손에 들고, 선구적 기업들이 몰락하거나 계속 번영하는 이유를 탐사해보자. 끊임없이 변화하고 혼란스러운 세계에서 지침이 될 만한 원리들을 알려주는 사례들을 이제부터 소개하겠다.

1부

무슨 일이
일어났는가

1장

피아노 전쟁

강점이 치명적 약점으로 작용할 때

과거를 기억하지 못하는 자는
필시 그 과거를 반복하기 마련이다.

철학자, 조지 산타야나(1863~1952)

역대 최고의 피아노

맨해튼과 이스트 리버를 마주보고 있는 뉴욕 시 퀸스 구 북서
부의 아스토리아 블러바드 도로와 28번가 사이에는 무슬림이 많
이 살아 '리틀 이집트'라 불리는 동네가 있다. 이 동네 도로변에는
'알이만 모스크'라는 이슬람 사원이 번쩍번쩍한 나이트클럽과 마
주보고 서 있다. 알이만 모스크와 같은 블록에 물담배 술집도 있
고, 터키 전통 파이와 터키 사탕 향을 풍기는 빵가게도 있다. 여기
서 조금 더 북쪽으로 걸어가면, 피아노 제조사 스타인웨이 앤드 선
스의 공장이 나온다.

붉은 벽돌로 벽을 올리고 양쪽 측면에 창문들이 다닥다닥 나 있는 전통적 양식의 공장 건물이다. 건물 안에서는 직원들보다 연식이 오래되어 보이는 기계들이 작동 중이고, 천장에는 덮개가 없는 형광등이 붙어 있다. 한쪽 구석에 붙은 스피커에서는 잔잔한 재즈 음악이 흘러나온다. 공장에서 1.6킬로미터 동쪽으로 가보면 라가르디아 공항 활주로에서 비행기들이 조심스레 이동하는 모습이 보인다. 이 공항 부지는 스타인웨이 앤드 선스(Steinway & Sons)가 한때 소유했던 곳이다.

과거 스타인웨이 사는 이 외에도 여러 부지를 소유했다. 리틀 이집트를 포함한 400에이커(1.6제곱킬로미터) 이상의 부지가 스타인웨이 소유였는데, 피아노 공장 주변으로 목재 하차장, 주철 주조 공장, 직원 기숙사는 물론 우체국, 도서관, 공원, 공중목욕탕, 소방서까지 있었으니 가히 '스타인웨이 빌리지'라 불릴 만했다. 심지어 '스타인웨이 호스 컴퍼니 넘버 세븐'이란 소방차도 한 대 있었는데 지금은 뉴욕 시 소방 박물관에 전시 중이다.[1]

이 모든 영광이 시작된 때는 1853년으로 거슬러 올라간다. 이 해는 독일 출신 이민자 헨리 엥겔하르트 스타인웨이가 "환자를 진료하는 의사보다 세심하게 모든 피아노에 정성을 들여 최고의 피아노를 만들자."는 포부로 피아노 제조사를 설립한 해다.[2]

스타인웨이 앤드 선스의 피아노 제작 공정은 19세기 중반이나 지금이나 거의 바뀌지 않았다. 기계를 최소한으로 사용하고 수작업으로 피아노를 만든다는 이 회사의 고집은 21세기에도 꺾이지 않았다.

그랜드 피아노의 뼈대를 이루는 U자형 나무 프레임을 만들려면 우선, 6~7미터 길이의 경질 단풍나무 합판 18개를 접착제를 사용해 붙여야 한다. 이렇게 만든 널따란 널빤지를 손으로 옮겨 벤딩 프레스에 올려놓는다. 이 과정은 초창기에는 이탈리아 출신 노동자들이 주로 했는데, 지금은 다양한 국가 출신 노동자들이 팀을 이뤄 수행한다. 평평한 널빤지를 구부리려면 노동자 여섯 명이 합을 맞춰 동시에 힘을 줘야 한다. 노동자들이 구슬땀을 흘려가며 구부린 널빤지를 벤딩 프레스에 올려놓고, 30킬로그램의 거대한 꺾쇠로 고정한 다음, 굴대를 비틀고, 손잡이를 돌리고, 커다란 스패너로 두드려 널빤지를 U자형으로 휘게 하는 소리가 콘크리트 공장 바닥에 울려 퍼진다. 이렇게 만든 U자형 나무 프레임에 하얀 분필로 날짜를 적고, 온도와 습도를 균일하게 유지하는 설비를 갖춘 공조실에서 10주에서 16주 동안 건조한 다음, 다른 피아노 부품들과 조립하는 공정에 착수한다.[3]

일반인의 눈으로 봐도 피아노는 놀랍도록 복잡한 악기다. 피아노 1대를 만들려면 1만 2,000개 가량의 부품을 정교하게 조립해야 한다. 얼마나 딱 맞게 조립하느냐가 피아노의 음질을 결정한다. 컴퓨터 기술을 이용해 작업하지만, 음향판부터 피아노 현, 고음 브릿지까지 모든 부품을 일부러 약간 크게 만든다. 그래야만 숙련된 장인이 각 부품을 조립할 때 딱 맞는 크기가 되도록 수작업으로 깎아낼 수 있기 때문이다.

1991년 〈뉴욕타임스〉 취재에 응한 샌포드 우더드 공장장은 스타인웨이 피아노 제조 과정을 이렇게 설명했다.

"하나의 표준 규격대로 부품을 만들면 조립할 때 대충은 맞겠지만, 딱 들어맞지는 않습니다. 피아노 부품들을 서로 딱 맞게 조립하려면 장인의 솜씨가 필요합니다."[4]

스타인웨이 공장에서 그랜드 피아노 한 대를 생산하는 데 걸리는 시간은 무려 2년이다. 2년의 산고 끝에 나온 모든 스타인웨이 피아노에는 고유의 '개성'이 있다. 스타인웨이 피아노는 저마다 미묘하게 다른 느낌, 강도, 색깔의 소리를 낸다.

그런 만큼, 조립 과정에서 피아노의 독특한 음색을 살리는 조율 작업을 하는 기술자의 역할이 지대하다. 〈애틀랜틱 먼슬리〉가 취재한 스타인웨이 피아노 조율사의 설명을 들어보자.

"음색이 부드럽고 무난하게 균형 잡힌 피아노를 맡을 때가 가끔 있죠 …… 그런 피아노의 음색을 더 선명하게 바꾸려 하다간, 고유의 매력을 잃을 수 있어요. 그럴 때 나는 공연장 조명 아래서 피아니스트가 피아노를 연주하는 모습을 사진으로 찍어봅니다. 아물론; 실제로 그렇다는 건 아니고, 머릿속에서 상상해본다는 말입니다. 공연장의 은은한 조명을 받은 피아노는 독특한 음색과 신비를 드러냅니다 …… 나는 그런 피아노에 밝은 조명을 비춰 분위기를 망치고 싶지 않아요."[5]

스타인웨이 사는 직원을 장기간 훈련시키고, 오랜 세월 검증된 생산 방식을 고수했다.

스타인웨이 피아노 조율사는 1년에서 3년간 고된 수습생 시기를 거쳐야만 혼자서 작업 가능했다.[6] 스타인웨이 공장 안내원 호레이스 콤스톡은 〈뉴욕타임스〉 기자에게 이렇게 말했다. "우리 회사는 정실 인사의 장점을 믿는 곳입니다." 공장 안내원이 방문객에게 보여주는 1차 세계대전 후 각 시대별 직원 사진들에서 눈에 띄는 변화는 유니폼 뿐이었다.[7]

블라디미르 호로비츠, 반 클라이번, 랑랑 같은 거장들을 포함해 클래식 음악 공연을 하는 전문 피아니스트 90퍼센트 이상이 스타인웨이 그랜드 피아노를 애용했다. 20세기 최고의 피아니스트로 꼽히는 아서 루빈스타인은 "스타인웨이 피아노만 한 피아노가 없다."고 평가한 바 있다.[8]

그랜드 피아노는 예사 물건이 아니다. 그랜드 피아노를 둔 집은 백악관같은, 그랜드 피아노를 둔 박물관은 스미스소니언 협회 박물관같은 위엄 있는 분위기가 연출된다. 공연장 무대, 오케스트라, 녹음 스튜디오에서 피아노의 위치는 더 설명할 필요 없을 정도로 중요하다.

스타인웨이 피아노는 수명이 매우 길기로 유명하다. 스타인웨이 피아노는 녹재 부품이 썩거나, 금속 부품이 녹스는 법이 없다.

전자제품 제조사들은 종종 '계획적 진부화'라는 경영기법을 쓴다. 신제품 구매를 유도하고자 일부러 내구성 낮은 제품을 만드는 것이다.

스타인웨이 경영진의 사전에 계획적 진부화란 말은 없다. 스타인웨이의 최고경영자 피터 페레즈는 본인에게 가장 골치 아픈 경쟁상대는 중고 스타인웨이 피아노였다고 토로한 바 있다. 오래전 출시된 스타인웨이 피아노가 출시가의 4배에 팔리는 경우도 있었으니 오죽할까.[9]

이처럼 놀라운 품질에도 불구하고, 스타인웨이 사는 50년간 침체의 늪에 빠졌다. 스타인웨이 경영진에게 이 50년은 고전의 연속이었다. 1926년 6,294대로 사상 최대치를 기록한 스타인웨이 피아노의 연간 판매 대수는 2012년에 2,000대를 간신히 넘겼을 뿐이다.[10]

1972년부터 1996년 사이에 스타인웨이 사 소유주는 세 차례나 바뀌었다. CBS 방송사가 존 버밍엄·로버트 버밍엄 형제가 이끄는 개인투자자 집단에게 스타인웨이를 매각했고, 이후 미국 1위 밴드 악기 제조사 셀머 인더스트리스가 스타인웨이를 인수했다.

1996년 스타인웨이는 뉴욕증시에 상장했지만, 2013년 헤지펀드 회사 폴슨 앤드 컴퍼니가 5억1200만 달러에 스타인웨이를 인수했다. 2013년 매각은 피아노 애호가들 사이에서 뜨거운 논란거리였다. 일부는 이 거래를 강탈이라 표현할 정도였다. '피아노월

드'라는 커뮤니티 게시판에는 "늑대 같은 헤지펀드가 또 승리했다."는 글이 올라왔다.[11]

세계 최고의 피아노 제조사조차 피하지 못한 이 침체의 늪을 어떻게 설명할 수 있을까?

피아노 왕국의 위기

뉴욕 맨해튼 중심부 미드타운 웨스트 57번가 카네기홀 근처에는 한때, 스타인웨이 피아노를 진열하고 판매하는 공간과 관련 부서가 위치한 '스타인웨이 홀' 건물이 위치했다. 이 건물 입구엔 스타인웨이 임원들이 '원형 홀'이라 부른 공간이 있었는데, 앤드류 와이어스와 록웰 켄트의 화려한 그림들이 걸려 있는 10.7미터 높이의 2층짜리 팔각형 홀이었다. 돔 천장 밑에는 청명한 하늘과 평온한 구름 그림, 음악이 인간에게 미치는 영향을 우화적으로 표현하는 사자, 코끼리, 여신, 요정 그림이 걸려 있었다.[12]

역대 스타인웨이 최고경영자 계보에서 마지막 창업자 후손으로 기록될 4대 사장, 헨리 스타인웨이는 1968년 2월 스타인웨이 홀에서 임원회의를 열었다. 임원들은 "스타인웨이는 향후 세계시장에서 처음으로 도전받게 될 것이고, 그 도전자는 야마하일 것"이라 인지하고 있었다. 키가 188센티미터로 집안에서 제일 컸던 헨리 스타인웨이는 브룩스 브라더스 정장을 입어 더욱 훤칠해 보였다. 그는 임원들에게 '이러한 도전에 대처하기 위해 필요한 조치'를 취하라고 촉구하고, 다음과 같은 실행 계획서를 배포했다.

1. 미국 시장에서 야마하의 성공 요인 중 하나는 야마하 제품을 고객들이 쉽게 구할 수 있다는 점입니다. 야마하 딜러들은 고객에게 제품을 즉시 전할 수 있지만, 스타인웨이 딜러들은 그렇지 못합니다. 우리는 더 많은 그랜드 피아노를 생산하도록 노력을 기울여야 합니다.

2. 우리는 가격으로 야마하와 경쟁할 수 없습니다. 따라서 우리의 프로모션 활동, 광고 등은 고객들이 스타인웨이 피아노를 구매해야 할 이유를 제시하는 데에 초점을 맞춰야 합니다.

3. 스타인웨이 피아노는 고객의 "사소한 트집"이라고 간주했던 세세한 부분까지 신경 써서 더 나은 모습으로 만들어야 합니다. 나는 야마하 그랜드 피아노와 유럽 스타인웨이 공장에서 만든 피아노를 가져와 미국 스타인웨이 공장에서 만든 피아노와 비교해보겠습니다.

4. 스타인웨이 딜러들이 우리 제품을 야마하 제품과 같은 곳에 진열해서는 안 된다는 우리의 방침은 계속 유지해야 합니다.

5. 우리는 야마하에 관한 모든 정보를 최대한 수집하고자 합니다. 나는 그 정보를 취합하는 작업에 착수하겠습니다. 여러분이 보유한 자료 중에서 야마하에 관한 어떠한 정보라도 찾으면 내게 보내주기 바랍니다.[13]

헨리 스타인웨이 사장은 경쟁사인 야마하(Yamaha)의 성장 속도를 특히 놀랍게 생각했다. 좁은 공간에 놓을 수 있는 제품을 선호하는 일본 소비자에게 맞는 업라이트 피아노 생산에 집중한 야마하의 가정용 소형 피아노는 웨스트 57번가 스타인웨이 빌딩의 넓은 진열대에 놓인 공연용 그랜드 피아노와 모든 면에서 달랐다. 하지만 2차 대전 시기까지 피아노를 치는 사람이 거의 없던 나라에서 탄생한 야마하는 어찌됐든 스타인웨이 앤드 선스에게 위협적인 도전자로 성장했다. 대체 어찌 된 영문일까?

생각지 못한 도전자

1960년 야마하는 로스앤젤레스에 첫 미국 지점을 열고, 지미 진구라는 일본계 미국인을 채용했다. 미국 판매 총괄직을 맡은 그는 거래처를 뚫는 데 고전했다. 딜러들과 소매업자들이 이름 없는 일본 제품을 팔려고 하지 않았기 때문이다.

진구는 이런 말을 듣기 일쑤였다. "미안합니다만 우리는 주요 브랜드 제품만 취급합니다.", "우리는 일본 제품을 팔지 않을 겁니다.", "귀사는 미국 시장에서 얼마 못 버틸 것 같은데요."

야마하 피아노의 품질을 호평한 소매업자는 딱 한 명뿐이었다. 샘 지머링이라는 소매업자였는데 그조차도 야마하라는 브랜드명이 소비자에게 어필하지 못하리라 보고, 다른 브랜드명으로 야마하 제품을 판매하려 했다.

그런데 그의 판매 관리자였던 이브 로윈은 야마하 브랜드를 긍정적으로 봤다. 오히려 야마하라는 이름을 뗀 채 판매하는 방안을 어리석다고 여길 정도였다. 그는 이렇게 호언했다. "야마하라는 로고를 부착하세요. 내가 전국에 팔 테니까요."[14] 15년간 악기 소매업과 도매업을 경험해 시장 통찰력을 갖춘 이브 로윈이야말로 딱 필요한 인재였기에, 야마하는 그를 영입했다.

통명스럽고 다혈질이고 젠체하는 성격의 이브 로윈은 동료의 호감을 사는 중역은 못 됐지만, 아이디어만은 넘쳤다. 로스앤젤레스 도심 퍼싱스퀘어의 작은 사무실에 출근한 그는 로스앤젤레스 유니파이드 학군 학교들을 설득해 야마하 피아노 수십 대를 판매했다. 이는 미국 시장 안착에 필요한 평판 쌓기의 출발점이 됐다.

일본 제품은 조악하다는 인식을 극복하려면 야마하 피아노의 품질을 입증할 필요가 있었다. 그래서 그는 피아노 조율사들과 기술자들을 초대해 워크숍을 개최했다. 이는 업계 역사상 가장 장기간 운영된 기술자 워크숍 프로그램으로 '리틀 레드 스쿨 하우스 (Little Red School House)'라는 애칭으로 불렸다. 이렇게 미국 시장에 진입해 이후 큰 인기를 끈 야마하 피아노가 미국에 상륙하기 전 어떤 우여곡절을 거쳤는지 아는 미국인은 별로 없다. 하지만 야마하는 미국에 상륙하기 훨씬 이전부터 성공 스토리를 써가고 있었다.[15]

야마하의 역사는 1887년으로 거슬러 올라간다. 당시는 일본 정부가 서양 음악 보급을 지원하기 시작한 참이라, 킴볼, 스토리 앤드 클락, 에스티, 메이슨 앤드 햄린 같은 여러 서구 악기 제조사들이 일본에 리드 오르간(풍금)을 수출하던 시기다.

의료기계 수리공으로 일하던 청년 야마하 도라쿠스는 1887년 시즈오카 현 하마마쓰 시의 한 초등학교에서 메이슨 앤드 햄린 리드 오르간 한 대를 수리하게 됐다. 오르간 제작 사업이 전도유망하다고 본 야마하 도라쿠스는 수리하면서 오르간 내부를 분석해 설계도를 그렸고, 곧 일본에서 구할 수 있는 재료로 부품을 만들어 오르간 시제품을 제작했다. 그는 코끼리 상아 대신 거북이 껍질로 건반을 만들고, 석재 끌로 놋쇠판을 잘라 리드를 만들고, 검은 문풍지로 풀무를 만들고, 소뼈로 페달을 만들었다.[16] 이처럼 참 믿기 어려운 재능을 지닌 그가 만든 시제품은 괜찮은 소리를 냈다.

야마하 도라쿠스는 곧바로 오르간 제작 사업을 시작하기로 마음먹고 투자자를 찾아 나선 끝에 3만 엔(현재 화폐 가치로 약 1만 달러)을 투자받았다. 그리하여 1889년 하마마쓰 시에 '야마하풍금 제작소'를 세우고, 1897년 '일본악기제조주식회사'를 설립해 초대 사장에 취임했다. 이 회사가 곧 오늘날의 '야마하'다.

1차 세계대전 시기에 하모니카를 유행시켜 재미를 본 야마하는 2차 세계대전 시기에는 다른 민간회사들과 마찬가지로, 군수물자 제조에 투입됐다. 야마하는 졸지에 선박, 기계, 플라스틱 제품 제조사로 변모했다. 일본이 패전하고 얼마 뒤, 야마하는 악기 산업으로 복귀했다. 1947년 미군정이 일본기업의 수출을 허가함에 따라 야마하는 하모니카 수출을 재개했다. 1950년 야마하의 4대 사장으로 가와카미 겐이치가 취임했다. 그는 취임 직후 3개월간 해외기업 탐방에 나섰다.

처음에 가와카미 사장은 미국 악기제조사 콘의 인디애나 주 엘크하트 공장 견학을 거부당했다. 콘 임원들은 낯선 일본인 방문객을 접대하기 귀찮아했기 때문이다. 이후 가와카미 사장은 시카고에 소재한 킴볼 사와 걸브랜슨 사의 피아노 공장들, 클리블랜드 시에 소재한 킹 사의 밴드 악기 공장, 신시내티 시에 소재한 볼드윈 사의 피아노 공장을 견학했다. 유럽에서는 스타인웨이의 함부르크 공장과 독일 피아노 제조사들의 공장을 견학했다. 가와카미 사장은 1950년 미국과 유럽 공장들을 둘러보고 깜짝 놀랐다고 토로했다.

"외국 회사들에 비해 우리의 생산 방식은 너무도 후진적이었습니다. 외국 공장을 견학하기 전엔 우리 회사의 부족한 점이 얼마나 많은지 상상도 못했죠. 우리 제품은 수출해서 팔릴 만한 품질을 갖추지 못했습니다."[17]

그는 이때의 경험을 토대로 서구 기업들을 추격하고 추월하는 30년간의 여정에 오르기로 결심했다. 그는 목재 저장소에 자동화 목공기계를 설치하고, 컨베이어 벨트로 목재를 운반하는 피아노 조립 공정을 조직했다.

1956년 야마하는 일본 최초의 완전 자동화 골재 건조로를 건설했다. 이 건설 계획은 현재까지도 야마하 최대의 자본 지출 사례로 남아 있을 정도로 막대한 비용이 들었다. 절삭한 목재에서 수분을 빼내는 이 골재 건조로는 피아노 5만 대 제조에 필요한 목재를 수용 가능했다.

당시 연간 피아노 생산 대수가 1만 5,000대에 불과했던 야마하에게 이런 대규모 골재 건조로 건설은 지나친 낭비라는 혹평이 쏟아졌다. 하지만 가와카미 사장은 흔들리지 않았다. 온갖 비난에 직면한 그는 야마하 피아노 판매량 증가로 이 골재 건조로 공간을 모두 사용할 시기가 곧 오리라 주장했다. 그리고 실제로 그의 예언이 맞았다.

예로부터 일본에는 음악 애호가가 많았다. 일본에선 집에 피아노가 있고 악기를 연주할 수 있는 사람이 사회적으로 성공하고 부와 교양을 겸비한 인물로 간주됐다. 전후 일본은 고도성장을 지속함에 따라 서양 음악에 대한 관심이 높아졌다. 이에 따라 야마하에게 거대한 내수시장이 열렸다. 1960년대 일본은 피아노 판매량이 사상 최고치를 찍었다. 피아노를 살 만한 소득을 올리는 일본인은 누구나 피아노를 장만하려 했다.

야마하 피아노 생산량은 1960년 2만 5,000대에서 1966년 10만 대로 6년 만에 400퍼센트 증가했다. 이로써 야마하는 생산 대수 기준으로 스타인웨이의 17배에 달하는 세계 최대 피아노 제조사로 등극했다.

피아노 수요를 더 창출하기 위해 1966년 야마하는 야마하 음악 재단이라는 독립적 비영리 재단을 설립했다. 이 재단은 저렴한 수업료로 피아노 레슨을 제공했고, 여러 나라에 진출했다. 1980년대 야마하 음악 재단이 운영하는 음악 학교는 일본에서만 9,000개에 달했다. 야마하 음악 재단은 이 음악 학교를 통해 68만 명의 일본인을 교육했는데, 해외 학교까지 합치면 교습생이 100만에 육박했다.

도전자의 추격

한편 야마하 공장 내부에서는 모든 생산 공정을 자동화함으로써, 생산 공정에서 인간의 개입을 최소화했다.

피아노 본체를 제작하려면 여러 겹의 목재 박판들을 접착해 피아노 림을 만들어야 한다. 야마하 공장에서는 컴퓨터 통제 시스템으로 식별한 목재 박판들을 Y자형 천장 크레인을 이용해 7개의 프레스 기계로 운반하고, 여러 크기의 야마하 피아노에 맞는 피아노 림을 제작했다. 공장 노동자 2명만 있으면 목재 박판을 올바른 위치에 놓고, 압축 공기 소리를 내며 내려오는 유압 실린더로 목재 박판을 누르는 공정을 처리할 수 있었다.

고주파 양생법 덕분에 15분이면 목재 박판 접착제가 굳었다.[18] 야마하 피아노의 제조 과정은 스타인웨이 공장에서 고숙련 노동자들이 노동 집약적으로 수행한 피아노 제조 과정과 같았으나, 각 제품 간의 편차를 최소화하도록 설계됐다.

하지만 미국 피아노 제소업체들은 1960년대 중반까지 야마하를 경쟁자로 여기지 않았다. 1964년 야마하 공장을 방문한 스토리 앤드 클락의 로버트 불 부사장은 그때까지 미국에서 누구도 야마하의 규모와 역량을 파악하지 못하고 있었던 점에 충격을 받았다고 밝혔다. 그는 야마하의 생산 현장을 보고 "눈이 휘둥그레졌다."고 말했다.

1966년 야마하는 '세계 최고급 콘서트 그랜드 피아노가 될 새로운 야마하 피아노 모델의 시제품'을 제작했다고 발표했다. 야마하 컨서버토리 CF라 명명한 이 시제품은 전통적 수작업 방식으로 제작돼, 1967년 시카고 무역 박람회에서 선보였다.

당시 야마하 엔지니어들이 스타인웨이 그랜드 피아노의 제작법을 모방하고자 정기적으로 스타인웨이 그랜드 피아노를 분해해봤다는 것은 업계의 공공연한 비밀이다. 스타인웨이 임원이 "우리 회사 피아노에 관한 퀴즈를 내면 과연 우리 회사 엔지니어들이 야마하 엔지니어들보다 잘 맞출지 자신이 없군요." 하고 말할 정도였다.

당시 야마하 CF가 스타인웨이 피아노에 견줄 만한 제품이라 생각하는 이는 많지 않았으나, 어쨌든 야마하 CF는 긍정적 평가를 이끌어냈다. 한 야마하 임원은 "우리 회사 제품을 스타인웨이와 비교하는 것은 도요타를 롤스로이스와 비교하는 것처럼 온당치 못합니다." 하고 말했지만, 또 다른 임원은 굳이 야심을 감추지 않았다. "우린 스타인웨이를 맹추격 중이고 언젠가 넘어설 겁니다." 두 임원의 태도는 사뭇 달랐으나, 피아노 업계의 경쟁이 촉발됨에 따라 "스타인웨이뿐 아니라 야마하 임원들도 신경을 곤두세우고 있다."는 대목에선 의견이 일치했다.[19]

자사의 공연용 그랜드 피아노를 홍보하고자, 야마하는 스타인웨이 사의 콘서트 앤드 아티스트 프로그램과 유사한 '아티스트 프로그램'을 시작했다. 유명 연주자들에게 야마하 피아노로 공연해 달라고 구애하기 시작한 것이다.

스타인웨이에게 특히 뼈아픈 사건은 25년 전 생애 최초 카네기 홀 공연을 기념하고자 피아니스트 앙드레 와츠가 1988년 뉴욕 필하모닉 관현악단과 협연한 공연이 전국에 중계되던 중 일어났다. 원래 앙드레 와츠는 스타인웨이 피아노를 협찬받는, 이른바 '스타인웨이 아티스트'였다. 수백 명의 스타인웨이 아티스트들은 스타인웨이 피아노를 홍보하는 대가로, 스타인웨이 사가 160여 개 미국 도시에 구비해 놓은 300여 대의 피아노를 이용할 권리를 누렸다. 스타인웨이 아티스트는 딜러를 방문해 지점에 구비된 피아노를 연주해보고(뉴욕 지점은 40대 이상의 스타인웨이 피아노를 구비했지만, 일부 시골 지점은 1대만 구비했다) 마음에 드는 피아노를 고른 다음, 예약한 날짜에 공연장으로 보내달라고 요청하면 됐다. 약간의 운송비 외의 모든 비용은 스타인웨이 사가 부담했다.

그런 스타인웨이 아티스트로 알려진 앙드레 와츠의 연주 모습을 TV 카메라가 줌인할 때, 시청자들은 피아노에 박힌 '야마하'라는 황금색 로고를 보고 숨을 죽었다.

앙드레 와츠는 스타인웨이의 형편없는 서비스에 불만을 품고 있었다. 피아노는 습도와 온도 변화에 따라 음정이 변하는 악기인 만큼, 공연에서 연주할 그랜드 피아노를 최상의 상태로 보관하려면 적절한 시설을 갖춰야 한다. 하지만 스타인웨이 딜러들은 그러지 못했다. 스타인웨이는 피아노 보관 시설을 개선 중이라 주장했지만, 개선은 더디게 진행됐다.

그리하여 앙드레 와츠는 야마하 아티스트 프로그램으로 갈아탄 최초의 피아니스트가 됐다. 스탠포드 음대, 미시건 음대 같은 유명 음대의 신예 피아니스트들도 야마하의 구애를 받았다. 수십 대의 피아노가 필요한 행사를 하는 경우가 잦은 음대와 단체에 야마하 피아노 협찬이 늘어만 갔다. 이로써 스타인웨이는 독무대이자 '밥줄'이던 그랜드 피아노 시장에서 야마하의 상륙을 허용하고야 말았다.

야마하는 세계 최대 피아노 제조사로 우뚝 섰다. 야마하의 연간 피아노 생산대수는 20만 대에 이르렀다. 반면, 스타인웨이의 연간 피아노 생산 대수는 고작 6,000대였다.

후발주자의 이점

경영 세미나에서 토론할 때, 업계에서 오랜 경험을 쌓은 임원들이 꼽는 야마하의 성공 요인은 다음과 같다.

1. 미국 시장을 적극 공략한 야마하의 미국 판매 총괄 임원, 이브 로원
2. 야마하가 규모의 경제를 달성하는 기반이 된 일본 내수시장
3. 야마하의 생산비용을 낮춘 제조공정 자동화
4. 콘서트 그랜드 피아노를 생산해 피아노 시장에서 가장 이익률이 높은 세분시장으로 진입하려는 야마하 경영진의 열망
5. 30년간 성장 전략을 펼친 비전 있는 최고경영자, 가와카미 겐이치

이러한 요소들 모두 야마하의 성공에 기여했지만, 야마하 성공의 근접 원인에 불과하다. 즉, 야마하가 성공한 즉각적 원인은 설명할 수 있지만, 근본 원인을 설명하지는 못한다.

야마하 사례에서 경영자가 참고할 만한 교훈을 얻으려면, 야마하가 위와 같은 성공 요인들을 갖춰 스타인웨이를 뛰어넘은 근원적 동력이 무엇인지 파악해야 한다.

이해를 돕고자 이런 질문을 던져보겠다. "인간은 왜 물을 마시는가?" 이에 대한 즉각적 대답은 "목이 마르니까."지만 이는 근접 원인에 불과하다. 사람이 물을 마시고 싶어 하는 진짜 원인은 물이 영양소와 미네랄을 분해해 인체 구석구석으로 전달하는 과정을 촉진하기 때문이다. 몸 안의 물은 체온을 조절하고 장기를 보호한다. 물을 마시지 못하면 인체는 빠르게 손상된다. 그래서 결론이 뭐냐고? 인간은 살기 위해 물을 마셔야 한다는 것이다. 이것이 우연한 사건들을 일으키는 근원적 동력, 가장 중요한 근본 원인이다.

피아노 제조업뿐 아니라 섬유업 역사에서도 관찰 가능한 변화 과정을 표 1.1로 정리했다. 나는 이 변화 과정을 '지식 생산 필터'라 부른다.[20] 이 지식 생산 필터 모델로 뒷장에서 다루게 될 제약업과 여러 첨단 산업 역사도 설명할 수 있다.

스타인웨이 경영진은 피아노 생산을 기초적이고 전통적인 관점으로 바라봤다. 그들이 생각하는 피아노 생산이란 숙련된 장인이 오랜 세월 쌓은 전문지식과 솜씨를 발휘해, 전문 연주자들이 같

[표 1.1] 지식생산필터

망하는 최고급 악기를 생산하는 것이었다. 즉, 스타인웨이 경영진이 생각한 피아노 생산 체제는 전문가의 판단과 감이 크게 작용하는 장인 생산 체제였다. 이는 모든 산업의 초기 단계에서 나타나는 생산 체제다. 산업 초기 단계에서는 지식이 아직 이론으로 정립되어 기록되지 않는다. 노하우(기술적 비결)는 여전히 소수의 전문가 집단만 아는 상태다.

하지만 지식은 진화한다. 경험이 축적됨에 따라 사람들의 이해도 향상된다. 과거에 몇몇 장인만 알던 산업 노하우가 점차 후배들을 위해 기록된다. 매사를 복잡하게 표현하는 버릇이 있는 경영학자들은 이를 '지식 성문화'라 일컫는다.

지식 성문화란 묵시적 노하우를 명시적 지식으로 변환하는 과정을 가리키는데, 쉽게 말해, 본인이 아는 바를 동료들과 공유하기 위해 기록하는 것이다. 이러한 과정의 귀결로, 산업을 개척한 전문가들을 비숙련 노동자들이 대체하는 시기가 온다. 표준 절차, 규칙서, 가이드라인만 따르면 누구든 전문가들이 하던 작업을 수행할 수 있게 된다. 전문가의 모든 지식을 책으로 정리해 놓으면, 전문가가 아닌 사람들도 전문가만 알던 핵심 지식을 습득할 수 있다. 전문가 직관에 따라 수행하던 작업을 비전문가가 규칙에 입각해 수행하게 됨에 따라, 전문가적 직관이 덜 중요해진다.

더 안 좋은 점은 성문화된 지식이 쉽게 차용·복사·모방·도용될 수 있다는 사실이다. 지금까지 역사가 입증해왔듯, 초기에는 세계적 전문가의 창의적 작업으로 생산된 거의 모든 제품이 언젠가는 자동화 기계를 통한 대량생산 제품이 된다.

더 빨리, 더 낮게

생산 공정 자동화를 통해 야마하는 표준화와 정밀제조 분야의 선두주자가 됐다. 야마하는 컨베이어 벨트와 완전 자동화 골재 건조로를 이용해 피아노 1대 생산에 드는 시간을 2년에서 3개월로 단축했다.

초기에는 자동화 생산 제품이 전문가가 수작업으로 만든 제품보다 덜 정교해 보이기 마련이다. 기계는 수제품의 섬세한 차이를 복제할 수 없기에 자동화 생산 제품은 대중 시장이나 저가 시장에서만 통한다. 하지만 저가 시장은 자동화 생산 공정을 도입한 기업의 엔지니어에게 생산 공정과 품질을 개선할 시간, 돈(설령 푼돈일지라도), 기회를 제공한다.

자동화 생산 공정을 통해 제품 가격이 떨어지고, 시간이 지나면서 생산 기술과 품질도 개선되면, 새로운 소비자들이 지갑을 열게 돼 제품 수요가 증가한다. 그래서 경쟁사들보다 먼저 자동화 생산 공정을 도입한 기업은 급성장하는 시장에서 자연스레 승자가 된다. 이것이 야마하가 보여준 폭발적 성장세의 비결이다. 그리고 이것이 생산 기술 발전과 자동화 생산 공정을 외면하고 근시안적으로 장인 생산 체제에 집착한 스타인웨이 앤드 선스가 몰락하게 된 원인이다.

공연용 그랜드 피아노 시장에 진입한 시점에 야마하는 이미 세계적 악기 제조사였다. 야마하는 스타인웨이 앤드 선스보다 큰 매출액, 다양한 기술, 앞선 자동화 생산 체제를 기반으로 마케팅·유통·채용·생산에 더 많은 자원을 투입할 수 있었다. 저가 세분시장에서 거둬들인 수익은 고가 세분시장에 진입하는 동력이 됐다.

야마하의 성공과 스타인웨이의 몰락 과정에서 가장 특기할 부분은 피아노라는 제품 자체는 변하지 않았다는 사실이다. 이 점은 스타인웨이 입장에서 뼈아픈 사실이다.

피아노란 예나 지금이나 해머가 현을 두드려 소리를 내는 악기다. 완제품의 기능과 형태, 고객이 요구하는 바는 예나 지금이나 거의 바뀌지 않았다. 디지털 사진 시대의 도래로 몰락한 코닥이나 폴라로이드와 달리, 스타인웨이 앤드 선스가 속한 시장에서 고객이 찾는 제품은 변하지 않았다. 하지만 산업 지식이 - 초기의 장인 생산 체제에서 후기의 자동화 생산 체제로 - 성숙함에 따라, 초기에 시장을 개척한 선발주자보다는 나중에 시장에 진입한 후발주자가 더 유리한 입장이 된다. 선발주자와 후발주자는 산업 지식의 생애주기에서 각기 다른 단계에 있다. 따라서 선발주자가 후발주자와 성공적으로 경쟁하려면 각기 다른 조직 역량이 필요하다. 두 기업에게 요구되는 조직 역량의 종류가 다르다. 선발주자가 정신 차리고 각고의 노력을 기울여 후발주자를 따돌리지 않는 한, 후발주자는 언제나 선발주자를 시장에서 몰아낸다. 시장에서 후발주자가 선발주자보다 유리한 부분이 적지 않다.

그렇다고 야마하가 창의성이 없는 기업이라는 뜻은 아니다. 오히려 정반대다. 야마하가 자동화 생산 기술의 잠재력을 십분 발휘하기 위해서는, 새로운 생산 공정과 생산 체제를 도입해야 했다.

야마하가 생산 공정을 한층 더 자동화할 때마다 혁신적 조치가 필요했다. 피아노 산업에서 성공하기 위해 필요한 것은 고품질 제품을 생산하는 역량보다 자동화 기술을 기반으로 더 나은 생산 프로세스를 고안해 비용을 절감하고 생산 효율을 높이는 역량이었다. 따라서 값싸게, 효율적으로 피아노를 생산한 야마하가 급성장하는 피아노 시장에서 스타인웨이를 따돌릴 수 있었다.

하지만 선발주자가 특허 출원과 상표 등록을 통해 노하우를 보호하고, 후발주자의 싹을 자를 수는 없을까? 스타인웨이 앤드 선스가 핵심 노하우를 더 엄밀히 보호했더라면 야마하의 공세를 막을 수 있었을까?

19세기 초 섬유업을 보면 그 답을 알 수 있다.

누구도 따라하지 못할 기술이란 없다

1810년 35세의 하버드 대 출신 프랜시스 로웰은 아내와 어린 아들을 데리고 영국을 여행하면서, 산업 기밀 유출 역사를 연구하는 경영학자들이 초기 중요 사례로 언급하는 일을 저질렀다.

19세기에 섬유업은 하이테크 산업으로 간주됐다. 영국은 섬유업 공장 기계 덕분에 세계 무역에서 우위를 점할 수 있었다. 1851년 600만 개를 기록한 영국의 면제품 연간 수출량은 6년 뒤인 1857년에는 2,700만 개로 4배 이상 증가했다.[21] 영국 섬유업은 전성기에 세계 면직물의 50퍼센트 가량을 생산했다. 글래스고부터 랭커샤이어, 맨체스터까지 이르는 미들랜드 공업 지대에 수많은 섬유공장이 분포했다.

영국 경제에 너무도 중요한 섬유업을 보호하고자 영국 정부는 섬유업 기계의 수출, 섬유업 공장과 기계 설계도의 해외 반출을 금지했다. 섬유업 노동자의 해외 이동이 기술 유출로 이어질까 걱정한 영국 정부는 섬유업 노동자의 출국을 금지했다. 이를 어긴 사람은 현장에서 체포돼 징역 1년 형을 받고 200파운드의 벌금을 내야 했다. 이에 비하면 현재 특허법과 기밀 준수 조항 처벌 내용은 너무 약해 보일 정도다. 영국 기업들은 정보 유출을 막으려고 안간힘을 썼다. 공장에 방문객을 받지 않고, 직원들에게 기밀 엄수를 요구하고, '중세에 건축한 성처럼 보이게' 공장 외벽을 꾸미고, 실제보다 복잡한 장치처럼 보이게 공장 기계들을 치장했다.[22]

해운업을 하는 귀족 가문 출신 엘리트로 미국 동북부 매사추세츠 주 보스턴 시에 거주한 프랜시스 로웰은 "건강상의 이유로 …… 유럽을 여행 중인 예의 바르고 발이 넓은 미국 사업가"라고 본인을 소개했다.[23] 그는 알고 지내는 영국 사업가들을 통해 여러 섬유공장을 방문했다. 그는 2년간 스코틀랜드와 잉글랜드에서 체류하면서 섬유공장 수십 곳을 무심한 척 구경하고, 공장 기계에 관한 기밀 정보를 은밀하게 수집했다.[24] 하버드 대에서 수학을 전공한 로웰은 "면직물 제조" – 역직기의 기계 부품과 작동 원리, 공장의 생산 공정 흐름 – 의 결정적 세부 정보를 암기하는 데 필요한 재능을 가졌다. 로웰은 미국으로 돌아오면서 다량의 기계 도면을 밀수했다. 이처럼 영국의 기술 정보를 빼낸 사업가는 로웰만이 아니었다.

미국 기업들이 탐내는 기술과 산업 노하우를 가진 수많은 영국인이 출입국법을 피해 미국으로 건너갔다. 1812년 무렵까지 거의 모든 매사추세츠 주 섬유공장은 영국 섬유공장과 경쟁하기 위해 필요한 모든 기술을 입수했다.[25] 그리고 여기서도 후발주자의 이점이 있었다.

이전에는 물을 끓여 나오는 힘으로 벨트, 기어, 마찰 클러치를 움직이고 크랭크 축을 회전시켜 실을 뽑아내는 수력 방적기만 있었다. 그래서 수력 방적기로 생산한 방사를 노동자들이 집으로 가져가 원단으로 만들어야 했다. 시골 사람들이 도시 외곽에 거주하며 이런 가내 수공업을 유지했다.[26] 하지만 로웰이 경영한 보스턴 매뉴팩처링 컴퍼니는 실을 뽑는 방적기와 천을 짜는 방직기를 모두 한 공장에 설치해 수력으로 돌렸다.

영국 경쟁사들과 달리, 로웰의 회사는 선대에게서 물려받은 인프라가 없었다. 즉, 기존 자산의 감가상각을 걱정할 필요 없이 새로운 생산 체제를 구축할 수 있었다. 로웰은 거대한 섬유공장 단지를 구축한 덕분에 규모의 경제를 실현했을 뿐 아니라 지역 노동 시장에 의존할 필요가 없었다. 물론, 시골 지역을 공장 노동자들이 거주하는 마을로 바꾸는 건설 작업에는 많은 자본금이 소요됐다. 이익률과 수익을 중시한 영국 제조업체들은 이런 종류의 막대한 선행 투자를 주저했다.[27]

영국 소설가 찰스 디킨스는 미국을 처음 방문한 1842년에 로웰이 건설한 거대한 공장 마을을 방문했다. 그는 당대의 근대성을 신랄하게 비판하는 소설가로 유명했지만, 거대한 공장에서 일하는 노동자들에게 제공된 물질적 안락에 깊은 감명을 받았다. 그는 당시 자신이 본 모습을 이렇게 적었다.

> 저녁 식사 때쯤 나는 첫 공장에 도착했다. 어린 여성들이 공장으로 출근 중이었다. 공장 계단은 여성 노동자들로 가득했다 …… (그들의) 복장 상태는 훌륭했다. 옷이 매우 깨끗했음은 물론이다.
> …… 겉보기에 노동자들의 건강 상태는 양호했다. 상당수는 매우 건강해 보였고 행동거지가 어린 여성다웠다. 비참한 공장 환경에 찌든 노동자의 모습이 아니었다.
> …… 그들이 일하는 공장 내부 공간도 상태가 양호했다.
> …… 전체적으로 공장치고는 깨끗하고 안락하고 공기가 신선했다.
> 고백컨대, 그날 나는 여러 공장을 방문했지만, …… 내게 권한이 있었으면 구출해줬을 …… 어린 여성 노동자가 1명이라도 있었는지 모르겠다.[28]

뉴잉글랜드 지역에 이러한 공상 마을들이 잇따라 건실됐다. 그

중 최대는 매사추세츠 주 북쪽에 인접한 뉴햄프셔 주에서 보스턴 시로 흐르는 메리맥 강가에 위치한 섬유 회사 아모스키그 밀스의 공장 마을이었다. 1만 7,000명의 노동자가 65만 개의 방적기 방추가 돌아가는 섬유공장에서 하루 804킬로미터의 면포를 생산했다.[29] 뉴잉글랜드 지역 업체들은 규모의 이점을 살려, 급증하는 대중 의류 시장에서 영국 회사들을 몰아냈다. 영국 회사들은 "장인"의 솜씨가 여전히 필요한, 예쁜 장식을 단 의류와 모자 같은 틈새시장에서만 살아남았다.

장인의 솜씨가 어떻든 간에, 영국 기업이 세계 시장을 지배하던 시절은 끝났고, 돌이킬 수 없는 쇠퇴기가 시작됐다. 표 1.2에서

[표 1.2] 1800년~1950년 영국 면제품 수출

(단위: 100만 파운드)

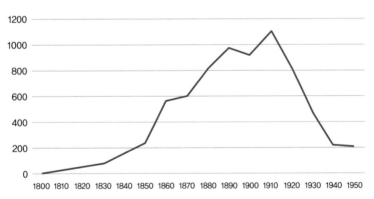

원 자료 출처: R. Robson, The Cotton Industry in Britain (London: Macmillan, 1957), 332–333. 각 10 년 단위 기간의 첫 해에 보고된 자료 Cited in Pietra Rivoli's The Travels of a T-Shirt in the Global Economy: An Economist Examines the Markets, Power, and Politics of World Trade, 2009

보듯, 영국의 면제품 수출액이 가파르게 하락한 20세기 초 수십 년간 잉글랜드 북동부 랭커샤이어 지역에서는 1주일에 1개꼴로 섬유공장이 문을 닫았다. 오늘날에는 수십 곳의 빈 공장만이 영국의 자랑거리였던 섬유 산업의 유일한 흔적이다.

여유 있는 기업이 신규 투자를 주저하는 이유

역사란 반복되기 마련이라는 듯, 경영 기밀 보호 조치와 특허권에도 불구하고 스타인웨이 앤드 선스는 영국 섬유 회사들과 같은 운명을 피하지 못했다.

1960년대 초 야마하의 성장세를 알게 된 최고경영자, 헨리 스타인웨이는 야마하를 "극도로 두려워했다"고 전해진다.[30] 이후 50년간 이런 공포와 증오에 찬 분위기가 흘렀어도, 스타인웨이 앤드 선스에선 중대한 개혁이 일어나지 않았다.

그동안 쌓이는 적자를 이기지 못한 스타인웨이는 뉴욕 시 퀸스 구 북서부의 아스토리아에 위치한 스타인웨이 빌리지의 일부였던 여러 건물들을 하나하나 매각해 나갔다. 한때 면적이 400에이커(약 49만 평)에 달했던 스타인웨이 빌리지는 점차 줄어 오늘날에는 스타인웨이 스트리트 끄트머리에 빨간 벽돌 공장 몇 개만 덩그러니 남아 있을 뿐이다. 1960년대 초 6,000대였던 스타인웨이 피아노 연간 판매량은 2012년 2,000대 미만으로 떨어졌다.

헨리 스타인웨이의 후임으로 최고경영자가 된 피터 페레즈는 자사의 쇠퇴를 막으려는 (너무 늦은) 노력의 일환으로, 모델K의 출시를 마지못해 승인했다. 모델K는 야마하의 시장 잠식에 맞서기 위해 기존 자사 제품보다 가격대를 약간 낮춘 제품이었다. 하지만 페레즈는 2년간 모델K 출시 프로젝트를 진행한 임원을 비공식 석상에서 만나 이렇게 투덜댔다.

"나는 여전히 이것이 우리 회사의 한정된 시간과 자원을 투입할 최선책인지 의문입니다. 우리가 가장 경쟁력을 갖춘 그랜드 피아노 시장에 집중해야 하지 않을까요? 지금 시점에서 새로운 제품 라인 출시가 우리 회사에 혼란과 시간낭비를 초래하지는 않을까요? 어쩌면 계획을 중단하고 미래를 다시 구상하는 편이 나을지 모릅니다."

모델K는 경영진의 오랜 논쟁 끝에 겨우 출시됐지만, 예상 가능하게도 야마하에게 타격을 주지도, 스타인웨이의 하락세를 막지도 못했다.[31]

어째서 스타인웨이는 여유가 있을 때 과감히 시장 변화에 대응하지 못했을까? 어째서 스타인웨이는 야마하의 확장 전략을 똑같이 선택하여 자동화 설비에 투자하지 못했을까?

일본 경제가 기세등등하던 1980년대에 하버드 대 교수 로버트 헤이즈와 윌리엄 애버내시는 '미국의 경제 쇠퇴 대응책'이란 주요 논문을 〈하버드 비즈니스 리뷰〉에 게재했다. 두 저자는 미국 경영자들이 단기적 기업 실적 평가인 재무제표 항목 – 이를테면, 투자수익률(ROI) – 을 너무 신경 쓰는 나머지, 장기적 관점에서 제품과 기술 개발에 착수하지 못하는 현상을 비판했다. 두 저자가 보기에, 미국 경영자들은 '집단적 근시'에 시달려 멀리 내다보지 못하는 상태였다. 즉, 미국 경영자들은 주주의 주머니를 채울 기업 이익을 늘리기 위해 최신 설비 투자를 꺼렸다.

같은 시기 하버드 대 동료 칼리스 볼드윈은 하버드 비즈니스 스쿨 총장을 역임한 킴 클라크와 함께, 비판 대열에 합류했다. 그들은 미국 기업 경영진이 신기술 개발을 꺼리는 이유로 자기잠식* 을 지목했다.[32]

두 저자는 비이성적으로 보이는 경영진의 행태를 재무제표 용어를 들어 단순명료하게 설명했다. 경영자들은 현금흐름할인(DCF), 순현재가치(NPV) 계산 같은 재무분석 도구로 계산한 숫자를 보고 투자 기회를 평가할 때가 많다. 이런 행태의 절정은 직원들이 올린 투자 계획을 아무런 투자를 하지 않고 흘러갈 때와 비교해 어느 쪽이 기업에게 이득인지 따지는 것이다.

경영자들은 미래 현금흐름이나 다른 선택지의 수익률을 추정

✻ 카니발라이제이션(cannibalization): 기능이나 디자인이 더 뛰어난 후속 제품이 나오면서 같은 기업이 먼저 내놓은 유사제품의 매출을 잠식하는 현상 – 역자 주

할 때, 과거 추세선을 연장해 미래 일정 시점의 상황을 예측하는 외삽법을 쓴다. 즉, 기존 생산체제를 적절히 유지하면 기업의 현재 재무상태가 미래에도 유지되리라 전제하는 셈이다. 하지만 이는 위험한 전제다. 이런 비현실적 가정 때문에 너무도 많은 기업이 기존 제품보다 이윤이 적은 신제품 출시를 주저한다.

그런 기업 경영진은 더 고가의 제품을 출시하는 차별화 전략으로 경쟁 압박에서 벗어나려는 유혹에 빠지기 마련이다. 그리고 스타인웨이 앤드 선스는 이미 최고가의 최상위 제품을 팔았기에 더 고가의 제품을 출시해 성장할 여지가 없었다. 그 결과 스타인웨이에게 남은 길은 시장점유율 상실뿐이었다.

한계비용에 집착하는 기업은 재무분석 도구로 계산한 숫자에 속기 십상이다. 재무총괄임원에게는 언제나, 기존 생산 공정을 업그레이드하는 것이 완전히 새로운 공정을 도입하는 것보다 매력적인 안으로 보인다. 기존 기술을 재활용하거나 현재 사용 중인 설비를 추가 도입할 경우에는 상대적으로 적은 자본만 투자해도 생산 능력을 늘릴 수 있다. 기존 공장에 교대 투입하는 근무조를 늘릴 경우에는, 감가상각된 설비를 계속 활용 가능해 추가 설비 투자가 필요 없으니, 한계노동비용이 적다. 반면, 자동화 조립 라인처럼 완전히 새로운 설비를 도입할 경우에는, 부채를 늘리는 선행 투자를 해야 하고, 이는 기업의 단기 수익성을 악화시킨다.

스타인웨이 경영진은 추가 수요를 충족하기 위해 거액을 들여 자동화 공장을 건설할 필요가 없었다. 단기적으로, 기존 공장에 추가 투입할 기술자팀을 채용하면 됐기 때문이다. 이것이 고전적인 미국 경영진의 사고방식이다. 스타인웨이 경영진은 두 대안-새로운 생산 공정을 구축할 것인가, 기존 설비를 활용할 것인가-을 검토할 때, 매몰비용과 고정비를 무시하고, 각 대안의 한계비용과 한계이익만 따졌다. 모든 재무학과 경제학 기초교육 과정에서 가르치는 이러한 계산법은 기업 경영진이 미래에 필요한 역량을 창조하는 대신 과거의 성공에 안주하도록 유도했다. 스타인웨이 경영진의 시각에서 자동화 설비 도입에 반대하는 논리는 그럴듯해 보였다. 자동화 조립 공정으로 생산한 피아노의 품질은 전문 피아니스트들의 기내 수준에 미달했기 때문이다. 분기 수익에 따라 연말에 받는 보너스 금액이 달라지는 경영자 입장에서는 위험한 모험을 할 이유가 없었다.

이러한 두 요인-기존 제품 판매량 감소 우려, 한계비용에 집착해 신규 투자보다 기존 설비 활용을 선호하는 경향-때문에 수많은 선구적 기업의 경영진이 향후 시장을 선도하기 위해 필요한 투자 계획을 단행하지 못했다.

황금 새장에 갇힌 새

반면, 야마하 경영진의 계산은 훨씬 단순했다. 야마하에게는 긴 세월 동안 축적한 장인 기술에 기반을 둔, 낡은 시스템이 없었기 때문이다. 야마하는 스타인웨이보다 저품질 저가 제품을 생산하던 상태였기에, 첨단 생산 시스템에 투자할 경우 전보다 높은 이윤을 보장하는 고품질 고가 제품 생산을 기대할 수 있었다.

게다가 야마하 경영진은 스타인웨이 경영진보다 이익률에 대한 기대 수준이 낮았다. 아이러니하게도 그 덕분에 야마하 경영진은 새로운 역량에 투자해 새로운 시장에 진입할 수 있었다. 야마하 경영진에게 투자는 선택이 아니라 생존하기 위해 필요한 산소와 같았다. 반면 스타인웨이 경영진에게 투자는 늘 고민거리였다. 각 기업의 위치에 따라 경영진의 시각도 달라지기 마련이다.

국제 경쟁으로 내몰린 다른 기업 경영자들과 마찬가지로, 헨리 스타인웨이도 정부에 도움을 요청했다. 그는 일본에서 수입하는 피아노에 관세를 부과해달라고 닉슨 행정부에 요청했다.[33] 관세위원회는 미국 피아노 제조사와 일본 피아노 제조사가 보낸 대변인들을 공청회장으로 불러, 각자의 의견을 청취했다. 공청회에 참석한 헨리 스타인웨이는 자사는 일본산 제품으로 영향을 받지 않지만, 다른 17개 미국 제조사의 처지가 걱정된다는 기조발언을 했다.

공청회 진행 중, 일본 제조사 대변인이 스타인웨이 앤드 선스의 생산 능력보다 주문받는 물량이 더 많다고 하는데, 어째서 관세 부과를 요청했는지 최고경영자 헨리 스타인웨이에게 물었다. 그러자 그는 세계 최고의 피아노는 오직 스타인웨이뿐이기에 만들자마자 팔려나간다고 퉁명스럽게 대답했다. 그는 숙련공을 양성하기 위해 오랜 훈련이 필요하기에 수요가 늘어도 생산을 빨리 늘릴 수 없다고 덧붙였다. 하지만 이는 모든 참석자에게 스타인웨이가 황금 새장에 갇힌 새처럼 과거에 안주해 시대 변화에 대처하지 못하는 기업으로 보이게 하는 답변이었다.[34]

얼마 지나지 않아 야마하는 미국 정부의 통상 압력을 벗어나고자 우회 선택을 선택했다. 미국 조지아 주에 피아노 공장을 건설해 "미국제" 피아노를 판매하기 시작한 것이다.[35]

강점이 치명적 약점으로 작용할 때가 있다

스타인웨이 경영진이 직면한 문제는 미국 기업만의 문제도, 피아노 제조사만의 문제도 아니었다. 전 세계 모든 업종의 기업들이 스타인웨이 경영진과 같은 사고방식 때문에 심각한 문제에 봉착했다. 기존 제품 판매량 감소 우려와 한계비용 집착은 프랜시스 로웰을 비롯한 미국 기업가들이 지고 나가는 동안, 영국 심유 업체들이 새로운 생산 공정 도입에 적극 나서지 못한 요인이다. 19세기 말 미국 남부 사우스캐롤라이나 주 그린빌 시의 피드몬트 지역 섬유 업체들이 더 큰 면제품 공장을 건설해 시장을 잠식하는 동안, 북부 섬유 업체들이 대처하지 못한 요인이기도 하다. 이와 똑같은 이유로, 20세기 후반 아시아 섬유 업체들이 저가 의류 수출로 시장을 잠식하는 동안, 피드몬트 지역 섬유 업체들이 대처하지 못했다. 이런 패턴은 모든 업종에서 수없이 발견된다.

논의를 더 전개하기 전에, 앞서 언급한 지식 생산 필터의 의미를 잠시 숙고해보자. 지식 생산 필터가 의미하는 바는 어떤 기업의 경쟁우위도 영원하지 않고 일시적이라는 것이다. 산업을 개척한 선구적 기업의 성공 요인이 산업이 성숙해가는 시기에 선도적 위치를 유지하는 데에 도움이 되지 않는 경우가 많다.

스타인웨이 앤드 선스는 과거의 성공 요인에 너무 오랫동안 의존했다. 장인 기술이라는 형태로 지식을 보유하는 숙련 노동자에게만 의존하는 생산 체계로는 급성장하는 시장에 대처하기 어려웠다. 다시 말해, 스타인웨이의 핵심 경쟁력이 족쇄로 작용해, 야마하가 초래하는 전략적 위협에 민첩하게 대처하지 못한 셈이다.

스타인웨이의 몰락은 피아노 애호가들만의 비보일지 몰라도, 모든 이에게 한 가지 교훈을 주는 사례다. 경영자라면 다음과 같은 질문의 답을 고민해봐야 한다.

"우리 회사의 핵심 지식은 무엇인가? 그 지식은 얼마나 성숙되었으며, 얼마나 널리 퍼져 있는가?" 스타인웨이가 직면한 문제는 세월이 흐를수록 악화될 것이다. 기술 발전 때문이다.

인터넷을 비롯한 정보통신 기술의 발달로 각국이 밀접하게 연결됨에 따라, 경쟁우위의 지속성이 줄어들고 있다. 수십 년 전엔 상상도 못한 속도로 문서, 디지털 기록, 인력과 자본이 국경을 넘어 이동하고 있다. 선발주자가 보유한 지적재산권, 기업 기밀, 심지어 노동자의 전문지식은 후발주자의 추격을 약간 늦출 수 있을 뿐이다. 후발주자들이 선발주자와 대등한 수준으로 산업 기술을 이해하고, 더 새롭고 잠재력이 큰 접근법으로 선발주자를 무너트리는 것은 시간문제다.

＊＊＊＊＊

이러한 양상을 염두에 두고서, 2장에서는 19세기 스위스 제약사들이 어떻게 독일 제약사의 추격을 따돌리고 오랫동안 제약업계의 선두 위치를 유지할 수 있는지 탐구해보도록 하자.

스위스 제약사들의 성공 비결은 무엇일까? 개인용 컴퓨터, 풍력발전 터빈 같은 다른 하이테크 산업에서 대다수 선도기업들이 후발주자에 밀려 몰락하는 동안, 스위스 제약사들은 어떻게 시장 지배자 위치를 유지했을까? 스위스 제약사들은 수많은 선도기업을 괴롭힌 문제들을 어떻게 피할 수 있었을까?

2장

선도기업의
첫 번째 이점

경쟁이 산사태처럼 일어날 때

계획한 바를 이루지 못한 활동이라고 해서
꼭 헛수고라는 법은 없다.

미국 발명가, 토머스 에디슨(1847~1931)

태초에 화학이 있었나니

제약사 탄생 전부터 염료 회사들은 있었다. 복잡한 첨단산업인 제약업의 근대적 기원은 덜 복잡한 전통적 산업인 섬유업에서 찾을 수 있다. 오늘날 장크트갈렌은 터키석처럼 비취색을 띠는 콘스탄스 호수 남쪽에 위치한 조용한 소도시지만, 15세기에는 북적이는 제조업 허브였다. 이곳에서 제조된 고품질 직물은 정교한 자수무늬와 아름다운 레이스로 호평을 받으며 프랑스, 영국, 독일 전역으로 팔려나갔다. 스위스는 내륙국가지만 굽이진 강들과 거대한 호수들이 편리한 수출 통로가 되어주었다. 이러한 스위스의 제약업 역사는 곧 과학 재발명의 연속이었다. 제약업의 토대를 이루는 기초 과학은 섬유업과 동시대에 등장한 유기화학이다. 하지만 스타인웨이를 괴롭힌 난관을 제약업 개척자들이 극복하고 번영한 비결은 유기화학 외 여러 과학 분야의 – 잇따른 – 접목 덕분이었다.

전통적으로 직물 장인들은 식물 추출물을 염료로 삼았다.[1] 당시 염색은 왕, 귀족, 고위 사제들 정도가 아니면 감당하기 어려울 정도로 비용이 많이 들었다. 모든 종류의 화학원료, 화학물질, 염료, 의약품을 100년 이상 판매해온[2] 스위스 바젤 소재 화학업체 가이기(Geigy)는 1868년에 직물 염색 사업 자체가 아닌 섬유 업체에 공급할 염료 개발·제조 사업에서 큰 기회를 포착했다.[3]

가이기는 기존 공장[4]을 개조해, '놀라운 선홍색'[5]을 내는 저가 염료, 아닐린 푹신을 대규모[6] 생산했다. 가이기가 킬로그램 당 8마르크[7]라는 매우 저렴한 가격에 출시한 화학염료는 시장에 나오자마자 동이 났다. 화학염료는 짭짤한 수익 상품이 됐다.

가이기의 화학염료 공장에서 동쪽으로 몇 블록 떨어진 곳에 또 다른 선구적 화학 업체가 있었다. 1839년에 설립된 비단 염색 업체였다.[8] 화학자 로베르트 빈트셰들러는 이 업체를 인수해 여러 염료 제품을 추가로 출시하고 외국 유통망을 구축했다. 30명이던 직원 수가 1년 만에 두 배로 늘었고[9] 1881년에는 250명의 노동자와 20명의 화학자를 고용하는 기업으로 성장했다.

빈트셰들러는 1884년 회사명을 '바젤 화학 산업 협회'의 약자인 시바(Ciba)로 바꾸었다.[10] 5년 뒤 시바 임원 에두아르드 산도스가 산도스(Sandoz)라는 회사를 설립했다.[11] 10명의 노동자와 15마력 증기엔진[12]으로 산도스가 첫 생산한 염료는 파란색 알리자린 염료와 노란색 아우라민 염료다.[13] 1913년 가이기, 시바, 산도스 3사는 연간 9,000톤의 염료를 수출했다. 척박한 산지의 스위스인들이 바젤을 화학 제조업 도시로 탈바꿈하고 염료 시장의 거물이 됐다.

큰 경제적 성공을 거뒀어도 염료 제조업의 유해성은 명백했다. 염료 제조는 유해한 오염물질을 유발했다. 공장 노동자들은 얇은 천으로 코를 가리고 환기 상태가 나쁜 공장에서 고된 작업을 계속했다. 저녁이면 노동자들은 공장에서 몸을 씻지 못하고, 알록달록한 염료 자국을 팔과 목과 얼굴에 묻힌 채 집으로 돌아갔다.[14] 화학염료의 유독 성분이 피부변색, 혈변, 경련을 유발했다. 아닐린 종양이라는 별칭으로 불린 방광암이 너무도 만연한 탓에, 이 지역 의사들은 방광암을 '가장 극명한 직업병'이라고 표현했다.[15] 실험실 연구원의 상황이라고 딱히 나을 바 없었다. 당시엔 화학 지식이 부족했기에 더 선명하고 우수한 염료를 개발하기 위해 시행착오와 실험을 계속해야 했다. 가령 요산을 추출하기 위해 연구원들은 대량의 동물 지방을 끓이고, 보아뱀을 해부하고, 박쥐 똥을 갈았다.[16] 또, 염산과 황산 혼합물을 다루고, 부식성 알칼리를 섞고, 비소를 비롯한 독성 물질을 만들었다. 당시 실험실 연구원들은 사실상 중세 연금술사와 다를 바 없이 작업했고, 폭발 사고와 화재가 빈번히 일어났다.

그럼에도 불구하고 바젤의 염료 제조업은 계속 성장했다. 화학자, 경영자, 기업가, 발명가들이 돈을 벌려 몰려들어 경쟁했다. 20세기가 되도록 노동자 후생이나 산업이 환경에 미치는 영향을 신경 쓰는 사람이 아무도 없었다. 역설적이게도 스위스 개척자들이 무분별하게 생산한 유해 염료에서 훗날 많은 이의 생명을 구한 기업이 하나 탄생했다.

의약계 최초의 대박 상품

1883년 독일 화학 교수 루드비히 크노르가 인플루엔자 치료에 쓸 수 있는 최초의 해열제 겸 진통제인 안티피린 합성에 성공했다.[17] 그때까지 진통제를 만들려면 식물에서 원료를 추출해야 했다. 코카인은 코카나무 잎에서, 살리실릭산은 버드나무 껍질에서, 가장 효과가 강력한 모르핀은 양귀비에서 원료를 추출했다. 당시 기초적인 제약 기술은 증류였다. 식물 잎을 찌거나 끓여서 나오는 수증기를 응결해 원하는 요소를 추출했다.

부유한 상인 집안에서 태어난 크노르 박사는 염료 중간 물질로 흔히 쓰이는 화합물 페닐히드라진에 대한 일련의 실험으로 학위 논문을 썼다.[18] 그는 이 실험을 계속 파고든 끝에 최초의 화학 합성의약품 중 하나인 안티피린 개발에 성공했다. 산업혁명 초기에 석탄 산업의 부산물로 콜타르가 발견됐듯, 염료 중간 물질 실험 과정에서 의약품이 개발된 것이다. 크노르는 상급자의 조언을 받아 특허를 출원하고, 독일 프랑크푸르트 교외에 위치한 휙스트라는 작은 염료 공장과 손잡고 안티피린을 생산했다.[19] 인플루엔자가 유럽을 휩쓴 시기에 안티피린은 해열과 인플루엔자 증상 치료에 매우 효과적인 의약품임이 입증됐다. 자연히 매출이 급증했다.

대서양 건너편 미국에서는 1885년 한 의사가 모르핀을 투약해도 효과가 없던 극심한 편두통 환자 5명을 안티피린이 '마법처럼' 치료했다고 보고했다.[20] 로드아일랜드 주의 또 다른 내과의는 안티피린의 효과가 "거의 즉각적이라 …… 한두 시간 만에 증상은 현저히 경감했다."고 주장했다.[21]

미국에서 이 신약은 선풍적 인기를 끌었다. 1886년 1월 1일 〈뉴욕타임스〉는 "질환의 고통을 경감하는 진통제 중 안티피린보다 중요한 것은 없다."고 보도했다.[22] 독일 제약사의 유일한 걱정거리는 세계적으로 "증가하는 수요에 비해 공급량이 딸리는 점"이었다.[23] 안티피린은 세계 의약계 최초의 대박 상품이 됐다.[24]

휙스트에게는 아쉬운 일이지만 1887년 시바가 같은 의약품을 생산하기 시작했다. 당시 스위스에는 화학 제품 특허법이 아직 없었다. 표절자들의 나라[25]에서 스위스 화학 업체들은 외국 발명품을 마음대로 모방했고 심지어 그렇게 하도록 조장됐다. 스위스인들의 모방이 어찌나 성공적이었던지 시바가 1900년 파리 만국박람회에서 대상을 받을 정도였다.[26]

다급해진 획스트는 시바, 산도스에게 세계 시장 점유율을 일정 부분 보장하는 가격 고정 협정에 즉시 서명했다.[27] 이는 다른 업체에게 밀려 시장에서 퇴출되는 사태를 방지하기 위한 협정이었다. 이때쯤 제약업이 향후 거대한 산업이 되리란 점은 누구나 알 수 있었다. 따라서 이후 스위스 제약사, 시바는 독일 제약업 모델을 따라 막대한 연구개발 투자를 체계적으로 실행했다. 시바는 다년간에 걸쳐 여러 대학, 연구소들과 협력 관계를 증진했다. 이러한 산학 협업은 시바의 기술 개발을 인도하고, 장기 실적에 기여할 이 공계 논문을 양산했다.

한편 산도스는 1915년에 첫 자체 연구소를 열고, 스위스 화학자 아서 스톨을 연구소장으로 임명했다. 아서 스톨은 혈관 수축 효과가 있는 맥각(ergot)의 이름을 따서, 산후 지혈 효과가 있는 성분의 이름을 에르고타민이라고 짓고, 이 성분이 들어간 약을 가이너젠이라는 이름으로 1921년에 출시했다.[28]

스위스 바젤에 본사를 둔 시바, 가이기, 산도스는 20세기 초에 탄탄한 유기화학 기술력을 쌓았고, 염료보다 훨씬 수익률이 높은 의약품을 판매하는 기업으로 변신했다. 하지만 여기서 한 가지 의문점이 생긴다. 염료는 제조 과정에서 유독 물질이 나오고, 어느 기업이나 만들 수 있는 흔한 범용품이다. 반면 의약품은 그렇지 않다.

염료 같은 제품은 범용품이 됐는데, 왜 의약품은 범용품이 되지 않았을까? 1장에서 언급한 지식생산필터를 상기해보라. 만약 제약업에서 혁명적 발견이 일어나지 않았다면, 제약업도 결국 비용 절감 경쟁으로 흘러갔을 것이다. 그런 시장을 지배하기 위해서는 생산자동화를 포함한 대량생산 기술을 채택해야 한다. 스타인웨이와 야마하의 경쟁 사례에서 보듯, 시장이 이렇게 흘러갈 경우에는 후발주자가 선발주자를 쉽게 이길 수 있다.

바젤에 본사를 둔 스위스 제약사 시바, 가이기, 산도스에게는 다행스럽게도, 제약 시장은 그렇게 흘러가지 않았다. 제약업의 핵심 분야는 유기화학에서 완전히 새로운 과학 분야로 이동했다. 20세기 제약사들은 합성화학물질로 된 신약을 개발했고, 이후 미생물학의 새로운 성과를 이용해 신약을 개발할 수 있었다. 미생물 연구를 비롯한 새로운 과학 분야의 발전이 스위스 제약사들이 후발주자와 가격경쟁을 벌이지 않고 계속 성장할 여지를 낳았다.

미생물 사냥꾼

1941년 2월 한 영국 경찰관이 장미 덤불에 얼굴을 긁혔는데,

사소하다고 생각했던 상처가 그만 연쇄구균과 포도상구균에 감염되어 버렸다.[29] 곧 얼굴 여기저기서 고름이 흘러나오기 시작했고, 결국 감염으로 인해 한쪽 눈을 도려내야 했다.[30]

당시는 영국 미생물학자 알렉산더 플레밍이 페니실린을 발견하고 10년도 더 지난 시점이었다. 1928년 플레밍은 포도상구균을 배양하던 배양 접시에 곰팡이가 펴서, 포도상구균이 고스란히 죽은 모습을 봤다. 플레밍은 푸른곰팡이에서 나오는 물질이 박테리아를 분해한다는 사실을 알아내고, 이 물질을 '곰팡이 즙'이라고 부르다가, 1929년 3월 푸른곰팡이의 속명에서 이름을 따 페니실린이란 이름을 붙였다. 하지만 1941년 2월 페니실린은 아직 실험단계의 의약품이었다. 완전히 성공적인 페니실린 임상 사례가 없었지만, 영국 경찰관은 투약 실험을 통해 상태가 개선되고 있었다.

그러던 중 페니실린 공급이 끊겼다. 당시에는 페니실린 대량생산 기술이 없었다. 과학자들은 실험실에서 곰팡이를 배양해 페니실린 물질을 추출해야 했고, 페니실린이 다 떨어지면 곰팡이가 자랄 때까지 기다리는 수밖에 없었다.

과학자들은 환자의 오줌에서 페니실린 물질을 추출하려고 시도할 정도로, 페니실린 생산량을 늘리는 방법을 찾으려 머리를 싸맸다. 페니실린 투약을 중단하자, 경찰관의 감염 증상이 재발했다. 경찰관은 결국 사망했다.[31] 이처럼 2차 세계대전 초기만 해도 제약 업계는 항생제 대량생산 기술이 없었다.

2차 세계대전의 규모가 커짐에 따라 연합국 정부는 총상으로 인한 병력 손실 못지않게 세균 감염으로 인한 병력 손실이 많다는 사실을 파악하고, 항생제인 페니실린을 대량생산할 필요가 있음을 절감했다. 당시까지는 실험실 유리 접시에서 푸른곰팡이를 배양해 소량의 페니실린을 얻을 수 있을 뿐이었다.

1943년 미국 제약사 머크가 옥수수전분을 걸러내 추출한 알칼리 여과액을 거대한 탱크에 넣고 푸른곰팡이를 배양해 페니실린을 대량생산하는 방법을 고안함으로써 돌파구가 열렸다. 이후 2년도 되지 않는 기간 동안[32] 6조 2,000억 개의 페니실린 항생제가 생산됐다.

또 다른 미국 제약사 화이자(Pfizer)는 성장 2년 만인 1944년에 페니실린 대량생산에 뛰어들었다. 연간 매출액이 700만 달러를 간신히 넘기던 시점에[33] 1만 갤런 용량의 탱크들을 구비한 얼음 제조 공장을 매입해, 딥탱크 발효법으로 페니실린을 대량생산하는 계획에 300만 달러를 투자하는 대담한 결정을 내린 것이다.[34]

대담한 결정이라는 표현은 당시 화이자가 돌파해야 했던 난관을 감안하면 부족한 표현일지 모른다. 존 스미스 화이자 사장은 훗날 이렇게 회고했다.[35]

"푸른곰팡이를 배양해 페니실린을 만드는 작업은 무척 힘들었습니다. 거대한 탱크를 사용해도 푸른곰팡이를 얼마 배양하지 못했고, 푸른곰팡이 배양액에서 유효 물질만 분리해 정세하기란 무척 어려웠고, 그 과정에서 골치 아픈 문제가 터져 나왔습니다. 그렇게 해서 얻은 페니실린의 순도도 만족스럽지 못했죠."

하지만 2차 세계대전 기간에 여러 기업들이 기술적 돌파구를 열었듯, 화이자도 기술적 난관을 뚫고 페니실린 생산량을 늘리고 생산비용을 떨어트렸다. 1944년 6월경에는 노르망디 상륙작전을 벌이는 모든 연합군 군인에게 제공하기에 충분한 양의 페니실린을 생산하게 됐다. 최초의 현대적 약품인 페니실린의 대량판매 덕분에 머크와 화이자의 시가총액은 급증했다. 두 회사는 다우존스 산업지수에 편입돼 오늘날까지도 남아 있다.[36]

이렇듯 미생물학이 신약 개발의 열쇠를 쥔 핵심 학문으로 부상하게 됐다. 스위스 제약사들도 시대 흐름에 뒤처지지 않으려 반격에 나섰다.

＊＊＊＊

스위스 제약사 산도스는 1957년에 처음으로 자체적인 토양 검사 프로그램을 시작했다.[37]

당시는 박테리아를 죽이는 항생제 물질을 만드는 균류가 주로 토양 속에 산다는 이론이 주목받으면서, 제약사들이 토양 시료 채취팀을 세계 각지에 보내던 시기다.[38] 아침에 숲을 산책할 때 느껴지는 기분 좋은 흙냄새는 사실 부엽토의 냄새다. 토양은 죽은 동식물을 분해하여 이전의 상태를 회복하는 자체 정화 작용을 하는데, 부엽토란 썩은 낙엽, 동물 사체 등 유기물이 흙속에서 분해돼 형성된 물질을 말한다. 과학자들은 부엽토가 병원균의 증식을 억제하는 역할을 한다는 점을 착안해, 미생물이 만드는 항생물질이 치명적 병원균을 죽이는 데 쓰일 수 있다는 가설을 세웠다.[39]

미국 제약사들과 마찬가지로, 산도스는 세계 각지의 균류를 채취하고자 조사팀을 조직했다. 조사팀에는 과학자들뿐 아니라 현지 지리에 밝은 여행가, 선교사, 항공기 조종사, 외국 학생들도 포함됐다. 조사팀은 토양 시료를 채취하고자 공동묘지를 뒤지고 광산 막장부터 산꼭대기까지 구석구석 돌아다녔다. 바람에 날리는 균류를 채취하려고 하늘에 기구를 띄운 적도 있다. 심지어 산도스 직원들은 냉장고를 청소할 때 혹시 신약 개발에 쓸 만한 곰팡이가 없는지 유심히 살펴보라는 지시도 받았다.[40] 제약사 입장에서는 신약 개발에 쓸 균류를 발견하면 엄청난 이익을 얻을 수 있으니, 이러한 작업이 그야말로 노다지를 캐는 일이었다.

1969년 여름, 미생물학자 장프랑수와 보렐이 노르웨이 남부의 황량한 하르당에르비다 고원에서 채집한 토양 시료를 스위스 산도스 본사로 보냈다.[41] 연구팀은 이 토양 시료에서 톨리포클라디움 인플라툼이라는 균류를 발견했다.[42] 톨리포클라디움 인플라툼은 박테리아를 죽이는 작용을 거의 보이지 않았지만, 다른 균류의 증식을 막는 능력을 보였다.[43]

과학자들은 새로운 발견을 위해 오랫동안 연구하다 예상치 못한 반전을 맞을 때가 있다. 이 경우도 그랬다. 보렐은 균류에서 추출한 성분이 면역억제제로 쓰일 수 있다는 사실을 발견했다. 면역억제제란 장기이식 환자의 면역체계가 장기를 공격하는 것을 막는 약이다. 보렐이 발견한 성분은 외부에서 침입한 균과 싸우는 T세포를 파괴하지 않은 채, 거부 반응을 유발하는 특정 화학 작용만 억제했다.[44] 기존 약품은 환자의 면역체계를 무차별적으로 파괴했지만, 보렐이 발견한 성분은 신중하고 안전한 치료에 필요한 선별성과 가역성이라는 조건을 충족했다.

하지만 최초에 채집한 균류는 1973년에 거의 고갈됐다. 보렐은 연구를 더 진행하기 위해 균류를 추가로 공급받아야 했다. 한편, 산도스 고위 임원들은 보렐이 연구한 화합물의 상업화 전망을 회의적으로 봤다.[45] 임상 시험을 진행하고 제조설비를 갖추는 데 최소 2억 5,000만 달러를 투자해야 한다는 계산이 나왔기 때문이다.[46]

1976년 산도스 경영진의 1989년도 매출 전망치는 2,500만 달러를 넘지 않았다.[47] 다시 말해, 당시로서는 장기이식 수술 의약품 시장이 너무도 한정적인 시장으로 보였다. 자칫하면 보렐의 혁신적 연구가 사장될 위기였다.

신약 개발 역사에서 종종 되풀이되듯, 이번에도 개인의 끈질긴 의지, 영리한 판단, 행운이 겹쳐져 돌파구가 열렸다. 보렐은 마지막으로 남은 균류를 사용해, 이 균류에서 추출한 화합물이 류마티스 관절염, 신증후군 같은 다른 자가면역질환 치료에 효과적이라는 점을 경영진에게 보여줬다. 그러자 보렐이 발견한 화합물의 경제성 전망이 크게 개선됐다.

염증성질환 의약품은 오랫동안 산도스가 중점을 둔 시장이다. 염증성질환 의약품 시장이 장기이식 수술 의약품 시장보다 훨씬 더 컸기 때문이다.[48] 염증성질환 신약 개발 가능성을 엿본 경영진은 보렐의 연구를 계속 지원하기로 결정했다.

보렐이 발견한 화합물은 아쉽게도 용해성이 부족했다. 용해성은 의약품의 핵심 조건 중 하나다. 용해성이 좋은 의약품을 투여해야 혈액 순환에 따라 환자의 몸에 잘 흡수되기 때문이다.[49] 신약을 개발한 여러 선배들처럼, 보렐에게 남은 선택지는 하나였다. 스스로 실험 대상이 되는 것이었다. 그는 신약을 술에 타서 먹고, 피를 뽑아 약물 성분이 검출되는지 확인했다. 다행히 결과는 성공이었다. 이로써 상업화로 가는 마지막 허들을 넘었다.[50] 보렐은 신약을 '사이클로스포린'이라 명명했다.

1983년 11월 미국식품의약국(FDA)은 면역억제제와 자가면역질환 치료제로 사이클로스포린을 승인했다. 보렐이 13년 전에 목표로 삼은 일이 이뤄진 것이다.[51] 1986년 보렐은 가드너 국제상을 받았다.[52] 가드너 국제상은 훌륭한 의학 연구 업적을 쌓은 학사에게 수여하는 상으로, 노벨 의학상 등용문으로 평가받는다.[53]

스위스 제약사들의 도약

20세기 중반 신약 개발의 토대가 되는 핵심 학문 분야는 유기화학에서 미생물학으로 바뀌었다. 이 변화 과정은 1967년에 완성됐다. 이 해 스위스 제약사 로슈(Roche)가 미국에 분자생물학 연구소를 설립했고, 시바는 세포핵 속에 있는 핵산을 발견한 스위스 생리학자 요한 프리드리히 미셰르의 이름을 딴 프리드리히 미셰르 연구소를 설립했다.[54]

이리하여 시바, 산도스 등 스위스 제약사들은 유기화학에서 미생물학으로 질적인 도약을 진행한 셈이다. 스위스 제약사들은 초기 제약업에 필요했던 유기화학 분야에 안주하여 가격 경쟁과 물량 경쟁에 매몰되는 선택을 내리지 않았다. 만약 스위스 제약사들이 그런 경영 전략을 선택했더라면 안티피린 진통제 같은 제품만 파는 기업으로 도태되었을지 모른다. 하지만 표 2.1로 정리했듯, 제약업은 외부 과학계의 새로운 발견에 크게 영향 받았다. 미생물학의 물결이 제약업으로 흘러들면서 스위스 제약사들이 혁신 성장의 기회를 얻었다.

과학 분야의 혁명적 진전은 신약 개발에 필요한 핵심 지식의 성숙도를 초기 단계로 돌린다. 1928년 영국 미생물학자 알렉산더 플레밍이 푸른곰팡이에서 페니실린 물질을 발견한 이후, 과학자들의 오랜 연구를 거쳐 드디어 미국 제약사 화이자가 딥탱크 발효법으로 페니실린 대량생산을 시작한 1944년 무렵까지, 페니실린 제조는 온갖 변수가 얽힌 예측불능의 난제였다. 화이자는 설탕을 발효해 구연산을 대량생산하는 방법을 아는 식품화학자들의 힘을 빌려서야 페니실린을 대량생산할 수 있었다.[55]

이런 산업의 도약 단계에서는 한때 장인 지식의 영역이었던 전문 지식이 대량생산 기술로 이동한다. 유기화학에 기반을 둔 모든 제약 지식이 20세기 중반엔 표준화·자동화됐고, 이제는 미생물학에 기반을 둔 지식이 신약 개발에 필요한 장인 지식으로 대두했다.

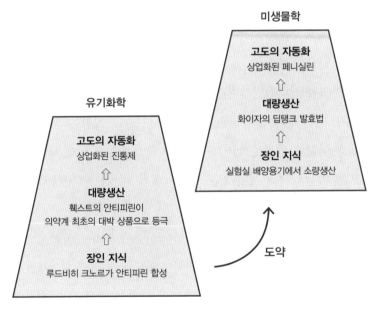

[표 2.1] 지식생산필터

수십 년 뒤 미생물학 분야에서 새로운 발견이 뜸해지자, 이번에는 과학자들이 새로 개발한 DNA 재조합 기술이 제약업에 새로운 지식의 물결을 일으켰다. 덕분에 스위스 제약사들은 신기술에 투자해 신약을 개발할 기회를 얻었다. 선구적 기업들은 과거의 지식을 마스터했을 뿐 아니라 새로운 지식 영역으로 남보다 빠르게 진입했다. 기존 신약 개발에 필요했던 과학 영역에서 새로운 과학 영역으로 도약함으로써, 스위스 제약사들은 선도업체를 모방하는 후발주자들의 추격을 뿌리쳤다.

하지만 과학 기술의 발전은 언제나 과거 지식에 의존한다. 미생물학이 발전했다고, 전통적 유기화학 지식이 쓸모없어진 것은 아니다. 과학자들은 과거에 발견된 지식을 이미 알고 있기 때문에, 새로운 발견도 해낼 수 있는 것이다. 만약 박테리아에 실험할 다양한 화학화합물이 없었다면, 세균학자들이 어떻게 살균제를 발견했겠는가. 인간 염색체의 발견은 유기화학자들이 개발한 염료로 세포핵을 염색해 현미경으로 관찰할 수 있었기에 비로소 가능했다. 새로운 미생물학 지식과 기존의 유기화학 지식은 이인삼각 형태로 동반 발전하는 관계였다.

쉽게 말해, 시장경쟁은 모든 기업이 산을 등반하는 상황에 비유할 수 있다. 산업 지식이 천천히 변화하거나 아예 변화하지 않는 업종에서는 후발주자가 결국 선발주자와 같은 수준에 도달한다. 반면, 산업에 가장 필요한 핵심 지식 기반이 진화하는 업종은 산꼭대기에서 진흙이 계속 흘러내려와 등산을 방해하는 상황이다. 누구도 산꼭대기에 도달하지 못하고, 모든 기업이 끊임없이 밑으로 미끄러져 내려간다. 이런 경우에는 경험과 과거 지식을 많이 갖춘 기업이 유리하다. 야심 찬 도전도 중요하지만 준비된 기업이 유리하다.

그렇다면 과학계의 혁명적 발견이 일어나지 않는 업종에서 사업을 영위하는 기업들은 어떻게 해야 할까? 그런 기업들은 섬유업체들처럼 가혹한 운명을 맞이해야만 할까? 세제처럼 좀처럼 변하지 않는 일상용품을 제조하는 기업들도 수 세기에 걸쳐 번영할 수 있을까?

이는 일견 불가능해 보이는 일이지만, 미국 생활용품 기업인 P&G는 이 어려운 일을 해냈다. P&G는 100년이 넘는 세월 동안 극히 평범해 보이는 일상용품들을 계속 판매하면서 경쟁사들의 추격을 뿌리쳤다. P&G는 어떻게 이런 일을 해냈을까?

돼지의 도시에서 출발한 P&G

1857년 어느 날 저녁 6시, 녹초가 된 제임스 갬블이 신시내티 도심의 6번가와 메인스트리트 북동쪽 모퉁이에 위치한 회사 사무실로 터벅터벅 들어왔다. 사무실에서는 동업자 윌리엄 프록터가 그 날의 지출과 매출을 기록하는 부기 작업을 마친 참이었다.

"너무 조명을 많이 사용하는구면." 사무실에 들어온 갬블이 농치며 프록터가 얼마 전 마지못해 설치한 가스등을 껐다.[56] 양초를 만들어 팔던 프록터는 새로 발명된 가스등이 못마땅했다. 그는 이런 "주거 환경 개선" 때문에 촛불 아래서 가족들에게 책을 읽어주는 저녁시간의 낭만이 사라졌다고 불평했다.

윌리엄 프록터와 제임스 갬블은 평범한 동업자 관계가 아니라, 동서지간이었다. 두 사람이 함께 운영한 회사인 프록터 앤드 갬블(P&G)은 오랫동안 자체 브랜드 없이 비누와 양초를 판매했다. 당시 그들은 자체 브랜드를 붙일 필요를 느끼지 못했기 때문이다. 당시 비누, 의류, 페인트, 향수 등 가정용품들은 각 도시마다 있는 중소업체들이 소량생산해 판매했다. 큰 가게도, 작은 가게도, 심지어 행상인도 소비자를 직접 만나 상품을 판매하는 방법만 썼다.[57]

P&G는 상품에 직설적인 이름을 붙였다. 이를테면, 우지로 만든 양초, 송진과 야자나무로 만든 비누, 진주 분말이 들어간 전분, 돼지고기 비계를 녹여 만든 식용유지가 당시 P&G의 상품명이다.[58]

갬블은 비누를 만들기 위해 매일 새벽 4시 30분에 공장에 도착해 잿물을 끓이는 주전자의 불을 켰다. 그의 지시에 따라 직원들은 고기 찌꺼기, 비계, 나뭇재를 모아 잿물을 만들었다. 잿물을 나무 틀에 붓고 4, 5일 굳게 놔두면 비누가 완성됐다.[59]

갬블을 포함해 모든 직원이 어떤 화학적 원리에 따라 비누가 만들어지는지는 알지 못했고, 솔직히 몰라도 비누를 만드는 데에는 상관이 없었다. 필요한 것은 원자재를 구하는 것뿐이었다. 마침 신시내티는 매일 10만 마리 이상의 돼지, 소, 양이 도살될 정도로 육류 가공업이 매우 번창했다. '돼지의 도시', '돼지의 제국'이란 별명이 붙은 신시내티는 비누와 양초의 제조에 사용되는 돼지기름과 쇠기름을 얻기 수월한 곳이었다.[60]

두 창업자는 비누 제조 원리는 신경 쓰지 않았지만, 노동력을 덜 투입하고 생산량을 늘리고자 비누 제조 기계 개발에 힘썼다. 커다란 비누 덩어리를 피아노 줄로 쭉 잘라, 바게트 빵처럼 길쭉한 모양의 덩어리가 나오면, 450그램씩 나누고, 발판 프레스로 회사 로고를 찍는 기계를 만들었다. 이렇게 해서 한번에 60개의 비누를 포장해 창고로 보낼 수 있었다.

이처럼 기계로 소비재를 대량생산하는 것은 당시로서는 이례적이었다. 두 창업자는 전통적인 장인 훈련을 받아 거의 수작업으로 비누를 만들었다. 당시 미국 마을에는 그때그때 고객의 주문을 받아 소규모로 생산하는 작은 공장들만 있었다. 공장 노동자가 한 자리에 서서, 컨베이어 벨트로 움직이는 제품들을 조립하는 '어셈블리 라인' 생산방식을 헨리 포드가 도입해 자동차 대량생산의 시대를 열기까지는 아직 수십 년을 더 기다려야 했다.[61] 두 창업자에게 자동화 생산 공정의 영감을 준 것은 아마도 지역의 육류가공 업체였을 것이다. 당시에는 냉장고가 없었기 때문에 고기가 상하기 전에 고기를 신속하게 가공해 포장하고 배송할 필요가 있었다. 따라서 육류 가공 공장에서는 도르래와 컨베이어 벨트를 사용했고, 노동자들은 한 자리에 서서 – 관절뼈 제거, 힘줄 제거, 청소 등 – 분담된 특정 작업만 수행했다.[62] 비누 제조에 필요한 동물 기름과 비계를 얻고자 이런 공장을 자주 방문한 P&G 창업자들이 "초창기 어셈블리 라인"을 면밀히 관찰한 것이 P&G 공장 생산 역량을 늘리는 방안을 모색하는 데에 밑바탕이 됐다.

1870년대 P&G는 6,200제곱미터 넓이의 부지에 16개 생산 시설을 갖추고 300명 이상의 직원을 둔 기업으로 성장했다. 3미터 높이의 주전자 7개를 설치했고, 주전자에서 다 끓은 잿물을 국자로 일일이 퍼내는 기존 방식을 대체하기 위해, 천장에 쇠사슬을 매달아 주전자에 연결해 페달을 밟으면 주전자를 기울이는 장치를 설치했다. 케틀에서 끓은 잿물을 회전 날을 장착한 교반기에 넣고 휘저은 다음, 직사각형 틀에 붓고, 1주일간 응고시켜 비누 덩어리를 만들었다. 이 덩어리를 기계로 잘라 크기와 형태가 정확히 똑같은 최종 비누를 완성했다.[63]

P&G의 변화는 표 2.2처럼 정리할 수 있다. 대량생산 설비를 구축하는 확장 전략은 '초기 장인 지식에서 대량생산과 자동화로' 넘어가는 단계고, 이때의 핵심적 지식체계는 기계공학이다. 매일 수백 명의 엔지니어들이 생산설비가 원활하게 돌아가고 있는지 점검했다. 그들이 가장 중시한 것은 제품 품질과 생산 역량이다.

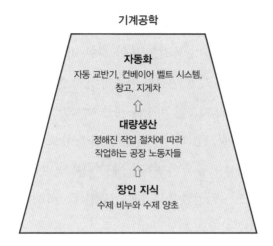

기계공학

자동화
자동 교반기, 컨베이어 벨트 시스템,
창고, 지게차

⇧

대량생산
정해진 작업 절차에 따라
작업하는 공장 노동자들

⇧

장인 지식
수제 비누와 수제 양초

[표 2.2] 지식생산필터

광고의 천재

세월이 흘러 창업자 윌리엄 프록터, 제임스 갬블의 뒤를 이어 할리 토머스 프록터, 제임스 노리스 갬블이 경영을 맡을 무렵, P&G는 대기업으로 성장하느냐 몰락하느냐의 갈림길에 있었다. P&G의 간판 제품이었던 스타 캔들은 가스등의 보급 때문에 매출이 급감했는데 에디슨의 백열전등 개발로 돌이킬 수 없는 타격을 받았기 때문이다.

양초 매출액이 사라진 만큼, 비누 매출액을 몇 배 늘릴 필요가 있었다. 할리 토머스는 실적을 반등시키려면 광고를 살 해야 한다고 여러 해 동안 가족과 친척을 설득했다.

그는 제임스 갬블이 품질을 높인 하얀 비누의 제품명을 그냥 'P&G 하얀 비누'라고 정한 점이 마음에 들지 않았다.

"하얀 비누라는 이름의 비누를 파는 회사만 수십 군데는 됩니다. 동네 가게들에 그런 회사 비누들이 널려서, 소매업체들도 소비자들도 우리 회사 제품을 특별히 구매할 이유가 없습니다."[64]

할리 토머스는 끊임없이 가족을 설득한 끝에 1882년 1만 1,000달러(현재 화폐 가치로 20만 달러)를 투자해 첫 광고 캠페인을 벌이기로 했다.[65] 그는 P&G 비누의 과학적 우수성을 소비자들에게 알리는 방안을 모색하고자, 뉴욕의 광고 컨설턴트를 만났다.[66]

당시 업계에서는 비누 품질에 대한 합의된 기준이 없었다. 컨설턴트는 관련 서적을 확인한 끝에, 비누는 지방산과 알칼리 성분으로만 구성되어야 하며, 비누에서 그 외의 성분은 '불필요한 이물질'[67]일 뿐이라는 내용으로 광고할 것을 제안했다.

컨설턴트는 당시 비누 시장에서 점유율이 높은 타사 제품 3개와 비교할 때[68] P&G 비누가 가장 불순물이 적다는 점에 주목했다. P&G 비누에는 0.56퍼센트의 불순물 – 결합되지 않은 알칼리(0.11퍼센트), 탄산염(0.28퍼센트), 미네랄 성분(0.17퍼센트) – 만 들어 있었다.[69]

뛰어난 마케팅 재능을 지닌 할리 토머스는 이런 자잘한 정보를 내세우지 않고, '순도 99.44%'[70]라는 문구를 생각해냈다. 그리하여 1882년 12월 21일에 나간 첫 신문광고 카피가 '물에 뜨는 아이보리 비누, 순도 99.44%'다.[71]

주간지 〈인디펜던트〉[72]에 실린 P&G 광고는 실로 비누를 두 조각으로 자르는 여자 손 그림과 함께 이런 문구를 담았다.

"물에 뜹니다!"

절묘한 타이밍

할리 토머스의 신제품 광고는 타이밍이 절묘했다. 1840년대와 1850년대엔 물과 기름이 쉬이지 않는다는 원리를 토대로 여러 색을 인쇄 가능한 기술인 다색 석판 인쇄술이 빠르게 보급됐다. 덕분에 예술가들은 크레용 같은 오일 도구를 사용해 이전의 석판화와는 다른 밝고 자극적인 문양의 다색 석판화를 제작 가능해졌고, 기업들은 눈길을 확 끄는 선명한 다색 석판화 광고를 대량 복제하는 것이 가능해졌다.[73]

영화, TV, 라디오가 없던 19세기에 다양한 색의 삽화와 광고 그림을 저비용으로 복제하는 다색 석판 인쇄술은 큰 변화를 몰고 왔다. 다색 석판화 광고는 미국 대중을 매료했다. 제조업체들은 자사 제품이 매장에 많이 진열되도록 유도하고자, 광고 포스터와 광고 카드를 소매업자에게 제공했다.[74]

멋진 광고 포스터와 광고 카드를 수집해 스크랩북과 앨범에 정리하는 소비자들도 생겼고, 인쇄업은 호황을 맞았다. 미국 인쇄소는 1860년 60개에서 1890년 700개로 늘었다.[75] 1882년 〈뉴욕타임스〉는 미국을 '다색 석판 인쇄 문명'이라 평했다.

"예술 분야의 대중적 부흥에 따라 쏟아져 나오는 그림 같은 광고들이 아름답고 참신하고 매력적인 제품을 만들려는 치열한 경쟁을 촉발했다. 광고 카드 제작업 규모가 급증함에 따라 광고 카드를 디자인하는 일에 미국 최고의 인재들이 투입되고 있다 …… 더 아름답고 예술적인 느낌의 광고 카드를 만들수록 …… 그 광고는 더 많은 사람의 눈에 띄어 인구에 회자된다."[76]

이에 따라 신문사들의 사업 공식도 바뀌었다. 신문사들은 이제 최대한 많은 사람에게 싸게 신문을 파는 대신, 여러 사람이 보는 신문에 돈을 내고 광고를 실으려는 기업들에게 광고료를 받았다.

할리 토머스의 강력한 의지에 따라, P&G의 광고 예산은 1884년 4만 5,000달러에서 1886년 14만 6,000달러로 2년 만에 3배가 됐다.[77] 이로써 P&G는 미국 최대 광고주 중 하나로 부상했다.[78] P&G는 다색 석판화 광고를 신문과 잡지에 적극 실었다.[79]

〈미국의학협회 학회지〉에 실은 광고에서 P&G는 젊은 어머니들에게 이렇게 말했다.

"아이들 겨드랑이, 무릎 뒤쪽 피부가 잘 까지는 원인은 알칼리 성분을 너무 많이 함유한 비누를 사용하기 때문입니다. 아이보리 비누는 알칼리 성분이 적어 어린 아이들에게도 만족스러운 비누입니다."[80]

1919년 10월 가장 대중적인 주간지 중 하나였던 〈새터데이 이브닝 포스트〉에 실은 전면 칼라 광고에는 주인의 감시를 받으며 집안 물건을 닦는 하녀의 모습을 묘사한 그림과 함께 다음과 같은 문구가 나왔다.

"독한 비누로 닦다가 상할 수 있는 귀중품을 순한 아이보리 비누로 닦으세요 …… 아이보리 비누로 양탄자, 유화, 고급 가구, 도자기, 도금액자, 조각상, 비단 벽걸이 장식, 작은 장식품을 안심하고 닦을 수 있습니다."[81]

심지어 P&G는 광고 아이디어 콘테스트까지 열었다. 할리 토머스는 '참신하고 비범하고 개선된 아이보리 비누 활용법'을 제시하는 이에게 1,000달러를 주겠다고 공언했다. 이에 대한 호응은 무척 뜨거웠다. 소비자들은 근육통 완화부터 보석 광택 살리기까지 다양한 아이보리 비누 활용법을 제보했고, P&G는 이런 아이디어를 소책자로 정리했다.[82]

너무도 다양한 계층의 사람들에게 무차별적으로 광고를 뿌리고, 이전 광고와 일관성이 없는 이미지와 메시지를 담은 새 광고를 매달 내보낸 20세기 초 P&G의 광고 활동은 21세기 독자들에게 혼란스럽고 이상하게 보일 수 있다.[83] 하지만 세월이 흐르면서 결국 P&G 광고는 교외에 거주하는 백인 프로테스탄트 계층을 주요 타깃으로 삼게 됐다.

P&G 광고는 이상화된 빅토리아 시대 미국 같은 전통적 가정 환경의 주부, 아이, 아기가 나와 순수함, 여성성, 가정적 느낌을 핵심 가치로 강조함으로써, 급격한 산업화 시대를 사는 대중에게 신뢰감을 줬다. 이러한 광고 메시지는 늘 P&G 제품을 구매하는 충성스러운 고객층을 형성했다.

이렇게 계획적이고 일관성 있는 광고들은 더 이상 할리 토머스 개인의 작품도, 경영진이 우연히 선택한 결과물도 아니었다. 냉철하고 전문적인 인재들이 무수히 개선하고 교정한 끝에 내놓은 작품들이었다. 이는 천재가 번뜩이는 영감에 따라 하던 일을 후대에도 계속 반복 가능한 일로 만들고자 함이다.

최초의 데이터 마법사

할리 토머스는 45세의 나이에 은퇴한 다음, 파리, 런던, 이집트에 거주지를 두고 여행하며 여생을 즐겼다.[84] 그의 뒤를 이어 P&G 판매 총괄책임자가 된 인물은 신시내티 토박이인 헤이스팅스 프렌치[85]다.

그는 긍정적 결과를 낳는 마케팅 활동의 패턴을 파악하고자 P&G의 광고 총괄책임자 해리 브라운[86]과 함께 과거 P&G의 방대한 마케팅 활동 데이터를 분석했다. 예를 들어, 1896년 버팔로 시에서 진행한 홍보 행사에서는 3,700달러의 예산을 책정해 제품 샘플을 배포했지만, 눈에 띌 만한 수요 증가를 이끌어내지 못했다.[87] "내가 쓰는 광고비의 절반은 헛돈으로 낭비된다. 어느 쪽 절반인지는 도무지 모르겠다."[88]라고 말한 20세기 미국 백화점 업계의 제왕 존 워너메이커와 달리, P&G는 그동안 벌인 마케팅 활동을 세세히 기록한 방대한 양의 서류를 보관했다.

프렌치와 브라운은 P&G가 견실하고 효과적인 마케팅 활동을 계속하려면, 광고 효과를 객관적이고 합리적으로 측정해야 한다고 믿었다. 그러기 위해서는 광고 제작 과정에서 개인의 통찰을 반복 가능한 프로세스로 공식화해야 했다. 데이디 기반 의사결정 4단계 – 데이터 수집, 분석, 통찰, 행동 – 가 P&G 마케팅 부서의 표준적 업무 프로세스가 됐다. 이러한 과학적 접근법 – 데이터 생성과 수집, 패턴 파악, 원인과 효과 분석 – 을 통해 프렌치와 브라운은 당시 신생 학문 분야인 소비심리학 분야의 지식을 활용했다.

1904년 〈애틀랜틱 먼슬리〉 1월호에 게재된 '광고 심리학' 논문에서 미국 응용심리학자 월터 스콧은 이렇게 주장한다.

"효과적인 광고를 위해 사업가는 소비자 심리를 이해하고, 소비자 심리에 효과적으로 영향을 미치는 방법을 파악해야 한다. 즉, 광고에 심리학을 응용하는 방법을 알아야 한다."[89]

《파울러 광고 백과사전》은 우편 주문 판매 카탈로그 디자인을 담당하는 직원에게 이렇게 권했다. "소비자 수십 명에게 제품 카탈로그를 보여주고 내용을 얼마나 이해했는지 물어보라." 이는 현대적 시장조사 방법론의 원시적 형태라고 볼 수 있다. 이 시대를 앞선 아이디어를 P&G 경영진은 열심히 실천했다. 특별한 점은 P&G 경영진이 마케팅을 광고대행사에 맡길 수도 있었지만, 그런 선택을 하지 않았다는 사실이다.

당시 인쇄 매체의 광고 그림은 전문적 일러스트레이터들이 분업해서 그렸다. 한 사람이 제품 모습을 정확하게 묘사하면, 또 다른 사람이 제품이 사용되는 환경을 이상화하여 낭만적으로 그리는 식이었다. 이렇게 유명 일러스트레이터가 광고 그림을 그려 광고 효과가 커지는 경우도 있었다. 하지만 광고 산업 초창기부터 이름을 날린 제이 월터 톰슨, 로드 앤드 토머스(글로벌 광고대행사 FCB의 전신)를 비롯한 몇몇 광고대행사는 광고주의 주문대로 광고 그림을 그리는 데 그치지 않았다. 그들은 광고 콘텐츠를 제작하고, 어떤 언론 매체를 이용해야 큰 광고 효과를 거둘 수 있는지 광고주에게 조언하고, 독창적인 전문지식을 제공했다.[90]

그런 광고대행사 중에는 소비자 정보를 수집하고 연구하는 부서를 가진 회사도 있었고, 인구사회학적으로 시장 세분화 작업을 맡는 회사, 뉴욕과 런던의 광고 스튜디오에 부엌을 설치하고 주부들이 제품을 사용하는 모습을 관찰해 광고 제작에 참고하는 회사도 있었다.[91] 사실 이런 광고대행사에 몸담은 창의적 인재의 도움

이 없었으면 나오지 못했을 전설적 광고와 슬로건이 많다.*(92)

　P&G 경영진은 일반적 업계 추세와 다른 선택을 내렸다. 시장에서 경쟁우위를 얻기 위해 필요한 새로운 핵심 지식(소비심리학)을 이용한 마케팅을 외부 광고대행사에 맡기는 대신 자체적으로 해내기로 결정한 것이다. P&G 경영진은 자체 조사를 통해, 미국 전업주부들이 집에서 일할 때 라디오 오락 프로그램을 애청한다는 사실을 주목했다. 1933년 P&G는 신시내티 지역 라디오 방송국을 통해 낮 시간대 라디오 드라마를 실험하고, 라디오 방송 역사상 최초로 시트콤 방송을 편성했다.(93) 이 실험은 즉시 효과를 냈다. 1930년대 대공황 시기에 경쟁사들이 광고 예산을 삭감한 반면, P&G는 라디오 마케팅 지출을 늘렸다. 그 결과 P&G는 비누 시장에서 압도적 1위를 차지했을 뿐 아니라 수익도 1933년 250만 달러에서 1934년 400만 달러로 급증했다. P&G는 주부들이 좋아할 만한 통속적 내용을 담은 라디오 드라마에 비누 광고를 끼어넣음으로써 자사 제품 홍보에 성공했을 뿐 아니라, 일일연속극(소프 오페라)이라는 새로운 오락 장르를 유행시켰다.(94)

　P&G 경영진이 자사의 경쟁우위 확보에 필요한 새로운 핵심 지식인 소비심리학을 적극 수용하지 않았다면 이런 성공을 이룰

＊　예를 들면. 썬키스트 오렌지 썬메이드 건포도. 굿이어 타이어. 말보로 맨. 럭키 스트라이크. 폭스바겐 비틀. "캘빈클라인과 나 사이에 아무것도 없어요", "카멜을 얻기 위해 1마일이라도 걸어가겠소", "윈스턴에서는 진짜 담배 맛이 나지", "갭에 빠지세요" 같은 브랜드명과 광고 슬로건들이다.

수는 없었을 것이다. 소비심리학에 입각한 마케팅은 P&G 최고경영자가 꼭 갖춰야 하는 역량으로 인식됐고, P&G 최고경영자들은 광고부서에서 계속 배출됐다.

1957년 〈애드버타이징 에이지〉는 이렇게 보도했다. "P&G 이사회는 신임 사장을 선출해야 할 때 전임 사장이 일했던 장소를 방문한다. 다름 아닌 광고부서다."[95] 공장도 아니고 판매부서도 아니었다. 새로운 소비심리학 지식을 활용한 덕분에 P&G는 다른 소비재 브랜드와 너무도 다르게 혁신할 수 있었다. 이후 오랫동안 P&G는 – 라디오 방송부터 컬러텔레비전, SNS까지 – 뉴미디어를 활용한 광고의 선구적 기업으로 남았다.

한편 P&G는 생산능력을 계속 늘렸다. P&G가 1886년 준공한 생산단지, 아이보리데일 플랜트는 거대한 규모를 자랑했다. 시카고 건축가 솔론 스펜서 비먼이 설계한 아이보리데일 플랜트는 신시내티 도심에서 북쪽으로 11킬로미터 떨어진 14만 제곱미터 부지에 20개의 건물로 구성됐다.[96] 신시내티 주민들에게 이 공장은 파격 그 자체였다. 도로와 공장 사이에는 넓은 잔디밭, 조경수, 화단, 연못, 분수가 조성됐다. 케틀 보일러가 있는 2층짜리 건물들을 제외한 나머지 건물들은 삼각지붕을 올리고 1층 벽을 빨간 벽돌로 장식한 석회암 건물이었고, 높이 60미터 이상의 거대한 굴뚝들이 연기를 내뿜었다.

공장 내부를 견학한 방문객들은 증기기관으로 움직이는 컨베

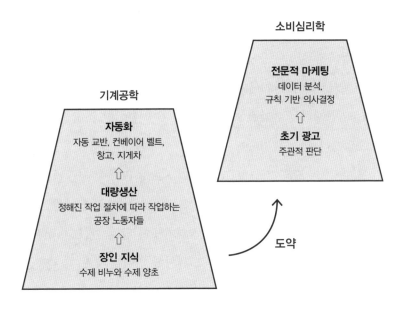

[표 2.3] 지식생산패널

이어 벨트를 활용해 엄청난 양의 비누를 생산하는 모습에 입을 다물지 못했다. 플랜트 정문에는 P&G 상표를 새긴 보일러를 장착한 빨간 증기기관차가 서 있었다. 1886년 문을 연 아이보리데일은 P&G가 수백만 달러짜리 대기업으로 성장하는 동력이 됐다.[97]

하지만 P&G가 경쟁사들을 물리친 무기는 대량생산 시설만이 아니었다. 일본과 동아시아 기업들이 미국 섬유업체들을 몰아낸 과정을 상기해보라. P&G가 최초의 핵심 지식 영역 – 기계공학 – 만 고수했더라면 아무리 생산시설을 확대해도 오래 버티지 못했을 것이다. 생산시설 확대는 기업을 피폐하게 하는 가격 경쟁으로 이어질 뿐이다.

그렇기에 할리는 P&G의 비누를 "아이보리"라고 이름 짓고, 흑백 체커무늬 포장지에 싸서 "물에 뜹니다!"라고 광고함으로써, P&G의 경쟁력을 유지할 새로운 핵심 지식 분야인 소비심리학으로 도약했다.

표 2.3으로 요약 가능한 그의 초기 시도들은 추측과 주관적 판단을 토대로 산발적으로 나타났다. 하지만 그는 나중에 자신의 접근법을 체계화하는 작업을 전문 경영자에게 맡길 만큼 지혜로웠다. 작은 동네 가게였던 P&G는 20세기에 접어들기 전에, 기계공학에서 소비심리학으로 도약해 대기업으로 성장해나갔다.

대규모 표본조사로 인과관계를 알 수 있을까

지금까지 두 개의 주요한 도약 사례를 살펴보았다. 유기화학에서 미생물학으로 도약한 스위스 바젤 제약사들과 기계공학에서 소비심리학으로 도약한 P&G가 그것이다.

학자들은 양적 데이터에 대한 강한 편향을 가지고 있다. 학자들은 대규모 표본을 수집, "평균" 분석법을 통해 기업 실적을 개선하는 방법을 이해한다. 단적인 예가 짐 콜린스가 2001년 출간한 베스트셀러,《좋은 기업을 넘어 위대한 기업으로》다. 연구팀은

1,400개 이상의 기업을 조사해 평균적인 성과를 보인 시기에서 우수한 성과를 보인 시기로 이동한 기업 11개를 포착한 다음, 그 기업들과 비슷한 업종에서 늘 평균 정도의 성과를 보인 기업들을 찾아냈다. 평균적 기업과 위대한 기업을 비교함으로써, 짐 콜린스는 위대한 기업이 되는 몇 가지 비결을 발견했다.

그중 하나는 CEO의 성격이다. 언론의 스포트라이트를 피하는 겸손한 CEO가 이끄는 기업은 위대한 기업이 된 반면, '슈퍼스타' 경영자가 이끄는 기업은 평범한 기업으로 전락했다.

설득력 있는 지적이지만, 짐 콜린스가 위대한 기업으로 꼽은 기업 11곳 중 상당수가 이후 몰락하거나 재무적으로 어려움을 겪거나 문을 닫았다. 서킷시티는 2008년 파산했고, 페니메이는 정부의 구제 금융을 받았으며, 웰스파고는 불미스러운 추문에 휩싸였고, 크로거는 전자상거래 급증 때문에 흔들리는 상황이다.

비즈니스 세계에서 경영자는 복잡하고 역동적인 환경에 직면한다. 몇 년 전 통했던 방식이 영원히 통하라는 법은 없다. 그렇기에 상관관계에 너무 의존하는 연구 방법론은 잘못된 결론을 도출할 수 있다. 상관관계는 불완전할 때가 많다. 양적 샘플에 포함하기 어려운 요소들 – 이를테면, CEO가 보고서들을 읽고 내린 특정 결정 – 이 있을 수도 있다. 회사 내부를 면밀히 관찰하지 않은 채, 관찰을 토대로 결론을 내리면 오류에 빠지기 십상이다. 겸손한 CEO가 이끄는 기업이 좋은 성과를 보인 것일까, 아니면 좋은 성과를 보이는 기업이 재무적 압박이 덜해 CEO가 덜 공격적으로 행동하도록 유도하는 것일까? 어느 쪽이 맞는지 알 수 없다.

그렇다고 해서 기업 역사를 심층적으로 살펴보는 연구법이 늘 낫다는 뜻은 아니다. 대규모 표본 조사로는 특정 경영 결정이 왜 다른 상황에선 다른 결과를 내는지 인과관계를 알 수 없다는 뜻이다. 장기간에 걸쳐 사례들을 적절히 비교할 경우, 연구자들은 어떤 경영 행보가 경영자가 원하는 결과로 이어지는지, 이어지지 않는지 가이드라인을 추론할 수 있다.

*****

3장으로 넘어가기 전에, 노바티스와 P&G의 역사부터 짐 콜린스의 연구까지 지금까지 살펴본 내용을 정리해보자. 우리는 지속 가능한 경쟁우위를 확보하기가 얼마나 어려운지 살펴봤다. 특허법, 지적재산권으로 기업 기밀을 보호하려 해도 결국 후발주자에게 기밀과 노하우가 넘어가기 마련이다. 이를 알 수 있는 증거가 각종 산업 기술에서 개도국이 선진국을 따라잡는 데 걸리는 시간이다. 섬유업은 100년 이상(방적기가 발명된 때는 1779년이다) 걸렸으나, 휴대전화는 13년이 걸렸을 뿐이다.[98] 미국 타이어 업체는 1922년 274개사에서 1936년 49개사로 80퍼센트 감소했다.[99] 오늘날은 2개사만 남아 글로벌 시장에서 경쟁 중이다.

선도기업들은 새로운 학문 분야로 도약해 그 분야의 최신 지식을 이용해야 퍼스트 무버로서 기회를 잡을 수 있다. 이 점을 염두에 두고 다음 질문을 던져보자.

우리 기업은 과거에 다른 지식 분야로 도약한 적이 있는가? 그런 적이 있다면 결과는 어떠했는가? 그런 적이 없다면 그렇게 하지 못한 장애요인은 무엇이었는가? 풀어서 질문하면, 만약 새로운 지식 분야로 도약하는 일이 기업의 장기적 번영에 중요하다면, 왜 그런 기업이 많지 않을까? [100]

마지막 질문에 답하려면, 크고 복잡한 조직에서 자원이 배분되는 과정을 눈여 봐야 한다.

3장에서는 스위스 제약사와 P&G를 21세기에도 번영하는 기업으로 이끈 마지막 도약을 탐구해보겠다. 역사가 수 세기에 달하는 기업들의 마지막 도약에 관한 이야기를 살펴보는 이유는 두 가지다. 첫째, 최근 사례들은 그들이 얼마나 어려운 양자택일을 결단해, 커다란 변화를 거쳤는지 생생히 보여준다. 둘째, 해당 기업들을 긴 역사의 흐름에서 살펴보면 이 책의 결론이 작위적으로 도출되지 않았음을 알 수 있다.

전략을 세운다고 해서 목적을 완벽하게 달성할 수 있는 것은 아니다. 전략의 의의는 성공할 확률을 높이는 데에 있다. 3장에서는 오래된 대기업의 고위 임원들이 어떻게 성공할 확률을 극대화했는지 살펴보겠다.

선도기업의
두 번째 이점

새로운 지식을 찾아서

자신의 가치를 알고 있는 상태에선
결정을 내리기 쉽다.

월트 디즈니 컴퍼니 고위 임원, 로이 E. 디즈니(1930~2009)

불가능한 일을 해내면 꽤 재밌다.

미국 기업가, 월트 디즈니(1901~1966)

제약업의 새로운 기술들

1980년대까지 제약사들은 자연 발생하는 미생물을 원료로 약을 만드는 경우가 많았다. 이를테면, 오래 방치한 식품에 으레 생기는 푸른곰팡이가 페니실린의 원료였고, 호밀에 기생하는 실 모양의 곰팡이인 맥각균이 에르고타민의 원료였다. 그래서 제약사 화이자, 산도스는 세계 각지의 토양 미생물을 분석하는 연구에 많은 투자를 했다. 약을 만드는 데 필요한 인슐린, 성장 호르몬은 동물에게서만 추출할 수 있었기 때문이다.

20세기 말로 갈수록 신약 연구에 드는 비용이 급증했다. 신약 개발의 전체 과정을 한 단어로 요약하면, '소모'라는 단어로 표현할 수 있을 것이다. 생체의학 연구에서는 동물 실험에서는 나타나지만, 인체에는 똑같이 일어나지 않는 현상이 대단히 많다.[1] 임상시험 단계로 들어가는 신약 중 95퍼센트 정도가 임상시험을 통과하지 못한다. 충분한 효능을 보이지 않거나 너무 많은 부작용을 보이기 때문이다.[2]

이처럼 신약을 개발해도 임상시험을 통과하지 못하는 경우가 너무 많기에 신약 개발 비용이 천정부지로 급증했다. 스위스 제약사들이 이런 막대한 비용을 감당하고 최신 신약 개발 연구를 계속하기 위해선, 자원을 합치고 공유할 필요가 있었다.

1996년 3월 7일, 시바-가이기, 산도스는 사상 최대 규모의 합병을 발표했다. 스위스 제약사 시바, 가이기, 산도스가 수십 년간의 합병과 제휴 과정을 거친 끝에 1996년 노바티스라는 제약사로 재탄생한 것이다.

노바티스라는 기업명은 "신기술"이라는 뜻의 라틴어 노바에 아르테스에서 따온 이름이다.[3] 노바티스가 연구하려는 신기술은 1970년대에 일어난 바이오테크 혁명의 기초 기술인 DNA 재조합 기술이다.

1973년 미국 스탠퍼드 대 스탠리 코언 교수팀과 캘리포니아 대 허버트 보이어 교수팀이 인간의 대장에서 흔히 발견되는 대장균의 DNA에 특정 DNA 조각을 이어붙임으로써, DNA 재조합 기술 구현 가능성을 보여줬다.

대장균은 실험실에서 쉽게 키울 수 있고 20분 만에 2마리로 분열하기에 다른 생명체보다 연구하기 쉬운 대상이었다. 과학자들은 대장균 실험을 통해 DNA 복제와 단백질 발현 과정을 이해했고, 이 과정에서 유전자를 이루는 DNA의 특정 부위를 자르고 다른 생명체의 DNA 조각을 이어붙이는 가위와 풀 같은 역할을 하는 효소(제한효소)를 발견했다.

두 연구팀은 제한효소를 이용한 DNA 재조합 실험을 통해 두 항생제에 대한 저항 유전자를 가진 대장균을 만들어냈다. 이로써 현대 바이오테크놀로지의 핵심 기술인 DNA 재조합 기술이 가능함을 입증했다.

DNA 재조합 기술 덕분에 과학자들은 대장균을 이용해, 신약 제조에 필요한 복잡한 단백질 분자들을 대량생산할 수 있게 됐다. 보이어 교수는 1976년 세계 최초의 바이오테크놀로지 기업 제넨텍을 설립하고, 이후 유전자 재조합 기술로 만든 세계 최초 바이오 의약품을 미국식품의약국에서 승인받음으로써 바이오테크놀로지의 시대를 활짝 열었다.

1996년 출범 당시 노바티스는 유럽에서 2번째로 큰 기업이자 140여 개국에 360개 계열사를 둔 세계 2위 제약사라는 위치를 점했다.[4] 산도스의 CEO 다니엘 바젤라가 노바티스의 최고경영자로 임명됐다. 그의 최우선 임무는 시바-가이기, 산노스의 모든 신약 개발 파이프라인들을 재검토하여, 대박을 터트릴 가능성이 있는 신약 개발에 기업 역량을 집중하는 것이었다.

의과대학에서 내과의사 교육을 받은 다니엘 바젤라는 독일어 사용 지역과 프랑스어 사용 지역의 경계선에 있는 스위스 도시인 프라이부르크에서 태어났다. 역사 교수의 아들이었던 바젤라는 어린 시절에 의사를 한 명도 알지 못했다.[5] 하지만 어린 시절에 겪은 문제를 계기로 평생 의학에 관심을 가지게 됐다. 그는 8살 때 폐결핵과 뇌수막염을 앓아 가족과 떨어져 요양원에서 1년을 보냈는데[6] 이 기간에 부모는 그를 병문안하지 않았고, 두 누나만 한 번 왔다고 한다. 소년 바젤라는 요추천자가 몸서리치게 싫었다. 요추천자란 신경계통 질환을 진단하는 데 필요한 척수액을 얻기 위해 허리뼈 사이에 긴 바늘을 찔러 넣는 절차를 말한다. 요추천자를 하는 동안, 간호사들은 바젤라가 움직이지 못하게 짐승처럼 붙잡고 있었다.[7]

어느 날 새 내과의사가 와서 소년에게 요추천자 절차를 설명하고, 요추천자를 할 때 간호사들이 소년을 붙잡는 대신 소년이 간호사의 손을 붙잡고 있게 했다. 바젤라는 이렇게 회상한다. "놀랍게도 이번에는 그 절차가 아프지 않았습니다. 그 후 의사 선생님이 아프지 않았냐고 물었죠. 나는 의사 선생님을 꼭 끌어안았습니다. 의사 선생님의 인간적인 배려 때문에 나는 그런 의사 선생님이 되고 싶다는 꿈을 품게 됐습니다."[8]

10살이 된 바젤라에게 새로운 비극이 찾아온다. 누나 우르술라가 호지킨 림프종이라는 암에 걸린 것이다.[9] 바젤라는 누나가 방사선 치료를 받아 온몸에 화상 자국이 난 모습을 기억한다. 우르술라는 암이 간까지 전이돼 침대에 앉아 있기도 힘든 상태에서도 공부를 포기하지 않고 생애 마지막 해 여름에 고등학교를 졸업했다. 우르술라는 죽기 직전 바젤라에게 영원히 마음에 남을 말을 남겼다. "학교 잘 다니고 열심히 공부하렴."

인생에서는 간발의 차이로 일어난 우연 또는 불행이 운명을 가르기 마련이다. 바젤라는 누나의 목숨을 앗아간 질병이 뭔지 이해하지 못했다. 몇 년 뒤 스위스 베른 대학교 의대에 진학해서야 알게 됐다. 대학병원에서 레지던트로 4년간 근무한 바젤라는 산도스 제약 부서로 들어가 미국에서 3년간 근무하면서 하버드 대 경영대학원에서 3개월간 수업을 들었다.[10]

노바티스 최고경영자로 취임한 다음 자사의 신약 개발 파이프라인을 모두 검토한 바젤라는 알렉스 마터를 만났다. 훗날 바젤라에게 '지적인 불도저'[11]란 평가를 들은 알렉스 마터는 10년 이상 암을 연구한 시바-가이기 출신 연구원으로 키가 크고 내성적이고 무뚝뚝한 남자였다. 당시 제약업계에서 암 질환은 '후미진 연구분야'[12] 취급을 받았다.

당시 의사들이 암을 치료하는 방법은 보통, 수술로 종양을 제거한 다음 화학요법과 방사선요법을 쓰는-즉, 환자의 인체에 독성 물질을 주입하거나 방사선을 쬐는 - 것이었다. 이렇게 해서 건강한 세포들이 죽기 전에 암 세포를 먼저 죽이는 데 성공할 경우에는 환자가 생존했다. 악성 종양 세포의 증식을 억제하는 약물도 있었지만, 이런 약물은 정상적인 세포까지 파괴해 환자를 쇠약하게 했다. 종양 제거 수술부터 화학요법까지 모든 치료 과정에서 엄격한 식이요법까지 병행해야 했다. 이렇게 암 치료를 받은 환자는 마치 세균 감염이 퍼지는 것을 막고자 사지를 자른, 항생제 발명 이전의 환자처럼 큰 고통을 받았다.[13]

알렉스 마터는 기존 암 치료법이 너무도 터무니없다고 생각했다. 그는 암 치료제를 환자에게 투여하는 것이 "실험실 쥐에게 화학물질을 주입해 쥐의 종양이 작아지길 바라는 것일 뿐"이라고 생각했다.[14]

암 세포에 대한 의학계의 이해도가 너무도 낮았기에, 신약 개발자가 새로운 치료 물질의 효능을 검토하는 유일한 방법은 해당 물질을 투여해 결과를 확인하는 것이었다.

마법의 묘약을 찾아서

모든 기업 경영진에게는 기업 전략을 수립하는 두 개의 상충적 접근법이 있다. 하나는 계획적 접근법이고, 또 하나는 창발적 접근법이다.

계획적 접근법은 고도로 방법론적이고 분석적이다. 고위 임원들이 시장 성장세, 세분시장 규모, 고객 수요, 경쟁사의 강점과 약점, 기술 발전 궤적에 관한 모든 자료를 수집해 정밀 분석하고, 어떤 경영 전략을 추진할지 답을 찾는다. 계획적 전략 수립은 엄격한 재무 타당성 평가를 수반한다. 현재 가치나 내부수익률이 높은 경우에는 해당 전략을 추진할 가치가 있다는 확신을 얻게 된다.

하지만 이런 하향식 접근법만으로 모든 기회를 잡을 순 없다. 인텔 회장 앤디 그로브는 이렇게 말했다.

"내 경험상 하향식 전략 계획은 언제나 설명이 부족하고 실제 업무에 잘 적용되지 않는다. 반면 전략적 행위는 언제나 실제 업무에 실질적인 충격을 준다."[15]

앤디 그로브가 말한 '전략적 행위'란 창발적 전략을 가리킨다. 창발적 전략은 중간관리자, 엔지니어, 판매원, 재무부서 직원들이 일상적으로 수행하는 업무와 투자 결정의 누적 효과다.

이런 누적 효과가 기업의 장기적 발전 궤도에 부정적 영향을 미치는 경우도 있다.

직원들의 일상적 업무 결정은 경영진이 수립한 기업 전략을 달성하기 위한 전술적 결정으로 종종 경영진의 시야 밖에서 일어난다. 이런 일상적 결정들이 모여 기업에게 거대한 기회가 열릴 때가 있는데, 그 예를 인텔(Intel)에서 찾아볼 수 있다.

인텔은 1980년대에 메모리 반도체를 버리고 마이크로프로세서에 역량을 집중하기로 결정했다. 이 결정은 여러 부서와 공장에서 내린 분권적 결정을 최고경영진이 인정하고 인텔의 기업 전략으로 공표한 것이었다.

인텔은 각 생산 라인에서 생산한 웨이퍼의 매출총이익 분석을 기반으로 자사의 핵심 자원과 웨이퍼 제조 역량을 배분했다. 각 인텔 공장의 생산 일정 책임자들은 매달 한 번씩 회의를 열어, 메모리 반도체부터 마이크로프로세서에 이르는 자사 제품군 중 어떤 제품에 얼마만큼 생산 역량을 배분할지 결정했다.

1980년대 초 일본 반도체 기업들이 미국시장 공략을 강화함에 따라, 메모리 반도체 가격이 폭락했다. 이때 인텔이 메모리 반도체 대신 마이크로프로세서에 주력한 것은 생산 현장 관리자들의 자원 배분 절차의 결과다.

이런 전략적 이동은 최고경영진이 하향식으로 결정한 사안이 아니라 순전히 중간관리자들의 일상적 자원 배분 결정들을 통해 창발적으로 일어난 것이다. 마이크로프로세서 시장에서 성공할 기회가 명확히 보임에 따라, 마이크로프로세서 시장에 전력으로 매진하는 것이 인텔 경영진의 새로운 계획적 전략이 됐다.[16]

만약 1980년대 인텔 경영진이 하향식 전략 수립을 고집해 생산 현장의 창발적 전략 수립을 묵살했더라면 어땠을까? 아마도 인텔은 몰락하고 말았을 것이다.

상대적으로 안정적인 시장에 속한 기업들은 경영진이 상세하게 전략을 짤 수 있다. 하지만 그렇지 못한 시장에 속한 기업들은 경영진이 몇 개의 전략 원칙과 가이드라인만 제시할 수 있을 뿐이다. 나머지 부분은 상황 변화에 따라 창발적으로 출현해야 한다. 즉, 경영 환경이 점점 더 예측 불가능해질수록 계획적 전략보다는 창발적 전략의 역할이 커진다.

보렐이 자발적 실험으로 균류에서 추출한 성분이 면역억제제로 쓰일 수 있다는 사실을 발견한 것은 이후 산도스가 새로운 성장 궤적을 그릴 수 있게 한 창발적 전략의 예다. 1996년 출범한 제약사 노바티스의 연구원 알렉스 마터도 보렐과 똑같은 길을 걸었다. 그는 개인적 동기에 따른 자발적 연구 끝에, 노바티스가 거대 제약사로 한층 더 도약할 기회를 만들었다.

*****

1960년대 의학계는 만성골수성백혈병(CML)의 유전적 원인을 규명했다. 만성골수성백혈병이란 골수구계 세포가 백혈구를 만드는 과정에서 생긴 악성 혈액질환이다.

만성골수성백혈병의 유전적 원인 규명은 의학사에서 기념비적 업적으로 평가받는다. 과학자들은 '세포핵 염색체 내부의 DNA 이상이 Bcr-Abl 티로신 키나아제라는 효소들 만들이 만성골수성백

혈병을 유발한다'는 메커니즘을 규명했다.[17]*

과학자들이 만성골수성백혈병의 분자생물학적 발병 기전을 이해함에 따라, 암세포 내부의 특정 분자를 공격하는 방법을 개발하는 것이 최소한 이론적으로는 가능해졌다. 의학자인 알렉스 마터는 특정한 자물쇠에 특정한 열쇠만 들어맞듯, 세포 내부의 무수한 분자들이 특정한 방식으로 결합된다고 보고, Bcr-Abl 단백을 화학적으로 묶어둬 세포의 무한 증식을 멈추는 화합물을 개발하고자 했다. 그는 특정 분자하고만 결합하는 세포 분자들의 속성을 감안하면, 다른 화학적 작용에 영향을 미치지 않고 특정한 화학적 연쇄 작용만 멈추는 화합물을 개발할 수 있으리라고 예상했다. 마터는 회상한다. "그렇게 생각한 나는 그런 분자를 설계할 수 있는지 모색하고자 작은 연구팀을 조직했습니다."[19]

다른 동시대 과학자들에게는 세포막을 통과해 Bcr-Abl 단백이 위치한 세포핵에 도달하는 합성물(티로신 키나아제 저해제 – 역자 주)을 개발하려는 알렉스 마터의 계획이 공상과학소설처럼 들렸을지 모른다. 당시 과학자들의 이해 수준에서는 세포 내부 분자들이 너무도 복잡했기 때문이다. 하지만 마터는 불가능한 임무처럼 보이는 연구 작업에 동료 과학자들이 동참하도록 감화할 수 있을

---

* 티로신 키나아제는 적혈구와 백혈구를 만드는 골수세포가 무제한 증식하도록 유도하는 효소다. 이런 무제한 세포 증식이 바로 암이다. 만성골수성백혈병 환자는 모든 백혈병 환자가 그렇듯, 피로, 열, 오한, 간헐적 출혈, 뼈 통증에 시달리다 사망에 이를 수 있다.[18]

만큼 불굴의 의지를 지닌 사나이였다.

당시 32세의 패기 넘치는 화학자였던 여크 짐머만은 이러한 신약 개발 프로젝트를 시작할 때 느꼈던 막막함과 당혹감을 아직도 기억한다. "당시 효소의 구조가 실제로 어떤지 몰랐기에, 나는 효소의 구조를 상상해서 종이에 그려봤습니다. 그럴듯해 보이지 않아, 다른 구조를 상상해서 그려보는 과정을 반복했습니다."[20]

자물쇠를 열 열쇠를 만드는 기술자처럼, 짐머만은 여러 화합물을 만들어 세포생물학자 엘리자베스 부크던거에게 결과를 검증하게 했다. 짐머만은 이 과정을 통해 분자 구조의 미세한 변화가 어떻게 분자의 화학적 속성, 화합물의 효과·독성·용해성에 영향을 미치는지 조금씩 알게 됐다. "이 기간 내내 학술지 편집자들은 우리가 선별적 화합물인 'Bcr-Abl 단백만 묶는 표적치료제'를 개발하지 못할 것이라고 예측했어요 …… 그러나 우리는 성공하리라 믿고, 포기하지 않았죠."[21] 짐머만과 동료 연구원들은 화학적 수수께끼의 해답에 매일 조금씩 접근했다.

9년 뒤인 1994년 2월, 연구팀은 자신들이 시험관 실험을 통해 개발한 화합물이 백혈병 세포의 90퍼센트를 억제한다는 사실을 확인했다. 이 화합물은 정상적 세포는 공격하지 않은 채 Bcr-Abl 단백만 묶어둠으로써 암세포 증식을 차단하는 데 효과를 보였다. 이는 세포 내부 분자들의 상호작용에 대한 정확한 이해를 기반으로 개발한 최초의 항암세로 역사에 기록될 물질이었다.

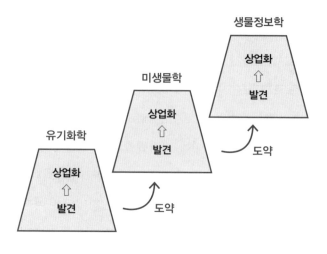

[표 3.1] 지식생산패널

STI571이라는 코드명이 붙은 이 약물은 동물실험과 임상시험을 진행할 신약 후보에 올랐다.[22] STI571은 최초의 표적치료제로서도 주목받았지만, 그 이상으로 극적인 개발 과정도 주목받았다.

하지만 아무리 풍부한 지식으로 무장한 기업일지라도 이러한 도약을 성공하려면 여러 난제를 풀어야 한다. 매번 고전하지 않고 쉽게 도약하는 기업은 없다. 지금까지 기업들의 도약은 끈질긴 노력과 대담성과 선견지명, 그리고 때로는 행운 덕분에 가능했다. 하지만 도약이 매우 어렵다는 사실 때문에 가장 많은 경험을 쌓은 선도기업들이 정상을 계속 차지할 확률이 후발주자가 정상에 오를 확률보다 높다. 발명과 발견은 선발주자의 어깨 위에 올라가야 가능하다. 진보는 언제나 이전의 지식과 경험을 기반으로 일어난다.

하지만 앞서 언급했듯, 신약 후보에 오른 약물 중 일부만이 임상시험을 통과해 시판을 승인받는다. 임상시험을 통과하지 못하는 경우가 태반이다. 알렉스 마터가 이끄는 연구팀이 개발한 새로운 약물인 STI571도 그렇게 될 위험이 있었다. 게다가 만성골수성백혈병 치료제 시장도 크지 않아 보였다. 만성골수성백혈병은 희귀암에 속한다. 미국에서 전립선암 환자는 16만 5,000명, 유방암 환자는 25만 명 정도로 추산되는 반면, 만성골수성백혈병에 걸린 성인은 연간 8,200명 정도였다. 1970년대 산도스 연구원 장프랑수와 보렐의 사례처럼, 노바티스 경영진도 STI571의 경제성이 없을 것을 우려했다. 동물실험과 임상시험에 드는 비용만 1억 달러에서 2억 달러로 추산됐다.[23] "신약 개발팀과 나는 몇 가지 결정을 놓고 고뇌했다."고 CEO 다니엘 바젤라가 적었을 정도다.[24]

하지만 초기 검증 과정에서 양호한 결과가 나오자 바젤라는 계속 밀어붙이기로 결정했다.

"결국 우리는 사업을 하는 것이기에, 통계적 분석과 수익 창출 기회를 근거로 사업적 결정을 내릴 수밖에 없다. 하지만 의약품의 새로운 지평을 열 가능성이 있는 제품이 개발 과정에 있다면, 우리는 그 제품을 출시할 의무가 있다 …… 나는 기술개발부서장에게 '돈은 중요치 않으니, 계속 해봅시다'라고 말했다."

물론 제약사에게 돈은 매우 중요하지만, 노바티스는 위험을 무릅쓰고 신약 출시를 위한 임상시험을 감행했다. STI571 임싱시험은 사상 최대 규모로 진행됐다. 그 이유 중 하나는 CML 환자 수가 적은 만큼, 환자들의 커뮤니티가 긴밀하게 구축된 점에 있었다. STI571 임상시험 소식을 들은 환자들은 신약에 희망을 걸고, 자신도 임상시험 대상자로 넣어달라고 적극 요구했다. STI571은 기존 항암제와 달리 정상 세포는 공격하지 않고 암세포만 공격하는 표적치료제라 탈모, 탈락피부염, 장내 염증, 심근경색, 메스꺼움, 구토 같은 부작용이 없다. 신약의 부작용이 너무도 경미했기에 상당수 환자들이 위약을 복용하는 줄 착각했을 정도다. 만성골수성백혈병 증세 개선 효과는 분명히 나타났고, 환자들의 기대수명은 대폭 늘었다.

빨리 신약 출시를 승인하라는 대중적 압력을 받은 미국식품의약국은 이 신약―글리벡―의 승인 절차를 불과 2개월 반 만에 끝냈다. 2001년 5월 10일 기자회견에서 토미 톰슨 보건복지부 장관은 "우리는 이런 표적치료제가 미래의 물결이라고 믿습니다."라고 말했다.[25] 글리벡 개발에 기여한 과학자 3명은 2009년, 의학계에서 가장 명예로운 상인 래스커 의학연구상을 받았다.[26]

새로운 지식 분야를 향한 탐구

노바티스가 개발한 CML 표적치료제, 글리벡은 어떤 변화를 일으켰을까. CML은 진단을 받은 환자가 보통 3년에서 6년 만에 사망할 정도로 무서운 질병이었다. 그러나 노바티스 연구진이 글리벡－특정 염색체의 이상을 일으켜 CML을 유발하는 Bcr-Abl 단백을 화학적으로 묶는 표적치료제－을 개발한 덕분에 다수의 CML 환자들이 글리벡만 매일 복용하면 평균 기대수명이 30년까지 늘었다.[27]

아이러니하게도, 이 같은 CML 환자의 기대수명 증가는 글리벡의 매출액 증가를 의미했다. 미국에서 매일 글리벡을 복용해야 하는 CML 환자는 2030년경 25만 명에 이를 것으로 추산된다.[28] 이미 2012년에 CML 치료제 시장이 47억 달러 규모로 성장하여, 글리벡은 노바티스의 베스트셀러가 됐다.[29]

글리벡이 제약업계에 일으킨 더 심대한 변화는 집중 연구 분야의 재설정이다. 암은 100여 종에 이르고, 각각의 암은 서로 다른 유전적·분자생물학적 발병기제와 증상·특징을 보이기에 각기 다른 치료법을 요한다. 모든 세균 감염은 병리학적 원인과 발병기제가 같지만, 암은 그렇지 않기에 하나의 약으로 모든 암을 치료할 순 없다. 글리벡 출시 직후, 노바티스는 약물 발견에 필요한 화학생물학과 수치 해석을 중점적으로 다루는 노바티스 바이오메디컬 연구소를 설립했다. 스위스의 최대 라이벌 제약사, 로슈는 노바티스에게 뒤처지지 않기 위해 제넨텍－앞서 언급한 세계 최초의 바이오테크놀로지 기업[30]－을 2009년 468억 달러에 인수해 세계

최대 바이오테크 기업으로 등극했다.[31]

새로운 지식체계로 도약하는 일이 기업의 장기적 번영에 그토록 중요한 조건이라면, 어째서 그런 도약이 자주 일어나지 않는 것일까? 나는 대기업의 너무도 복잡한 자원 배분 프로세스가 주 원인이라고 생각한다. 미래를 예측하기 어렵고 옳은 전략이 무엇인지 확실히 알기 어려운 상황에서는 창발적 프로세스가 필요하다. 노바티스에서 암 연구 과제를 맡은 알렉스 마터가 관료주의에 방해받지 않고 연구를 지속하기 위해서는, 고도의 재량권을 받아야 했다. 당시 노바티스의 경영진은 마터에게 연구팀 직원들과 예산에 대한 전권을 부여했기에 기업가적 사업 – 한시적인 준독립 기업 활동 – 에 매진할 수 있었다.

하지만 통제받지 않는 실험을 무한히 허용하는 것으로는 마켓 리더십을 달성할 수 없다. 비밀스러운 개발부서의 노력만으로, 실리콘밸리 벤처기업 인수만으로, 마켓 리더십을 얻을 수 있는 것도 아니다. 언제까지고 무작정 많은 노력과 자금을 투입하는 것이 기업의 혁신과 번영을 보장하지 않는다. 특히 기성 기업은 타성에 젖어 교조적으로 일을 진행하려는 조직 문화를 가지고 있다.

혁신하려면 우선 영리한 인재 몇 명을 한 방에 몰아넣고 어느 정도 투자해 뭔가 놀라운 결과가 나오길 기대해야 한다.[32] 이런 자유방임적 접근법은 스타트업 매각이나 상장을 통해 투자이익을 챙기는 벤처 캐피털리스트에게는 타당할 수 있다. 그러나 기성 기업의 경영진은 현재 자사가 사업을 영위하고 있는 시장에서 경쟁력을 높이기 위해 투자하고 혁신해야 한다. 따라서 영리한 인재 몇명에게 전권을 부여해 전폭적 지원을 해줘서 신제품을 개발하는 창발적 접근법을 취하더라도, 결국 언젠가는 경영진이 이 신제품 개발팀에 개입해 창발적 탐구를 계획적 경영의 영역으로 끌어들여야 한다. 시장에서 성공을 거둘 만한 신제품 개발 가능성이 분명해지면, 경영진이 적극 나설 필요가 있다. 그렇지 않은 기업은 실패할 확률이 높다.

노바티스의 사례 외에도, P&G의 사례는 최고경영진이 개입해 새로운 지식체계를 향해 도약하도록 기업을 이끌 수 있고, 이끌어야 한다는 점을 입증한다. 이 시점에서는 공식적 절차에 입각해 최고경영진이 직접 챙겨야 한다. 그렇지 않으면 아무리 혁신적인 신제품 개발도 결국 실패로 끝난다.

도약을 해내는 기업이 드문 이유는 간단하다. 경영진은 불확실한 장기 전망에 따라 장기적으로 투자하기보다는 안전하게 단기 이익을 확보하도록 종종 요구받는다. 대담한 투자 행보가 경영진의 사려 깊은 묘수인지 무모한 도전인지는, 투자 결과가 나오기 전에 누구도 알 수 없다. 긍정적인 재무 결과가 나올 것이라고 확신하고 투자 결정을 내리기란 경영진 입장에서 불가능하다. "돈은 중요치 않으니, 계속 해봅시다."라 말할 권한이 있는 사람은 최고경영자뿐이다.

오늘날에는 고가의 설비를 갖춘 실험실과 막대한 투자 예산, 대규모 연구팀을 갖춘 기업들만이 제약업계에서 선두에 머물 수 있다. 실제로 노바티스 역시 2013년 R&D에 100억 달러 이상을 썼다. 하지만 자본만으로는 선도기업을 따라잡으려는 후발주자들을 뿌리치지 못한다. 영국 섬유 기업들이 미국 기업들에게 역전당한 원인은 자본 부족이 아니었음을 기억하라. 시장에서 앞서나가기 위해 필요한 핵심 지식체계가 바뀌지 않으면, 언젠가 후발주자들이 선도기업들이 거친 과정을 생략하고 더 효율이 높은 최신 설비를 도입해 경쟁우위에 설 가능성이 있다. 이런 상황에 직면한 선도기업이 어떤 파국에 도달했는지 1장과 2장에서 충분히 설명했다. PC, 휴대전화, 자동차, 태양광 패널, 섬유업 등 모든 업종에 해당하는 이야기다. 야마하는 초기에는 저임금, 나중에는 자동화 생산 공정을 기반으로 스타인웨이를 앞질렀다. 이런 '성숙한 산업' 분야에서는 시장에서 앞서나가기 위해 필요한 핵심 지식체계가 완전히 다른 분야의 지식으로 바뀌는 법은 없다.

＊＊＊＊＊

만성골수성백혈병 환자 20~30퍼센트는 글리벡을 복용해도 효과가 없다.[33] CML 암세포가 글리벡에 내성이 생기는 경우가 있기 때문이다.[34] 노바티스의 CEO 바젤라도 이 점을 시인했다.

"암 정복 전쟁은 끝나지 않았습니다 …… 신약 개발은 전쟁에서 작은 승리일 뿐입니다. 인체에 관해 더 많이 알아갈수록 우리가 얼마나 인체를 모르고 있는지 깨닫게 됩니다."

그렇기에 선두 제약업체들은 유전자 치료법 개발 경쟁에서 우위에 서고자 계속해서 바이오 기업들을 인수한다. 바이오테크놀로지 분야 스타트업은 흥미로운 신약 후보 물질을 가지고 있을 수 있으나, 경험 많은 대형 제약사의 힘을 빌리지 않고서 오랜 임상시험을 거쳐 상용화에 성공하기란 매우 어렵다. 그렇기 때문에 제약업계에서 중국의 신생기업들이 갑자기 스위스 대형 제약사들을 제칠 수 없다.

1970년대 말의 바이오테크놀로지 혁명은 현대 과학자들이 신약을 개발하는 방식을 근본적으로 바꾼 생물정보학, 유전체학의 시대를 열었다. 생물정보학, 유전체학은 분자생물학 레벨에서 화학물질을 다루어 신약을 개발하는 데 필수적인 학문이다. 표적치료제부터 HIV 치료제까지 10년 전엔 상상도 못한 혁명적 신약은 무서운 불치병의 위험성을 관리 가능한 만성질환 수준으로 낮췄다. 예리한 독자라면 이쯤에서 의문을 품어봄직하다. 너무도 흔한 로우테크 제품들을 판매하는 P&G가 소비심리학을 이용해 어떤 위치로 도약했을까?

1955년 〈포춘〉 500대 기업 중 2012년에도 500대 기업으로 선정된 곳은 71곳 뿐이다.[35] 〈포춘〉이 선정하는 500대 기업의 평균

수명은 30년 남짓이다. 하지만 P&G는 2016년에도 시가총액이 2,000억 달러를 넘어 500대 기업 중 34위를 차지했다.[36] 신시내티에서 탄생한 백년 기업의 경영법에는 뭔가 특별한 것이 있을까?

P&G의 새로운 도약

1930년대 P&G는 대기업 수준의 제조 공정을 구축했다. 비누 재료를 고속으로 휘저어 거품을 낸 다음, 얼리는 과정을 통해 비누가 불과 몇 시간 만에 완성됐다.[37] 하지만 P&G는 여전히 전통적 비누 제조사였다. 비누 재료도, 비누 제작법도 19세기와 똑같았다. P&G 공장에서는 동물이나 식물 지방을 물과 섞고 알칼리를 반응시켜 비누화 과정을 통해 '천연' 비누를 만들었다. 긴사슬지방산으로 구성된 천연 비누는 칼슘, 마그네슘 같은 미네랄 성분이 많은 경수와 섞이면, 더러운 거품이나 찌꺼기 같은 느낌의 잔여물을 남긴다는 단점이 있었다. 이는 소비자들에게도, P&G 엔지니어들에게도 성가신 문제였다.

1931년 4월, P&G의 프로세스 엔지니어, 로버트 던컨은 회사에 이익이 될 만한 공정이나 제품에 관해 뭐라도 배우기 위해[38] 유럽을 돌아다니던 중, 독일에서 '경수에서도 쓸 수 있고 산성에도 저항력이 있는 훌륭한 계면활성제 세제'라고 묘사된 '이게폰'[39]이라는 제품명의 합성 첨가물을 발견했다.

계면활성제는 효과적인 세제다. 지방으로 만들지 않고, 경수와 결합해 찌꺼기를 남기는 긴사슬지방산을 함유하고 있지도 않다. (1차 세계대전 기간에 비누 원료를 구하지 못한 독일인들은 전통지식을 활용해 소의 담즙을 비누 대용으로 사용했다. 독일 과학자가 소의 담즙에서 유용한 성분을 추출해 이게폰이라는 제품명으로 판매하고 있었다. 이 첨가물은 훌륭한 세제였지만, 제조하기 어렵고 비싸 가정용 세제로 사용하기엔 부적합한 상태였다. – 역자 주)

로버트 던컨은 또 다른 독일기업이 이게폰의 대항마가 될 제품(알킬황산에스테르염)을 섬유업체 판매용으로 출시하려는 걸 보고, "독일인들은 이 물질이 가정용 세제로서 가치가 있음을 깨닫지 못했다."며 즉석에서 샘플 100개를 구입해 미국 P&G로 발송했다.[40] P&G 연구원들은 곧바로 연구를 시작해 물에서 기름과 때를 뽑아내는 분자를 발견했다. 이 분자는 지방산을 분해해 물에 씻겨 나가게 하니, 이 분자를 사용한 비누는 천연 비누의 단점인 잔여물을 남기지 않았다.

P&G는 1933년 알킬황산에스테르염을 토대로 만든 세계 최초 합성세제, '드레프트'를 출시하고, 1934년에는 세계 최초의 현대식 샴푸, '드린'을 출시했다. 하지만 P&G 내부에서는 우려의 목소리가 높았다. 신제품들이 P&G의 아이보리 비누 매출액을 잠식하리라는 예상 때문이었다. 하지만 윌리엄 쿠퍼 프록터 사장(창업자 기

문 출신 중 P&G를 경영한 마지막 인물)은 합성세제 출시 계획을 지지했다. 그는 걱정하는 직원들에게 말했다. "(합성세제가) 우리의 비누 사업을 위축시킬지 모르지만 어차피 누군가 비누 시장을 잡아먹을 거라면 우리가 하는 편이 낫습니다."[41] P&G는 합성세제에 대한 투자를 두 배로 늘렸고, 아이보리데일 공장의 기술연구소는 소비재 업종 최초의 화학 분석 연구소가 됐다.[42]

P&G의 오랜 역사에서 경영진이 자주 보인 특징은 카니발라이제이션을 두려워하지 않고, 신제품 출시를 진행한다는 점이다. 이는 다른 기업 경영자들은 선뜻 선택하기 어려운, 반직감적 전략이다.

대다수 경영자들은 이윤이 낮은 신제품을 출시했다가 자사의 기존 제품 매출만 떨어트릴 것이라고 두려워한다. 그들은 전체 수익성을 떨어트리지 않고 가장 수익성이 높은 곳에 투자해야 한다고 생각한다. 하지만 혁신을 이루고 독보적인 위치에 서는 기업은 자기잠식을 두려워하지 않는다.*

결국 드레프트와 드린은 기존 비누 사업을 해치지 않았다. 드레프트와 드린은 세정력이 약해 비누만큼 깨끗이 세탁할 수 없었기 때문이다. 드레프트는 화학적 제한으로 인해 아기 옷, 민감한

---

* 애플의 스티브 잡스도 그랬다. "만약 우리가 스스로를 잡아먹지 않으면 다른 누군가가 우리를 잡아먹을 겁니다." (잡스는 애플을 단일 손익구조를 갖는 하나의 조직으로 움직이게 하고자, 사내에 별도로 손익 계산을 하는 사업 부문을 만들지 않고, 회사 전체의 손익 계정 하나만 따졌다. 반면 소니는 자사의 음반 매출이 타격을 받을까 봐 애플의 아이튠즈 같은 서비스를 개발하지 않아 시대에 뒤처졌다. - 역자 주)

직물에만 쓰일 수 있을 정도였다. 그러나 드레프트는 경수에서 옷감을 세탁할 수 있어 미국 중서부와 로키산맥 주민들에게 인기를 끌었다.[43]

드레프트는 틈새상품일 뿐이었다. P&G는 전국에 널리 팔릴 만한 세정력 높은 세제를 개발해야 했다. 돌파구가 열리려면 10년 이상 지나야 했다.

막을 수 없는 파도*

그 사이에 아이보리데일 기술연구소는 기름을 작은 방울로 만들고 세제의 세정 능력을 높이는 화학첨가물인 '조제'를 만드는 연구를 했다.[44] 인산나트륨이 그러한 조제로 효과가 좋았다. 하지만 인산나트륨을 첨가한 세제로 세탁하면 옷감이 거칠어지고 딱딱해지는 문제가 있었다.

해답을 찾고자 10년간 연구하고 20만 시간 이상의 테스트를 거친[45] 연구팀은 조용히 해체돼 다른 업무를 배정받았다. 임원들은 답이 안 나오는 이 프로젝트에 관여하길 꺼렸다. 하지만 훗날 '프로젝트 엑스'라 불린 이 프로젝트를 포기하지 않은 연구원이 한

---

* '파도'를 뜻하는 영어 단어 Tide는 가루세세 브랜드명 Tide와 동일하다. - 편집자 주

명 있었다.

훗날 타이드 세제의 특허권자가 된 데이비드 딕 바이얼리는 프로젝트 엑스를 계속 연구하다가 상사에게 중지 명령을 받았다. 상사 토머스 핼버스탯은 그가 매우 끈질긴 청년이었다고 회상했다. "나는 딕을 좋아했지만, 딕은 아주 고집불통이었습니다. 모두 두 손 들 정도였죠."(46)

당연히 바이얼리는 1939년 핼버스탯을 경계하며 대했는데, 어느 날 그에게 비밀을 털어놓았다.

"이제야 말씀드리는데, 제가 연구해온 프로젝트를 계속 진행해도 되겠습니까?"(47)

바이얼리는 자신이 5년간 연구한 기록을 이틀간 설명했다. 어안이 벙벙해진 핼버스탯은 화학부서의 부책임자인 허브 코이스를 찾아가 바이얼리의 연구를 허용할지 물었다. 너무도 P&G스럽게도 바이얼리는 연구 진행을 허가받았지만, 프로젝트 엑스를 '유난 떨지 말고' 비밀스럽게 진행하라는 지시를 받았다. 바이얼리는 대내외적 관심을 피하고자 P&G 시제품 공장에서 만든 샘플(48)에 대해 질문하는 것을 금지했다.

2차 대전으로 여러 물자와 원자재가 부족해졌다. 프로젝트 엑스에 관한 풍문을 들은 한 고위 임원은 호되게 꾸짖었다. "공장에서 처리해야 할 문제들이 산더미 같은데, 왜 우리 회사가 만들 의도도 없는 제품을 붙잡고 있나?" 당시 P&G는 배급받은 원재료로 생산하고자 생산 시설을 재편성해야 했다. 엔지니어들과 연구원들이 매일 현장에서 머리를 싸매고 있었다. 코이스는 핼버스탯에게 프로젝트 엑스를 즉시 중단하라고 요구했다. 하지만 바이얼리가 낙담해 회사를 관두겠다고 하자, 핼버스탯은 마음이 약해져서 이렇게 말했다. "사실은 상부에 보고하지 않고 있었네. 차마 보고할 수 없었다는 게 맞겠지. 이왕 이렇게 된 거 더 해보게."[49]

도박은 성공했다. 1945년 바이얼리는 삼인산나트륨이 이상적인 조제임을 알아내고, 발상의 전환을 통해 해법을 찾았다. 그 전에는 세정력이 좋은 세제를 만들려면 세제에 약간의 조제를 섞어야 한다는 것이 상식과 같았으나 바이얼리는 생각을 뒤집어, 세제(알킬황산에스테르염)와 조세(삼인산나트륨)을 1대 3의 비율로 섞었다.[50] 이 세제로 세탁 실험을 한 결과, 이전보다 훨씬 나은 결과가 나왔다.[51]

상황이 여기까지 이르자 소문이 퍼지는 것을 막을 수 없었다. 바이얼리의 발견 내용을 최고경영진에게 보고되었다. 당시는 P&G가 부지불식간에 세 번째 – 기계공학을 이용한 제조에서 소비심리학을 이용한 마케팅으로, 그리고 이번에는 유기화학에 뿌리를 둔 연구개발로 – 도약을 하려는 시점이었다. 바이얼리는 리처드 듀프리 사장, 랠프 로건 광고 부문 부사장, R. K. 브로디 제조기술 연구 부문 부사장 등이 지켜보는 가운데 제품을 시연했다.[52] 세 임원은 프로젝트 엑스의 상업적 가능성을 확신했다. 유일한 문제는 출시 시점이었다.*

마케팅 전문가 로건은 출시까지 통상 2년이 걸린다고 봤다. 제품 샘플을 준비하는 데 수개월, 일부 도시에서 블라인드 테스트를 진행하는 데 6개월, 소비자 피드백을 바탕으로 제품을 수정하기 위해 또 시간이 필요했다. 게다가 광고 전략을 개발하고 소비자 설문조사를 하고, 전국 출시를 준비하려면 시간이 더 들었다.[53]

로건의 평가를 들은 듀프리 사장은 브로디에게 말했다. "이 스케줄대로 하면 되겠소?" 브로디는 반대했다. "우리가 블라인드 테스트를 시작하면 레버, 콜게이트가 즉시 우리 제품 샘플을 가져가 신제품을 연구해 출시하려 할 겁니다 …… 물론 그들의 제품은 우리 제품보다 품질이 떨어지겠지만, 우리와 비슷하게 광고해서 시장을 잠식할 겁니다 …… 우리의 단독 출시가 아니게 됩니다." 브로디는 P&G가 통상적인 블라인드 테스트와 광고 테스트를 건너뛰면 "레버, 콜게이트보다 2년 앞설 수 있다."고 말했다.

로건은 즉시 반대했다. "우린 그렇게 무모하게 일을 진행한 적이 없다는 사실을 아시지 않습니까?" 그는 브로디의 안대로 가는 것은 성공하리란 근거도 없이 1,500만 달러**를 투자하는 것이라고 지적했다. 브로디는 의견을 굽히지 않았다. "하지만 이 제품은

---

* 여기서부터 소개하는 내용은 저자가 재구성한 것이지만, 인용문은 여러 역사적 기록에서 발췌한 것이다.
** 연간 매출액이 5억 달러도 안 됐던 1945년 P&G 입장에서는 상당한 금액이다.

너무도 장점이 많습니다. 우리가 지금까지 출시한 제품들과 다른 수준의 제품입니다. 물론 리스크는 있지만 폭발력이 굉장합니다. 우리는 이 리스크를 감수해야 한다고 봅니다."

듀프리 사장은 브로디와 로건을 번갈아 본 다음 (훗날 P&G 사장이 될) 젊은 광고 매니저, 닐 매클로이에게 물었다. "어떻게 생각하시오?"

매클로이는 이렇게 답했다. "제가 P&G에서 일하면서 오늘 보고 들은 이 제품만큼 전도유망한 제품은 보지 못했습니다. 만약 제가 투자한다면 브로디 부사장의 제안대로 빨리 출시하겠습니다. 경쟁사보다 2년 앞서 제품을 출시하는 것은 크나큰 이점이 될 것입니다."

듀프리 사장은 고개를 끄덕였다. "브로디 부사장은 제품 출시를 진행해주시기 바랍니다. 최대한 빨리 갑시다!"(54)

이리하여 '진흙, 풀, 겨자 자국을 말끔히 씻어내면서도 옷에 자국이 남거나 옷의 물이 빠지는 부작용도 없는'(55) 첫 합성세제, 타이드(Tide)가 1946년 출시됐다. '흰옷을 더 희게' 하는 표백 효과 덕분에 타이드는 시장에서 - P&G 제품인 옥시돌, 더즈, 드레프트를 포함해 - 다른 모든 제품을 제치고 1949년 1위 제품으로 등극했다.

다른 P&G 제품의 매출 급락에 직면한 닐 매클로이 신임시장은 "우리가 신기술을 사용하지 않았다면, 다른 누군가 했을 것"이라고 덤덤하게 말했다.[56] 마케팅팀은 수많은 미국 가정의 '지겨운 빨래 부담'을 지워버리는 '현대의 기적'으로 타이드를 홍보하라는 지시를 받았다.

타이드는 초기에 공장 생산능력을 초과할 정도로 날개 돋친 듯 팔렸다. 1955년 미국의 연간 합성세제 사용량은 113만 톤에 이르렀다. 세제 10개 중 8개가 합성세제였다.[57] 물에 뜨는 아이보리 비누도 타이드의 물결에 쓸려나갔다.[58]

P&G의 역설

노바티스와 P&G는 닮은 점이 많다. 노바티스는 엄격한 신약 인증 절차를 통과하기 위해 신약 개발과 임상시험에 엄청난 금액을 투자한다. P&G는 청결용품을 만든다. 노바티스는 생명을 구하고, P&G는 사람들을 청결하게 한다. 두 기업은 100년 이상 번영했다. 두 기업은 지금까지 여러 차례 업계의 규칙을 바꿨고 스스로 탈바꿈했다. 그리고 새로운 학문 분야의 지식을 받아들이자, 이전의 핵심 지식이 잉여지식이 아닌 보완적 지식이 됐다.

노바티스의 사례에서는 외부 트렌드가 과학 분야의 변화를 일으켰다. 이러한 트렌드는 주요 대학과 과학 커뮤니티에서 보고하는 과학적 발견과 중점 연구 내용의 변화로 반영됐다. 반면 P&G

는 다른 학문 분야의 지식을 흡수해 제품 개발에 반영함으로써 남보다 앞서나갔다. P&G의 방향 전환은 상당 부분 내부에서부터 결정되고 추진됐다. 산업에서 퍼스트 무버가 되는 것 자체가 궁극적인 성공을 보장하지는 않는다. 만약 P&G가 하나의 지식 분야(이를테면, 기계공학)에만 안주하고 아이보리 비누만 팔았다면, 오늘날 같은 글로벌 리더가 아닌 후발주자와 가격경쟁을 벌이는 저가 소비재 제조업체가 됐을 것이다.

타이드 출시 결과를 평가하면서, 핼버스탯은 'P&G가 더이상 비누회사가 아니라 기술에 기반을 둔 제조업체가 될 것'이라고 예상했다.[59] 당시 P&G는 타이드 출시 직전인 1945년의 3배에 달하는 1,500명 이상의 전문대 졸업생을 고용했다.[60] 창업자들이 수작

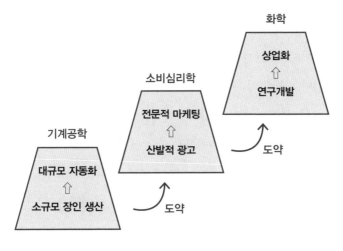

[표 3.2] 지식생산필터

업으로 비누를 만들던 가족회사는 이제 기계공학, 소비심리학, 유기화학이라는 세 개의 지식 분야를 토대로 운영되는 기업으로 성장했다. 이러한 지식들의 조합이 타이드의 대성공을 낳았다.

물론 우리가 사는 세계는 1940년대와 크게 달라졌다. P&G가 향후에도 계속 번영하려면 또 새로운 지식의 물결이 필요하다. 하지만 P&G의 역사는 노바티스의 마찬가지로 우리에게 자발적 카니발라이제이션의 중요성을 일깨워준다. 자발적 카니발라이제이션은 신제품이나 공정을 선택해, 자사의 기존 제품이나 공정을 대체하는 것을 말한다.

선구적 기업의 구조적 이점(생산규모, 브랜드 인지도, 영업기밀)이 일시적이라는 사실을 감안하면, 기존 사업 부문의 매출 감소를 우려해 신제품 출시를 꺼리는 것은 바람직하지 않다. 새로운 지식 분야로 도약한다는 것은 지금까지 의존해온 지식 분야에 덜 의존한다는 뜻이고, 신제품 출시는 기존 제품에 압박을 가한다. 이것이 기성 기업이 도약하기 어려운 이유다.

그러나 윌리엄 쿠퍼 프록터 사장은 말했다. "합성세제가 우리의 비누 사업을 위축시킬지 모르지만 어차피 누군가 비누 시장을 잡아먹을 거라면 우리가 하는 편이 낫습니다."

자사의 기존 제품 매출이 하락하기 전에 선제적으로 신제품을 출시하는 P&G의 경영 행보는 놀라울 정도로 스티브 잡스와 닮았다. 아이팟 미니가 여전히 잘 팔리고 있던 2005년, 스티브 잡스는 아이팟 나노를 출시해 아이팟 미니의 상승세를 꺾었지만, 아이팟 전체 매출액은 계속 증가했다. 2007년 스티브 잡스는 아이팟, 휴대전화, 인터넷브라우저를 결합한 아이폰을 출시했다. 2010년에는 맥 컴퓨터 매출을 갉아먹을 위험을 무릅쓰고 아이패드를 출시했다.[61]

전략 수립 과정에서 최고경영자의 역할이 기업의 새로운 방향을 선언하는 것뿐이고, 최고경영자의 성공이 전적으로 상향식 결정의 결과일 뿐이라면, 최고경영자가 기여하는 가치는 얼마 되지 않는다. 계속 발전해나가려는 기업들은 새로운 카테고리의 제품을 계속 출시하고, 기존 사업보다 새로운 사업을 우선하는 원칙을 지켜야 한다. 기존 사업만 고수하다가는 후발주자에게 추격당해 잡아먹힐 기회를 준다.

* * * * *

지금까지 기업이 도약해야 하는 이유, 가장 성공적인 기업들이 도약한 과정을 살펴보았으니 4장부터 6장까지는 미래에 어느 방향으로 도약해야 하는지 검토해보겠다.

향후 기업들이 생존을 위해 이해해야 하는 핵심 지식 분야와 트렌드는 무엇일까? 다음 프론티어는 어디일까?

상호연결성의 승가로 인재, 지식, 자본이 국경을 넘어 끊임없이 이동하는 세계에서 미래는 언제나 우리 예상보다 빨리 들이닥친다. 기술의 물결에 휩쓸리지 않고 제대로 된 지점으로 도약하려면, 거대한 물결의 기저에 있는 요소를 정확히 파악할 필요가 있다.

가장 강력한 레버리지 포인트(지렛대의 받침점)는 정확히 어디에 있을까? 어디로 도약해야 할까?

위대한 도약

경쟁우위는 일시적이다

산업 지식이 성숙하면 후발주자가 선발주자를 모방해 따라잡기 마련이다. 후발주자는 막대한 비용을 투자해 구축한 기존 설비가 없는 상태라 저비용 구소를 가시고 있기에, 신발주자를 입박할 경쟁력을 가지는 경우가 잦다. 이것이 언제나 세계 최고 품질의 피아노를 만든 스타인웨이가 야마하에게 이기지 못한 원인이다.[1]

경쟁우위를 유지하는 일은 가능하다

스타인웨이가 겪은 몰락은 기업에게 불가피한 경로처럼 보인다. 이런 경로를 회피하고 싶은 경영자는 자사의 현재 위치를 솔직히 인정하는 일부터 시작해야 한다. 먼저, 자사의 근본 지식, 핵심 지식이 무엇인지 자문하고, 그 지식이 얼마나 성숙한 지식인지 제대로 평가해야 한다. 여러분이 속한 기업의 핵심 지식은 무엇인가? 그것은 얼마나 성숙한 지식, 보편화된 지식인가?

실제로 IMD를 비롯한 비즈니스 스쿨 교수들은 이런 질문들을 던진다. 과거엔 교수들이 이런 식으로 (중역 훈련 프로그램의 일환으로 전도유망한 관리자를 경영대학원에 보내는) 기업 고객의 흥미를 끌 학습 경험을 제공했다. 일종의 강의 노하우였던 셈이다. 하지만 교수들의 장인 지식은 온라인 학습으로 빠르게 대체되고 있다. 예전에 비즈니스 스쿨 강의실에 가야만 얻을 수 있던 학습 경험을 지금은 인터넷을 통해 저비용으로 얻을 수 있다. 경영대학원 교수 입장에서 온라인 학습은 불길한 후발주자다. 온라인 학습이 활성화될수록 교수의 경쟁력이 떨어지기 때문이다. 여러분이 속한 기업의 핵심 경쟁력은 얼마나 빨리, 어떤 식으로 떨어질 것 같은가?

도약이 그토록 중요하다면,
도약하기 위한 최선의 시점은 언제인가?

기업 실적이 급락하는 위기 상황은 - 그것이 이미 일어난 일이든, 예상되는 일이든 간에 - 최고경영진이 급격한 방향전환을 모색하는 계기가 된다.

최고경영진은 새로운 전략을 발표하고 전망이 불투명한 프로젝트를 중지하고 새로운 분야에 투자 결정을 내리고 집중할 수 있다. 하지만 전면적이고 급격한 변화는 실패할 경우 돌이킬 수 없는 결과를 초래할 수 있기에 위험하다. 따라서 아직 시간 여유가 있을 때 미리부터 조금씩 실험하는 편이 낫다. 사실 어디로 도약해야 할지 알기 위해, 굉장한 예언가가 될 필요는 없다. 몇 가지 필연적인 변화의 흐름이 상당히 명백히 보이기 때문이다. 기업들은 아직 시간이 있을 때 도약해야 한다.[2]

스티브 잡스는 이 점을 너무도 잘 이해했다.

"변화는 상당히 느리게 일어납니다. 신기술이 파도처럼 밀려오기 전에 미리 내다볼 수 있죠. 경영자가 할 일은 어느 파도에 올라탈지 현명하게 선택하는 것입니다. 만약 잘못된 파도에 올라타면 힘만 소모할 뿐이죠. 하지만 현명하게 알맞은 파도에 올라탄 경우에는 변화가 천천히 벌어집니다. 몇 년이 걸리죠."[3]

잡스는 미국에서 초고속 인터넷 서비스가 시작되길 2년간 기다렸다. 초고속 인터넷 서비스가 시작되자 아이팟을 출시함으로써 파도에 올라탔다. 애플보다 먼저 MP3플레이어를 출시한 기업은 많지만, 애플만큼 성공하지 못했다. 2000년대 초에는 음악 공유가 불법이었고, 음반 1장을 다운로드하는 데 몇 시간이 걸렸다. 인터넷 속도가 느렸기에 최고로 잘 만든 기기도 그 느린 인터넷 속도에 맞춰 출시됐다. 잡스는 초고속 인터넷의 보급을 기다렸다.

이 대목은 중요한 교훈을 준다. 성공적인 경영자들은 종종 급하게 행동에 나서려는 성향을 보인다. 하지만 노이즈에 속지 말고,

지각변동이 어느 방향으로 일어나고 있는지 알려주는 신호만 정확히 식별하는 것이 중요하다.

무작정 먼저 움직이는 기업이 기회의 파도에 올라타는 것이 아니라, 가장 먼저 정확히 보고, 용기를 내고, 결정하는 기업이 기회의 파도에 올라탄다. 성공적으로 도약하려면 기다릴 줄 아는 능력과 과감하게 행동하는 결단력이라는 두 개의 모순적 능력을 숙달해야 한다. 이 두 능력을 균형 있게 조합하면 종종 괜찮은 결과가 나온다. 이 모순적인 두 능력을 개인 레벨과 조직 레벨에서 기르는 것이 이 책의 후반부에서 다룰 주요 주제다.

이제 4장에서는 기업들이 대비해야 하는 필연적인 변화의 흐름이 무엇인지 살펴보겠다.

LEAP

2부

무슨 일이
일어나고 있는가

4장

유비쿼터스 연결성 이용하기

외로운 천재와 지혜로운 군중

증기기관의 발명 이후 서구 문명은 사회가 신기술에 적응해야 한다는 가정을 토대로 전진해왔다. 이것이 산업혁명의 핵심 의미다. 우리는 신기술 자체보다는, 사회가 앞으로 어떻게 바뀔까를 생각한다.

아미타이 에치오니, 리처드 렘프, 《사회적 변화로 가는 기술적 지름길》(1973)

수백 명의 공동저자가 쓴 책

대부분의 사람들은 극소수의 사람에게만 천재성이 깃들어 있다고 생각한다. 갈릴레오와 아인슈타인, 뉴턴과 호킹, 노바티스의 마터와 P&G의 바이얼리까지 여러 인물을 살펴보면 그런 생각이 든다.

그들은 우리가 알고 있는 세계를 만든 천재다. 니체는 이처럼 역사적 업적을 남긴 인물을 '거인'에 비유했다. 그런 인물은 자신의 친구를 다른 시대에서 발견하려 한다. "거인은 자신의 발치에서 기어 다니는 난쟁이들의 새잘거림은 개의치 않은 채, 황량한 여러 시대의 간격을 두고 떨어져 있는 다른 거인을 소리쳐 부른다."

하지만 우리가 사는 세계가 점점 더 연결됨에 따라, 니체의 이런 표현은 더 이상 참이 아닐 수 있다. 오늘날에는 재잘거리는 난쟁이들이 지적인 거인 1명보다 현명할 수 있다.

스타트업 설립과 비영리단체 근무 경험이 있는 스위스 비즈니스 이론가 알렉산더 오스터왈더는 '기존 서비스와 제품의 전달 방식을 기업가들이 어떻게 바꿀 수 있을까?'란 단순한 질문의 답을 탐구하고자, 스위스 로잔 대 박사 과정을 밟았다. 그는 '비즈니스 모델 존재론: 디자인 과학 접근법의 명제'라는 다소 모호한 제목의 박사 논문을 썼다.[1] 이후 수년간 개인 블로그를 운영하며 몇몇 경영자와 교류하고, 본인이 생각하는 바를 학자, 교수들과 공유했다. 그는 사람들이 다운로드할 수 있도록, 본인이 작성한 논문을 인터넷에 올렸다. 또 본인 생각을 담은 영상을 유튜브에 올리고 요청이 들어오면 어느 기업이든 찾아가 무료로 강연했다. 차츰 그의 생각을 지지하는 사람이 늘었다.

몇 년 뒤, 본인이 쓴 박사논문에 새로운 사례와 통찰을 덧붙여 책으로 출간하고 싶어지자 오스터왈더는 지도교수였던 예스 피그누어 스위스 로잔 대 교수를 찾아갔다. 오스터왈더는 책을 출간하려는 마음만 컸던 나머지, 상업적으로 성공한 작가가 될 확률이 얼마나 희박한지 몰랐다고 고백한다.

"해마다 영어로 출간되는 책이 100만 권쯤 됩니다. 지금까지

나온 비즈니스 서적이 25만 권이고 해마다 1만 1,000권의 비즈니스 분야 신간이 나오죠. 이런 레드오션에서 작가로 살아남기란 매우 어렵습니다 …… 누구도 작가의 다음 신작을 기다려주지 않습니다. 하지만 당시 나는 이런 살벌한 출판시장 상황도 모르고 무작정 출판을 시도했습니다."(2)

그는 책 내용을 설명하는 애니메이션과 온라인 콘텐츠로 홍보하면 어떻게든 책이 팔릴 것이라 막연히 생각했다. 그러나 돈이 없었고, 아직 1권의 책도 낸 적이 없는 무명 신인의 책을 출간하려는 대형 출판사는 없었다. 내가 재직 중인 스위스 국제경영개발원(IMD)을 방문해 상담을 요청한 오스터왈더에게 내 동료 교수는 매몰차게 말했다. "가망 없는 일에 시간을 낭비하지 마시오!"

오스터왈더는 충고를 듣지 않았다. 낙담하지 않고 인터넷 커뮤니티를 통해 출판 비용을 기부받았다. 그는 지지자들에게 '아직 출간되지 않은 국제적 베스트셀러의 공동저자가 될 수 있는 기회'를 25달러에 사라고 말했다. 그에게 25달러를 기부한 사람들은 책의 원고 초안을 받아 피드백을 제공할 기회를 얻었다.

실제로 많은 사람이 참여했고, 상당수는 25달러보다 많은 금액을 기부했다. 2주마다 오스터왈더는 최소 기부금액을 50퍼센트씩 높였다. 원고 완성 무렵, 오스터왈더는 45개국 470명에게 후원을 받았고, 선행 판매로 받은 돈까지 합치면 25만 달러를 확보했다. 딕분에 그래픽 디자이너, 편집자, 인쇄업자에게 돈을 지불할 수 있게 됐다. 놀랍게도 이 모든 일이 2008년도에 일어났다. 오스터왈더는 감개무량하게 회상한다. "킥스타터* 사이트가 생기기도 전에 킥스타터 프로젝트를 진행한 셈이었죠."

470명의 공동 저자들이 리뷰하고 의견을 제시하면서 책의 인기가 올라갔다.[3] 2010년 〈패스트 컴퍼니 매거진〉은 알렉산더 오스터왈더의 첫 책 《비즈니스 모델의 탄생》을 "지금까지 비즈니스 모델을 구축하는 법을 설명한 책 중 가장 혁신적인 책"이라며 사업가들에게 필독을 권했다. 성공은 또 다른 성공을 불렀다. 중견 학술출판사 존 앤드 와일리 선스(John & Wiley Sons)가 글로벌 판권 계약을 체결하고, 반스 앤드 노블, 아마존을 비롯한 대형 서점을 통해 유통하기로 했다. 그러자 470명의 공동저자들이 열정적으로 홍보 활동에 나섰다. 그들은 페이스북, 링크드인, 트위터 같은 소셜네트워크를 통해 책을 열심히 홍보했다.

책은 결국 100만 권 이상 팔렸고, 40개 이상의 언어로 번역됐다.[4] 대형 출판사들이 출간하는 비즈니스 서적의 평균 판매 부수가 2만 권임을 감안하면 놀라운 성공이다. 독립출판사협회 통계에 따르면, 전체 서적의 92퍼센트가 70권도 채 팔리지 않는다. 알렉산더 오스터왈더는 〈파이낸셜 타임스〉가 '경영학계의 오스카상'이라 자평하며 매년 선정하는 최고 경영 사상가 50인 중 15위에 올

---

* www.kickstarter.com. 2009년에 시작된 미국의 크라우드 펀딩 서비스.

랐다.[5]

오늘날 오스터왈더는 스탠퍼드 대와 캘리포니아 대학교 버클리 캠퍼스에서 정기적으로 강의하고, 세계적 대기업들에게 기조연설자로 초청받는다. 군중(크라우드)의 도움 덕분에 무명 신인이 국제적 스타로 도약한 셈이다.

디자인 회사 IDEO의 파트너이자 스탠퍼드 대 교수인 톰 켈리는 결국 '계몽 군중의 시행착오가 외로운 천재의 계획보다 성공을 거두기 마련'이라고 설명한다. 오스터왈더는 존 앤드 와일리 선스 출판사 편집자에게, "만약 내가 후원금을 받기 전에 계약을 체결했다면 자신이 470명의 군중과 함께 작업하도록 허용했겠냐?"고 물었다. 그러자 편집자가 답했다. "어림도 없죠. 선생님은 출판계의 모든 규칙을 어겨가며 원고 작업을 진행하셨으니까요." 오스터왈더는 자신이 출간하고 싶었던 종류의 책을 만드는 유일한 길을 택한 셈이다.[6]

정말로 중요한 규칙

크라우드 소싱의 가능성은 일찍이 위키피디아가 보여줬지만, 10년 전만 해도 오늘날과 같은 고도의 연결성은 상상하기 어려웠다. 2010년대에 스마트 기기의 보급으로 가속화된 언결싱은 창조적 인재들이 정교한 프로젝트를 협업하는 방식을 크게 바꾸었고, 이는 거의 모든 비즈니스 활동에 영향을 미치고 있다. 과거에는 혼자 하던 작업이 지금은 커뮤니티 구성원들에게 널리 전달되고 분담돼 공동 진행될 수 있다. 이러한 군중의 대규모 협업을 뒷받침하는 것이 바로, 급격한 기술 융합 추세다. 이 추세를 최초로 주목한 이는 인텔 창업자 고든 무어다.

1965년 고든 무어는 컴퓨터 CPU의 연산능력이 폭발적으로 증가할 것이라는 대담한 예측을 내놓았다.[7] 그는 진공관부터 트랜지스터, 집적회로에 이르는 기술 발전과 컴퓨터 하드웨어의 소형화가 급격히 진행되는 추세를 감안할 때, 향후 반도체 집적회로의 집적도가 24개월마다 2배로 증가하리라 예측했다. 집적회로의 집적도는 연산능력과 비례하기에, 무어의 예측은 반도체 연산능력이 2년마다 2배씩 증가한다는 말과 같다. 이후 인텔이 무어가 예측한 속도대로 더 나은 성능의 반도체를 개발했기에, 무어의 예측은 반도체 업계에서 '무어의 법칙'이라 불렸다.

IBM이 1953년 발표한 세계 최초의 대량생산 컴퓨터 IBM650의 연산능력 크기가 세포 하나만 하다면, 최신 인텔 CPU, 코어i7의 연산능력 크기는 실험실 쥐에 비유할 수 있다.[8] 반도체 연산능력의 폭발적 성장 덕분에 오늘날 우리가 일상적으로 쓰는 아이폰 1대의 연산능력이 1969년 달 유인 탐사 임무를 수행한 아폴로 우주선 전체의 연산능력보다 크다.[9] 만약 자동차 산업에 무어의 법칙이 적용됐다면, 지금쯤 자동차 1대가 4리터의 휘발유로 800킬로미터를 주행하고, 시속 48만 킬로미터의 속도를 냈을 것이며, 아무리 최고급 자동차라도 고장나면 바로 버릴 정도로 자동차 가격이 폭락했을 것이다.[10]

하지만 컴퓨터 연산능력만 폭발적으로 증가했다면, 오늘날 우리가 누리는 수준의 연결성은 가능하지 않았을 것이다. 네트워크 속도도 중요한 역할을 했다. 네트워크 속도를 높이기 위해 광케이블을 깔고 기지국을 설치하는 일은 쉽다. 어려운 부분은(초고속 인터넷 인프라가 공공재인가 사유재인가 따지는 것은 둘째 치고) 초고속 인터넷의 '통신료를 거둘 권리'를 어느 기업에게 얼마만큼 줄 것인가를 놓고 정부와 기업이 협상하는 것이다.[11] 다시 말해-휴대전화, 와이파이, 이더넷 관련-통신 네트워크의 속도는 기술 발전에 좌우되는 것 못지않게 정부 규제에 좌우된다.

놀랍게도 (기술 개발자들이 어찌하지 못하는 불확실한 시장 요소에도 불구하고)네트워크 속도는 컴퓨터 연산능력만큼이나 빠르게 증가해왔다.[12] 15년 전 미국의 무선 랜 속도는 초당 5~10킬로바이트였다. 2000년대 중반 무선 기술로 낼 수 있는 휴대전화 네트워크 속도는 겨우 초당 100킬로바이트였지만, 오늘날 무선 기술로는 초당 5~10메가바이트의 네트워크 속도를 낼 수 있다.

통신업계 기술자들이 '에드홀름의 법칙'이라 부르는 이런 네트워크 연결 속도의 쾌승은 우리가 콘텐츠를 소비하고 정보를 유통하는 방식을 크게 바꾸었다. 2000년대 초만 해도 가정에서 PC로 이용하기 불편했던 실시간 영화 스트리밍 서비스가 좋은 예다. 당시엔 실시간 스트리밍으로 영화를 시청하기에 인터넷 속도가 너무 느렸기에, 자기 전에 영화 파일 다운로드를 시작해 다음날에야 영화를 시청했다. 2000년대 말에는 카페에서 노트북 컴퓨터를 사용해 중간 화질의 영화 스트리밍을 시청했다. 오늘날에는 출근길에 4G 스마트폰으로 고화질 동영상을 시청하는 사람이 많다.

사람들의 인터넷 소비 행태를 바꾼 원인은 언제 어디서나 이용 가능한 대용량 스마트 통신 기술의 발전이 초래한 연결성의 증가다. 모든 웨어러블 기기와 스마트폰에 들어가는 부품들 ─ GPS, 자이로스코프, 가속도 센서 ─ 의 기술 발전을 촉발했다. 1990년대에 각속도*를 측정한 자이로 센서는 지름이 2.5센티미터, 길이가 7.5센티미터, 가격이 1만 달러 정도인 금속 실린더였고, 하나의 운동축만 측정했다. 이러한 자이로 센서는 현재 소형 반도체로 크기가 줄었고, 가격도 3달러로 줄었다. 드론 1대에는 보통, 이러한 센서들이 20여 개 달려 있다.[13] 이러한 기술 융합이 자율주행차량과 협동로봇의 보급을 가능케 한다.

기술 융합은 인간이 일하는 방식을 바꾸었다. 개인과 조직은 예전과 다른 방식으로 혁신할 수 있게 됐다. 기업들은 더 이상 스

＊　각속도: 회전 운동을 하는 물체가 단위 시간에 움직이는 각도.

스로 모든 것을 발명할 필요가 없다. 알렉산더 오스터왈더의 첫 저서를 출판하는 과정에서도 볼 수 있듯, 외부 초심자가 내부 전문가만큼이나 기업에게 적절한 도움을 줄 수 있다. 기업은 다양하게 분포된 외부 지식을 제품 설계와 마케팅의 레버리지로 사용할 수 있다. 이러한 레버리지 포인트를 가장 적극 활용하는 기업은 실리콘밸리도 아닌 중국의 한 인터넷 기업이다.

중국 최대 모바일메신저, 위챗

중국 남부 내도시 광지우 도심 업무지구를 가로지르는 주강(珠江) 한가운데에는 광저우 타워가 우뚝 솟아 있다. 광저우 타워는 마치 건축 디자이너가 DNA의 이중 나선 구조에서 영감을 얻은 듯 45도 각도로 꼬인 형태로 지어진 높이 600미터의 방송 송출탑이다. 광저우의 스카이라인을 특징짓는 광저우 타워는 2005년 완공 후 2013년 상하이에 새 건축물이 들어설 때까지 중국에서 가장 높은 건물이라는 기록을 보유했다.

광저우 타워 남쪽에는 TIT창의원이 자리 잡고 있다. TIT창의원은 원래 10여 개의 공장 건물들이 서 있던 곳인데, 건물 형태를 훼손하지 않고 리모델링해 다양한 회사가 업무공간으로 사용하고 있다. 84번 건물의 빨간 벽돌 벽에 부착된 명판을 읽어보면, 이곳이 1950년대에 섬유공장, 1960년대와 70년대에 군사 시설로 쓰이다가 1970년대 중반 다시 민간 용도로 변경되었음을 알 수 있다. 근래에는 지역 자동차 공장에 금속 부품을 납품하는 기업이 입주해 있었다.

현재는 안에 들어가 봐도, 이곳이 어두침침한 조명 아래 기계들이 굉음을 내며 금속 부품을 찍어내던 공장이었음을 암시하는 흔적을 찾을 수 없다. 내부는 여러 층으로 나뉜 공장이었으나 지금은 내부 벽을 없애고 하얀 사무용 가구를 구비한 탁 트이고 세련된 느낌이 나는 사무실로 탈바꿈한 상태다. 자연광을 실내까지 들여보내는 아트리움 형태로 공간을 디자인했고, 화분, 장난감, 봉제인형, 작고 귀여운 주머니 등을 라운지 공간 이곳저곳에 장식물로 두었다. 뿔테안경을 쓰고 후드티를 입고 운동화를 신은 젊은 남녀 직원들이 허먼 밀러*가 인체공학을 감안해 디자인한 것 같은(그러나 중국 업체가 모방해서 만든) 사무용 의자에 앉아 일하고 있다.

회사 카페와 식당에서 직원들은 스마트폰으로 결제한다. 이곳에서 신용카드와 현금은 과거의 유물일 뿐이다. 전자상거래에 이용 가능한 위챗의 전자 결제 시스템인 위챗페이를 사용하면 현금, 신용카드가 없어도 된다. 84번 건물과 옆의 3개 건물은 중국 최대 모바일메신저 기업 위챗의 본사로 쓰이고 있다.

＊ Herman Miller, 미국의 가구브랜드. 모던한 디자인과 뛰어난 기능으로 인정받는다.

페이스북이 모바일메신저 왓츠앱을 190억 달러에 인수한 2014년 홍콩 종합금융사 CLSA는 다음과 같은 평가를 내렸다. "왓츠앱의 가치가 180억 달러라면, 위챗의 가치는 최소한 600억 달러다."[14] 위챗은 상장기업이 아니기에 시가총액이 없고 추정치만 낼 수 있을 뿐이지만, 위챗의 모회사 텐센트는 2017년 알리바바를 제치고 중국은 물론 아시아에서 시가총액 1위 기업으로 등극했다. 텐센트는 시가총액이 3,000억 달러를 넘어[15] GE(2,600억 달러), IBM(1,650억 달러), 인텔(1,700억 달러)을 비롯한 미국 최고 기업들을 제치고 세계적으로 시가총액이 큰 기업으로 손꼽힌다. 스냅챗의 초기 투자자이기도 한 텐센트는 2017년 4월 미국의 전기자동차 제조사 테슬라의 지분 5퍼센트를 매입했다.[16]

모든 중국 기업이 그러하듯, 위챗의 가장 놀라운 부분은 성장 속도다. 일부 사람들은 위챗이 중국에서만 쓰이는 왓츠앱, 아이메시지일 뿐이라고 평가 절하한다. 물론 중국 외 대다수 국가 사람들은 위챗을 생소하게 여길 수 있다. 하지만 위챗은 미국은 물론 유럽 전체 인구보다도 많은 9억 3,800만 명이 매달 접속하는 서비스다.[17] 위챗의 마케팅 총괄책임자 줄리엣 주는 "위챗의 놀라운 점은 사용자 규모만이 아니라 사용자들의 접속 시간에 있다."고 내게 말했다. 예를 들어, 왓츠앱 사용자는 12억 명[18], 2014년 왓츠앱의 모회사가 된 페이스북 사용자는 20억 명이다.[19] 하지만 줄리엣 주는 위챗 사용자의 3분의 1 이상이 하루 4시간 이상 위챗에 접속해 있다고 설명했다.[20] 반면 페이스북, 스냅챗, 인스타그램, 트위터 사용자의 평균 접속 시간은 각각 35분, 25분, 15분, 1분이다.[21]

위챗은 어떻게 그토록 많은 사용자의 시선을, 그토록 오랫동안 잡아둘 수 있을까? 위챗은 알렉스 마터처럼 사용자의 창의력을 이용했지만, 알렉스 마터의 방식이 아닌 중국 방식으로 했다. 위챗 엔지니어들은 위챗에 새로운 기능을 집어넣을 때, 사용자 경험에 신경 쓰는 것 못지않게 서드파티를 위한 새로운 도구 개발에도 신경 썼다.

만약 다윈이 인터넷을 연구했더라면

토머스 프리드먼은 2007년 출간한 《세계는 평평하다》에서 인터넷으로 국가 간 경계가 허물어지고 수십억 명의 이데올로기 차이를 좁혔다고 주장했다. 하지만 현실에서 인터넷은 세계를 평평하게 만들지 않았다. 온라인 세계는 여전히 확증 편향을 부추기는 폐쇄적 커뮤니티들로 채워진 공간이다. 중국 정부는 오래 전부터 자국 체제에 위협이 된다고 간주하는 외국 웹사이트를 중국에서 접속하지 못하게 차단해왔다. '그레이트 파이어 월'이라는 중국 정부의 인터넷 검열 시스템 때문에 중국에서는 구글, 트위터, 유튜브, 페이스북을 접속할 수 없다.[22]

서구 인터넷 업체가 진입하지 못하는 중국 시장에서 서구와 완전히 다른 종류의 중국 인터넷 서비스가 진화했다. 페이스북, 구글, 트위터, 스냅챗은 방대한 사용자 데이터를 수집함으로써, 광고주들이 알고리즘에 따른 맞춤형 광고를 소비자에게 보여줄 수 있게 한다. 반면 중국에서는 사용자 데이터 저장이 초래하는 정치적 리스크가 크기에, 중국 인터넷 업체들은 거래 요금을 받거나 사용자가 앱을 통한 구매를 하도록 유도함으로써 수익을 창출하는 방법을 추구했다. 세계 각국의 소비자들은 유사한 기술을 사용할 때도 매우 다른 사용 양상을 보이기에 인터넷 서비스 기업들은 각국의 환경에 적응하기 위해 앱에 다양한 기능을 구비한다. 기업들은 자사의 시장점유율을 지키고 늘리기 위해 특화된 서비스에도 신경 써야 한다.

모바일 결제 서비스가 좋은 예다. 2013년 위챗은 위챗페이라는 모바일 결제 서비스를 시작했다. 위챗페이에서 특히 인기를 끈 기능은 "빨간 봉투"다. 위챗페이는 새해가 되면 가족과 친구들에게 복을 기원하며 빨간 봉투에 돈을 넣어주던 풍습을 위챗 메신저와 결합해, 위챗 사용자들끼리 돈을 주고받을 수 있게 함으로써, 사용자들이 위챗페이 잔고를 충전하도록 유도했다. 위챗페이는 사용자의 흥을 돋우기 위해, 사용자가 미리 설정한 사람들에게 무작위로 돈을 보낼 수 있는 기능을 만들었다. 예를 들어, 한 사용자가 친구 30명에게 3,000위안을 보낼 때, 어떤 친구는 1,000위안을 받고 어떤 친구는 50위안을 받아 희비가 엇갈릴 수 있다. 이는 SNS와 게임과 도박을 결합한 기능이다. 2016년 2월 7일부터 12일까지 위챗 사용자들은 320억 개의 빨간 봉투를 주고받았다. 이는 전년도 설날 연휴에 비해 10배 늘어난 수치다.[23]

서로 돈을 주고받는 것 외에도, 위챗 사용자들은 위챗페이를 통해 전기요금을 내거나 펀드에 투자할 수 있다. 위챗의 모회사인 텐센트는 위챗 사용자들이 위챗 앱에 접속한 상태에서 자전거를 타거나 인터넷 쇼핑을 할 수 있도록 하기 위해, 디디추싱(중국판 우버), 메이퇀 디엔핑(중국판 그루폰)에 수십억 달러를 투자했다.[24] 최근 중국인들은 맥도날드, KFC, 세븐일레븐, 스타벅스, 유니클로 같은 유명 소매업체들은 물론 수많은 영세 상점에서도 위챗페이로 결제하게 됐다. 중국에서 일어나는 이러한 거대한 경제 사회적 변화를 두고 〈뉴욕타임스〉는 "현금으로 결제하는 경우가 급격히 줄고 있다."고 평했다.[25]

지금은 위챗을 설치한 스마트폰을 흔드는 것이 위챗을 사용하는 새 친구를 찾는 방법으로 널리 쓰인다. 위챗을 설치한 스마트폰을 TV 앞에 흔들면, 스마트폰이 현재 TV에 나오는 프로그램을 인식해 사용자에게 소통할 기회를 준다. 위챗은 페이스북, 인스타그램, 트위터, 왓츠앱, 징가를 하나로 합친 것 같은 앱이 됐다. 위챗은 단순한 메신저에 그치지 않고, 병원 진료를 예약하고, 진료비를 결제하고, 경찰에 신고하고, 식당을 예약하고, 은행 서비스를 이용하고, 화상회의를 하고, 게임을 하는 등 다양한 기능을 수행하는 모바일 앱으로 탈바꿈했다.

이 앱의 성장세를 지속하기 위해서는 사용자들의 앱 의존성을 높이는 것만으로는 충분치 않다. 위챗은 사용자들이 위챗 플랫폼의 상단에 뜰 서비스를 개발할 수 있게 함으로써, 구글, 페이스북 사용자 이상으로 창의성을 발휘하게 할 필요가 있다.

결정 대량생산

2012년 말 17낭으로 구성된 위챗 연구개발팀이 위챗의 서드파티 기업들을 위해 출범하려 준비 중인 '위챗 공식계정' 서비스를 실험했다. 당시 위챗은 이미 다수의 일반 소비자를 고객으로 확보한 상태였다. 위챗 연구개발팀의 목표는 개방형 API를 사용해 위챗을 서드파티 기업의 제품과 서비스를 홍보하는 파이프라인으로 바꾸는 것이었다.

API란 소프트웨어들 간의 정보 교환을 용이하게 하는 공식 규칙과 가이드라인을 가리킨다. API는 서드파티 기업들이 위챗이 확보한 방대한 사용자층에 제품을 홍보하도록 돕는다. 위챗의 오픈 플랫폼 부문 부사장, 레이크 청이 내게 설명했다.

"과거에 위챗은 사람들을 성공적으로 연결하는 메신저였지만,

어떻게 해야 기업들이 위챗을 통해 일반 소비자들과 소통하게 할 수 있을지는 몰랐습니다. 우리는 이러한 목표를 달성하기 위한 수단이 필요했고, '위챗 공식계정'이 그런 수단이 될 것이라 생각했습니다."

처음에 연구개발팀원들은 위챗 공식계정에 어떤 서비스를 포함해야 할지 몰랐다. 엔지니어들이 유망한 아이디어를 찾고 있을 때 중국공상은행이 문을 두드렸다. 레이크 청이 보기에, 중국공상은행과 함께 진행하는 프로젝트의 목표는 단순했다. 고객이 원하는 곳이면 어디든 간다는 것이었다.

"당시 위챗 공식계정에 대해 우리는 기초적인 아이디어만 가지고 있었습니다. 전통적 기업들이 소비자들에게 메시지나 쿠폰을 보내 제품을 홍보할 때 우리 서비스를 사용할 수 있으리라 예상했죠. 초기에 우리는 '방송' 기능을 중심으로 아이디어를 짰는데, 중국공상은행과 협업하면서 생각이 바뀌었습니다. 은행들은 높은 보안 기준을 가지고 있고, 은행 데이터를 자사 서버에 저장해야 합니다. 우리가 은행과 함께 일하려면, 개방형 연결을 제공해야 했습니다. 그때부터 우리는 위챗의 역할을 '커넥터' 또는 '파이프'로 재정의 했습니다. 우리는 기업들이 자사 서버에 있는 정보를 위챗을 통해 최종소비자들에게 전달하도록 했습니다."

이러한 개방성은 위챗이 다른 기업들을 고객으로 유치하는 원동력이 됐다. 이윽고 중국 최대 항공사인 중국남방항공이 위챗 공식계정을 만들었다.

위챗 사용자가 "베이징에서 상하이까지, 내일"이라고 말하면, 위챗은 이 범주에 맞는 모든 항공편 정보를 보여준다. 사용자가 원하는 항공편을 클릭하면 중국남방항공 서버로 연결돼 항공편을 예약하고 결제할 수 있다. 모든 데이터 교환은 항공사의 서버에서 일어나지만, 사용자 입장에서는 이 모든 과정이 위챗 앱 안에서 일어나는 것처럼 보인다. 이는 극적으로 단순하고 편리한 사용자 경험을 제공한다. 위챗 사용자는 새로운 앱을 다운로드하거나 작은 스마트폰 화면에 여러 개의 창을 띄우지 않아도 된다.

이후 위챗은 새로운 제안을 받았다. 수억 명의 중국인에게 이미 익숙한 유저 인터페이스의 위챗 공식계정을 가진 기업들이 자체적으로 무한한 수의 새 기능을 집어넣고, 원한다면 모든 데이터를 보유할 수 있게 하자는 제안이다.

위챗은 평균 5일만 사용자 데이터를 저장한다. 처음 이 말을 듣고 나는 자사 고객 정보를 지우려는 기업이 정말로 있을까 의심하며 위챗의 서버실 면적을 물었다. 담당자의 답을 듣고 나는 고개를 끄덕일 수밖에 없었다. 실시간 모니터링과 사용 분석 외에 전통적인 데이터 마이닝을 하기엔 위챗의 서버실 면적이 너무 좁았기 때문이다.

위챗이 고객 데이터를 수집하지 않는다는 점은 거대한 중국기업에 흡수되는 것을 경계하는 서구 브랜드들에게 매력으로 다가

갔다. 서구의 유명 브랜드들은 정보 통제권을 포기하려고 하지 않는다.

따라서 위챗의 주요 돌파구는 위챗 기능 중 가장 좋은 기능들을 자사 직원이 개발하지 않는다는 점에 있었다. 킬러 앱들은 사용자들이 개발해야 했다. 하지만 이는 위챗만의 사례가 아니다. 스티브 잡스도 아이폰이 택시를 부르고(우버), 사진을 자동 삭제하는(스냅챗) 용도로 쓰일 것이라 예상하지 못했을 것이다. 택시를 부르는 앱과 사진을 자동 삭제하는 앱을 한 회사가 모두 만들어내지는 못했을 것이다. 대부분의 상황에서는, 더 다양하고 독립적인 인풋이 있을 때 더 나은 결정을 내릴 수 있다.[26]

이 책의 1부 내용을 기반으로 지식생산필터의 개념도(표 4.1)를 그려본다면, 노바티스의 연구원 알렉스 마터와 위챗이 탈중앙화한 결정을 내렸음을 알 수 있다. 그들은 야마하가 스타인웨이와 경쟁하면서 피아노를 대량생산한 것처럼 효과적으로 결정을 '대량생산'했다.

하지만 모든 종류의 결정을 대량생산할 수 있을까? 책을 쓰고 스마트폰 앱을 개발하는 데에 필요한 기술 수준보다 로켓이나 제트 엔진을 만드는 데 필요한 기술 수준이 높다. 복잡한 기술이 필요한 상황에서도 중대한 결정을 대량생산할 수 있을까?

이는 국방고등연구계획국(DARPA)도 직면한 도전이다.

[표 4.1] 무형의 지식생산필터

복잡한 기술적 문제

　국방고등연구계획국은 미국 국방부 산하 연구기관이다. 1958
년 아이젠하워 대통령이 군사적 문제의 해법을 찾기 위해 설립했
다. 국방고등연구계획국은 1969년에 인터넷의 전신인 아르파넷을
개발했다. 2012년에는 해병을 싣고 상륙하고 육지에서 작전을 펼
칠 수 있는 차세대 수륙양용 장갑차(FANG) 개발을 크라우드 소
싱하기로 했다.

　수륙양용 장갑차라는 무기 콘셉트는 새롭지 않다. 과거 보병들
은 상륙함을 타고 해안 상륙작전을 펼쳤다. 보병들을 엄호하기 위
해 군함들이 육지와 하늘에서 상륙작진을 방해하는 적군을 공겨

했다. 하지만 엄폐물이 없는 탁 트인 해안을 적군의 방해를 뚫고 상륙하는 작전은 너무도 위험하기에 한국전쟁 이후 미국 해병은 희생이 큰 상륙작전을 펼치지 않았다.[(27)]

미 해병대의 현용 상륙장갑차(AAV)를 대체한다는 목표 아래 1983년 착수한 수륙양용 장갑차(EFV) 개발 프로젝트는 오랫동안 군사전문가들에게 난제라는 평가를 받았다.[(28)] 민간 자동차와 마찬가지로 군사 차량은 여러 부품과 하위 시스템별로 조직된 팀들이 협력해 개발하는 제품이다. 이런 분업은 현대 차량의 복잡성을 감안하면 자연스럽고 유리한 작업 방식으로 간주된다. 도요타는 작은 부품들을 하나의 덩어리로 묶어 모듈로 만든 다음 완성차 업체가 조립하는 모듈 생산 방식을 채택한다.

모듈화는 더 빠르고 정확하게 문제를 해결할 수 있게 한다. 모듈화되지 않은 문제는 해결하기 어렵다. 2차 세계대전 중 정글에서 고장난 지프차를 고치기 위해 지프차를 모두 해체하는 미군 병사의 모습을 상상해보라. 전장에서는 시간이 많지 않고 실수가 용납되지 않기에, 고장난 부품을 통째로 떼어내고 모듈을 끼워 넣을 수 있게 지프차를 설계하는 편이 낫다.[(29)]

오늘날 모듈 시스템을 가장 적극 적용한 제품은 PC다. 하드디스크에서 CPU로 데이터를 전송하는 과정은 업계 공통의 프로토콜을 따른다. LCD, 메모리칩, 키보드, 마우스, 블루투스 스피커에는 동일 표준의 설계 규칙들이 적용된다. 모듈화 덕분에 PC에 씨

게이트 하드디스크를 장착하든 도시바 하드디스크를 장착하든, 인텔 CPU와 문제를 일으키지 않고 작동한다.

인터페이스를 표준화한 부품들은 호환된다. 인터페이스가 변하지 않는 한, 부품 설계자들은 자사의 모듈 내부에 창의력을 발휘할 수 있다. 모든 부품의 혁신이 동시에 일어나면 제품의 성능이 극적으로 향상된다.

하지만 모듈 방식은 한계가 있다. 부품들이 표준 인터페이스를 준수해야 한다는 점 때문에 – 물을 건널 수 있는 전차를 개발할 때처럼 – 급격한 제품 혁신이 필요할 때 돌파구를 마련하기 어렵다. 새로운 기능을 갖춘 신제품을 만들려면 새로운 부품을 추가하고, 기존 인터페이스를 뜯어고치고, 시스템 아키텍처를 재설계해야 한다. 하지만 모든 부품이 상호작용하고 상호의존적이기에, 작은 문제가 즉시 복잡한 문제로 커지고 해결하기 어려워진다.

이것이 국방고등연구계획국이 수륙양용 장갑차를 개발하기 어려웠던 원인이다. 모듈 방식은 몇몇 집중된 영역에 대한 심층적 이해를 촉진하지만, 기존 패러다임을 넘어선 부품들과 하위 시스템들의 상호작용을 막는다. 설상가상으로, 전문가들은 오랫동안 시스템의 특정 모듈만 연구하는 데 특화됐다.[30]

각 부품의 성능이 향상됨에 따라 관련된 불확실성도 증가했고, 최고의 엔지니어조차 복잡한 제품 전체를 이해하지 못했다. "엔진 전문가는 엔진만 연구하고, 데이터 전문가는 데이터 관리만 하는 식입니다."[31] 전차부대 출신 미 육군 중령이자 국방고등연구계획국 개발 프로그램 관리자, 네이션 위드먼은 〈와이어드〉 인터뷰에서 이렇게 설명했다. "데이터 관리 시스템이나 동력 시스템이나 열 관리 시스템은 단독으로 작동하지 않습니다. 복잡한 시스템의 모든 부품들은 기계, 동력, 데이터, 열, 전자기 측면에서 하위 부품들에 영향을 미칩니다." 새로운 시스템을 설계하고 구축하고 검증하고 재설계하고 재구축하고 재검증하는 과정을 반복하다보면, 개발이 연기되고 개발비가 증가한다.[32]

미국 정부의 부채가 채무 한도를 넘어선 2011년, 정부 부채를 줄이라는 의회의 압박을 받은 로버트 게이츠 국방부 장관은 향후 5년간 1,000억 달러의 예산을 절감하겠다고 약속했다. 이 약속 때문에 그는 이미 20년 이상에 걸쳐 130억 달러의 예산을 투입한 수륙양용 장갑차 개발 계획을 취소했다.[33] 네이션 위드먼은 "이런 중요한 시스템을 설계할 수 있는 조직은 거액의 시제품을 제작할 자원을 가진 대기업뿐입니다. 국방부 산하 기업과 연구원으론 부족합니다."라고 설명했다. 사실 역사적으로 국방고등연구계획국의 무기 혁신은 주로 록히드 마틴, 보잉 같은 대기업들의 작품이다. "인구가 3억에 달하는 미국에서 민간과 협력하는 편이 더 나은 성과를 낼 수 있습니다."[34]

크라우드 소싱

2012년 10월, 국방고등연구계획국은 차세대 수륙양용 장갑차 (FANG) 설계에 필요한 혁신적 아이디어를 모으고자 3라운드에 걸친 아이디어 경진대회를 열기로 했다. 1라운드에선 구동계, 2라운드에선 차체, 3라운드에선 전체 주행 시스템에 대한 아이디어를 제출받았고, 1, 2라운드 우승 상금은 100만 달러, 3라운드 우승 상금은 200만 달러였다.[35]

밴더빌트 대학교의 도움을 받아, 국방고등연구계획국은 정성 추론, 정적 제약 분석, 전산 유체 역학, 제조 용이성 분석 등 모든 엔지니어링 도구를 갖춘 협업 공간 - 기술 전문가들의 카페 - 이 될 온라인 포털 사이트를 만들었다.[36] 캘리포니아 주 팔로알토 시에 위치한 록히드 마틴 첨단기술연구소의 개발 프로젝트 매니저, 마크 거시도 이 포털 사이트에 감명받았다.

"단순히 사람들을 연결하는 사이트가 아니라, 통합된 프로젝트 팀들이 사용하는 도구, 모델, 시뮬레이션을 통해 분석 능력을 통합하는 사이트입니다."[37]

참가 팀들은 설계안을 종합하고, 주행 시스템과 구동계 하위 시스템의 성능을 시뮬레이션하기 위해 필요한 도구를 다운로드하고 부품 모델 라이브러리를 검색할 수 있었다.[38] 국방고등연구계획국이 제시한 복표는 해안에서 최소 19킬로미터 떨어진 지점에서 해병 17명을 태우고 출발해 해안에 상륙 가능한, 소형 선박에서 장갑차 형태로 쉽게 변형 가능한 차량을 설계하는 것이었다.[39] 인터넷을 개발하고 40여 년 만에 국방고등연구계획국은 민간 전문가들을 지렛대로 삼아 무기를 개발하는 새로운 방법을 고안한 셈이다.

2013년 4월에 우승한 팀의 구성원은 각각 오하이오 주, 텍사스 주, 캘리포니아 주에 흩어져 살았다.[40] 팀명은 '팀 그라운드 시스템스'고, 팀원은 에릭 니스와 아버지 제임스 니스, 친구 브라이언 에컬리다.

셋 다 배경이 남달랐다. 에릭 니스는 캘리포니아 소재 방위산업체에서 육군 차량 개발 프로젝트를 수행했다. 아버지 제임스 니스는 20년 이상 공군에서 리서치 엔지니어로 일했고, 나중에는 오하이오 소재 공군연구소에서 프로젝트 매니저로 근무했다. 브라이언 에컬리는 에릭의 고등학교 친구로, 오하이오 주립 대학교 전기컴퓨터공학과를 졸업했다.

아버지 제임스 니스는 이렇게 회상한다. "우리는 라이브러리에서 여러 부품들을 선택했는데, 각각의 부품이 호환되는지 확인하고자 여러 차례 국방고등연구계획국 포털에 접속해 확인해봐야 했습니다."

팀 그라운드 시스템스의 설계안은 거의 전적으로 라이브러리의 기존 부품에 의존했지만, 적절한 부품을 찾기 위해 별도의 조사를 해야 했다. "레고 블록으로 어떤 장갑차 형태든 만들 수 있다면 좋겠지만, 일부 부품들은 서로 비슷해 보여도 다릅니다. 나머지 부품들과 맞지 않는 부품들이 있습니다."[(41)]

팀장 역할을 수행한 에릭 니스는 육군 차량 개발 프로젝트를 수행한 경험이 크게 도움이 됐다고 강조했다. "외부인들은 접할 기회가 없는 업계 은어가 있거든요."[(42)] 대형 은행 두 곳에서 근무한 경험이 있는 브라이언 에컬리는 숫자 데이터 처리에 능했다. 그는 은행 업무가 "대부분 데이터 분석"이라고 설명했다. "나는 다른 조합을 시도하고, 결과 자료를 수집하고, 팀원들에게 어떤 아이디어가 유효한지 알려주는 역할에 익숙합니다."[(43)]

이러한 외부 전문가들의 전문 지식 결합이야말로 국방고등연구계획국이 원한 바다. 록히드 마틴은 최고의 엔지니어들을 고용하지만, 록히드 마틴의 자원과 프로세스는 내부 전문가들만 이용할 수 있다.

한 조직의 한정된 기술과 통찰을 반영하는 개별적 판단은 여러 조직의 집단 지혜에 비하면 초라하다. 2009년 미국 항공우주국이 태양 표면의 폭발을 예측하는 새로운 알고리즘을 개발하는 작업을 크라우드 소싱한 이유다. 항공우주국의 이전 예측 모델은 정확도가 55퍼센트 이하였기에, 우주 비행사들과 건강과 장비를 보호하기 위해서 더 나은 예측 모델을 개발할 필요가 있었다. 과제를 제시하고 수백 건의 의견을 받은 항공우주국은 3개월 만에 뉴햄프서에 거주하는, 은퇴한 무선통신 엔지니어에게서 답을 얻었다. 이 남자가 제시한 예측 알고리즘은 85퍼센트의 정확도를 보였고, 미국 항공우주국이 사용해온 궤도우주선 설비 대신 기초적인 장비만 사용하면 됐다.[44] 세계적 우주물리학자들이 모인 항공우주국이 못 푼 문제를 엔지니어 1명이 틀에 얽매이지 않은 사고와 새로운 시각으로 풀어낸 것이다.

차세대 수륙양용 장갑차 설계라는 목표를 위해, 국방고등연구계획국도 아이디어 경진대회를 열어, 200개 팀, 1,000여 명의 참가를 이끌어냈다. 2라운드를 통과한 15개 팀은 평균 1,200시간을 프로젝트에 투입했다. 1팀이 1시간 연구하도록 하는 데 국방고등연구계획국이 투입하는 돈이 각종 비용을 합쳐 200달러라고 가정하면, 2라운드를 통과한 15개 팀은 360만 달러어치의 연구를 한 것인데, 2라운드 우승팀에게 100만 달러의 상금만 줬으니 국방고등연구계획국 입장에서 무척 남는 장사였다.[45]

네이선 위드먼은 "국방고등연구계획국은 군용 차량 개발에 참가할 전통적 자격 요건을 구비하지 못했지만 기술은 있는 외부 인재들에게서 비전통적 설계 아이디어를 구합니다. 내가 민간기업 엔지니어였다면 나 역시 지원해 참가했을 겁니다."라고 말했다.[46]

국방고등연구계획국이 대회를 연 궁극적 목표가 장갑차 설계와 생산에 드는 시간을 단축하는 것이었기에, 팀 그라운드 시스템스는 장갑차 성능을 일부 포기하는 대신 생산 소요 시간을 단축하는 설계안을 제출해 우승을 차지했다. 기존 공급망을 통해 빠르게 조달 가능한 부품들만 사용하는 설계안이기에, 2등 팀이 제출한 설계안과 비교해 생산 소요 시간이 절반에 불과했다.[47] 우승 상금을 어떻게 나눌 것이냐는 질문에 에릭은 웃음을 터트리며 공평하게 3분의 1씩 나눠 갖겠다고 답했다.

크라우드 소싱으로 문제를 해결하려면 어떻게 해야 하나

기술적 문제를 설명한 다음 사람들에게 해결하라고 촉구히는 것만으로는 군중의 지혜를 효과적으로 활용할 수 없다. 게이츠 재단은 해결하기 어려운 보건 문제(예컨대, 시골 마을의 말라리아 예방법)나 '불완전한' 해법과 부분적 진전만 있는 지역에 과학자들이 달려들어 해법을 모색하게 장려하는 '그랜드 챌린지'를 2003년부터 운영 중이다.[48]

하지만 10년이 지나도 눈에 보이는 성과가 미미했다. 〈시애틀 타임스〉에 따르면, 게이츠 재단이 후원한 프로젝트 중 큰 진전을 이룬 프로젝트는 1개도 없었다. 빌 게이츠도 식수와 의약품 같은 생필품을 얻지 못하는 주민이 많은 빈국에 신기술을 도입하는 일이 얼마나 어려운지 과소평가했다고 인정했다. 과학자들에게는 해법이 있지만, 미국인의 해법을 가난한 국가에 신속히 적용하기 어려웠다. 빌 게이츠는 "나는 그 과정이 얼마나 오래 걸릴지 미처 생각하지 못했습니다. 우리는 현지인들에게 외부인일 뿐이고, 우리는 현지인과 같은 시각을 가지고 있지 않으니까요."라고 고백했다.[49]

따라서 기업들이 함께 일하는 메커니즘을 구축하지 않은 채, 문제가 해결할 가치가 있는지 설명하지 않은 채, 직원이나 고객에게 아이디어를 제출해 달라고 요청하는 것만으로는 부족하다. 투입하는 자원의 용도를 제한하지 않고서는, 파격적인 아이디어를 요구할 수 없다. 국방고등연구계획국은 크라우드 소싱을 어떻게 해야 하는지 잘 보여줬다.

국방고등연구계획국의 크라우드 소싱이 성공한 핵심 비결은 전체 설계 프로세스에 영향을 미치는 온라인 플랫폼의 구축이다. 참가자들은 전체 부품 라이브러리와 자신의 특정 설계안을 시뮬레이션하고 검증할 온라인 도구를 자유로이 사용할 수 있었다.[50] 온라인 플랫폼을 통해 참가 팀들은 실시간 피드백을 받고 설계안에 반영하여 다시 제출했다.[51] 국방고등연구계획국의 온라인 플랫폼은 군사적 질문에서 탈맥락화하여 유전공학적 질문으로 바꾸었다.[52]

참가자는 군사적 용도에 관해 – 해당 장갑차가 정찰용인지, 적군 보병과 기갑부대를 상대하는 용도인지, 벙커와 요새를 공격하는 용도인지 – 세세히 알 필요가 없었다. 군사적 요구 조건은 온라인 시뮬레이션 프로그램에 스트레스, 피로, 온도, 가속, 정지 같은 객관적 기준으로 들어가 있었다. 참가자들이 역량을 집중한 부분은 전에는 생각지 못했던 부품들의 최적 조합이다. 제품 성능뿐 아니라 생산 용이성까지 고려하여 가장 높은 점수를 받은 팀이 우승했다.

*****

아래 표 4.2를 보자.

가로(X축)는 문제의 단순도, 세로(Y축)는 문제의 탈맥락화 정도를 나타낸다. 세상의 모든 해결 가능한 문제는 다음 4가지로 분류

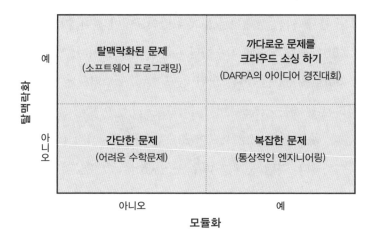

[표 4.2] 각기 다른 문제 유형

할 수 있다. 간단한 문제(좌측 하단 칸), 복잡한 문제(우측 하단 칸), 탈맥락화된 문제(좌측 상단 칸), 까다로운 문제(우측 상단 칸)다.

먼저 좌측 하단 칸부터 살펴보자. 간단한 문제는 새로운 시각이나 여러 덩어리로 나눌 필요 없이 해결 가능한 문제들이다. 간단한 문제의 예로는 수학 문제가 있다. 여기서 간단한 문제란 답하기 쉬운 문제란 뜻은 아니다. 답하는 데 다양한 학문의 통찰이 필요한 문제는 아니라는 뜻이다.

그 다음으로 우측 하단을 살펴보자. 복잡한 문제다. 전문 지식이 필요한 공학 문제는 대부분 복잡한 문제다. 자동차 제조, 고층 건물 건설, 신약 개발은 복잡한 과제다. 이러한 과제들은 각기 다른 영역의 지식을 요구하는 여러 덩어리, 또는 모듈로 나눠서 풀어야 한다. 각기 다른 학문 지식을 가진 직원들이 조직의 맥락과 산업 노하우를 잘 아는 상태에서 문제에 달려들어야 한다. 이러한 집단 이해 없이 문제 해결에 착수하면 혼돈에 빠질 뿐이다.[53]

더 흥미로운 문제는 좌측 상단 칸에 있다. 탈맥락화된 문제다. 탈맥락화된 문제는 극도로 어렵더라도, 조직적 이해를 요구하지는 않는다. 예를 들어, 소프트웨어 코드를 잘 짜는 사람 1명이 풀 수 있는 문제다. 이런 문제는 대부분, 일반적이고 추상적인 문제다. 그리고 모든 사람이 참가 가능하기에, 탈맥락화된 문제는 - 가장 영리한 사람이 와서 승리하는 - 오픈 토너먼트 방식으로 풀기에 적합하다.

구글이 매년 진행하는 알고리즘 경진대회인 '구글 코드잼'은 알고리즘 문제들을 일정 시간 안에 해결하는 사람이 우승한다. 구글 코드잼은 최고의 엔지니어링 재능을 지녔지만 전통적 절차로는 채용하기 어려운 인재를 선별하고자, 구글이 2003년 시작한 경진대회다. 예를 들어, 2014년에는 대회에 첫 출전한 18세 벨라루스 남성이 26명의 경쟁자들을 꺾고 우승했고, 이후 4년 연속 우승했다.[54] 이런 오픈 토너먼트는 문제 해결에 달려드는 사람의 수를 최대한 늘린다. 참가자들은 산업이나 기업의 맥락을 이해할 필요가 없다. 지적인 역량만 있으면 탈맥락화된 문제를 풀 수 있다.

하지만 이처럼 외부인들의 도움을 구하려면, 조직적 맥락이 있는 특수한 문제를 다수의 외부인이 달려들 수 있는 보편적 문제로 변환해야 한다. GM의 연구개발부서장이자 유명한 발명가인 찰스 케터링은 "잘 진술된 문제는 절반은 풀린 거다."라고 말했다. 조직적 맥락을 제거하여 문제를 진술하는 작업은 크라우드 소싱을 시도하는 기업에게 특히 더 중요하다.

식물 종자와 농약을 판매하는 농업 전문 기업, 신젠타는 이 점을 잘 이해했다. 1부에서 언급했듯, 신약 연구는 전통적으로 분자생물학과 화학의 영역이었다가 DNA 재조합 기술과 컴퓨터 생명공학의 영역으로 도약했다. 기업형 농업(애그리비즈니스)도 마찬가지다. 바이오테크놀로지 종자 회사들은 유전자 조작 기술을 사용해 다양한 제초제와 병충해에 강한 종자를 개발했다.

연간 매출액이 130억 달러에 달하는 신젠타는 2000년 노바티스와 아스트라제네카의 농업부문이 합병해 설립된 글로벌 기업이다. 하지만 신젠타는 한 가지 결정적인 자원이 부족하다. 한 경영자가 내게 설명하기를 "실험실에서 전통적 방식으로 연구하는 생물학자와 화학자는 얼마든지 구할 수 있지만, 데이터 과학자와 소프트웨어 프로그래머들은 세계적으로 구하기 힘든 인재입니다. 우리는 인재 유치 경쟁에서 구글이나 페이스북을 이길 수 없습니다." 라고 했다. 따라서 신젠타는 크라우드 소싱 프로젝트를 실험했다.

"우리는 직감(실험실의 시행착오)을 명백한 데이터와 통계로 대체하고 싶었다. 하지만 그러려면 이전에 농업 분야에서 제기한 적이 없는 수학적 질문들을 파고들어야 했다."

신젠타의 연구개발책임자이자 전략마케팅이사 조셉 바이럼의 글이다.[55] 국방고등연구계획국처럼 바이럼도 군중의 지혜를 이끌어내려면 온라인 캠페인만으로는 부족함을 깨달았다. "온라인에 문제를 올리고 며칠이나 몇 주 뒤에 해결방법이 이메일 함에 기다릴 것이라고 기대하는 관리자는 환멸을 느낄 것입니다."[56] 소프트웨어 프로그래머들은 식물 생물학, 농업을 잘 모른다. 농업경제학자에게는 익숙한 내용이 통계학자에게는 낯설다. "여러 참가자들이 인터넷으로 문의해서 같은 작업을 반복해야 했지만, 의미가 있었습니다."

2014년 신젠타는 특정 분자의 존재, 양, 기능을 분석하기 위해 생화학자들이 전통적으로 수행하는 노동집약적 연구 공정인 바이오어세이 분석을 자동화하는 기계 알고리즘을 고안하고자, 컴퓨터 과학자들을 대상으로 온라인 토너먼트를 개최했다. 154명 이상의 참가자가 제출한 500개 이상의 알고리즘을 제치고 우승을 차지한 알고리즘은 98퍼센트의 선별 정확도를 보여, 최소한 연구원 6명의 노동력을 절감하는 효과를 거뒀다. 하지만 신젠타가 가장 놀랐던 부분은 제출된 알고리즘 품질의 편차다.[57]

뛰어난 프로그래머는 드물다. IT업계에서는 뛰어난 개발자의 생산성이 평균적인 개발자의 최소 3배, 실력 없는 개발자의 10배라는 말이 있다.[58] 이 말이 경험적으로 사실이든 아니든, 참가자들이 신젠타에 제출한 알고리즘의 정확성은 이처럼 큰 편차를 보였다. 그 결과를 내림차순으로 정렬해 그래프로 나타내면 그래프의 경사도가 심하다. 단 몇 명의 프로그래머가 가장 우수한 알고리즘들을 제출했다. 그들 중 일부는 구글 코드잼 토너먼트에서 우승했지만 구글 입사를 거부하고 프리랜서로 일하는 사람들이었다. 그리고 신젠타로써는 어찌됐든 좋았다. 신젠타는 참가자 중 3명에게만 상금을 지급하고, 구글조차 채용하지 못한 인재들에게 연락할 길을 만들었다.

표4.2의 매트릭스로 보면, 국방고등연구계획국(DARPA)이 실시한 차세대 수륙양용 장갑차(FANG) 아이디어 경진대회의 특징을 알 수 있다. 역사적으로 DARPA는 전자 세직 직업을 표준적 인

터페이스를 가진 부품 모듈로 나누어 개발을 진행했다. 그런데 인터넷을 통해 진행한 아이디어 경진대회는 장갑차 설계 문제를 탈맥락화했다. 내부 엔지니어들에게 익숙한 시스템 제약을 온라인 도구 세트로 성문화했다. 그 결과 외부 참가자들은 추상적인 최적화 문제 해결에 집중할 수 있게 됐다. 만약 DARPA가 모듈화와 탈맥락화를 하지 않았다면, 외부 참가자의 기여를 이끌지 못해 복잡하고 까다로운 문제의 수렁에서 계속 허우적거렸을 것이다.

"모든 학제간 디자인 작업이 그러하듯, 이번 경진대회 감가를 통해 우리는 굉장한 경험을 쌓았습니다. 우리가 일상 업무에서 사용하는 도구 세트를 다시 생각하게 됐습니다."

DARPA의 접근법을 자신의 기업에도 적용하려고 마음먹은 한 참가자의 소감이다.

온라인 협업 도구의 도움으로 에릭 니스 같은 엔지니어도 록히드 마틴의 시스템 전문가와 경쟁할 수 있다.

보상 없이 좋은 일 하기

임금만으로는 사람들에게 동기를 부여할 수 없다는 사실은 누구나 어느 정도 알고 있다. 알렉산더 오스터왈더의 첫 저서에 공동 저자로 참여한 사람들은 이 책이 국제적 베스트셀러가 될 것이라고 예상하지 못했을 것이다. 경찰관, 소방관, 군인은 돈을 위해 목숨을 걸지 않는다. 하지만 그들은 모두 열심히 일한다.[59]

작가 찰스 두히그가 소개한 한 연구에서, 케이스웨스턴 대학교 심리학과 대학원생, 마크 머라븐은 사람의 의지가 어떻게 작동하는지 알아보기 위한 실험을 설계했다. 지루한 과제를 맡아도 열의를 보이는 사람들이 있는가 하면, 쉽게 딴생각을 하고 포기하는 사람들도 있는 이유가 뭘까? 각자의 "근성"의 차이일까, 아니면 환경의 차이일까?

머라븐과 동료들은 77명의 대학생들을 실험실에 모아놓고 쿠키를 줬다.(쿠키와 대학생들은 심리학 실험의 영원한 소재인 것 같다.) 대학생들에게 점심을 굶고 오도록 했다. 실험실에 들어온 대학생들에게 음식 2그릇을 보여줬다. 하나는 따뜻하고, 갓 구워 맛있는 냄새가 나는 쿠키가 든 그릇이고, 다른 하나는 차가운 무가 든 그릇이었다. 실험의 의도를 설명하지 않은 채, 연구자가 피실험자 절반에게 무를 먹지 말고 쿠키를 먹으라고 말했다. 이들이 쿠키에 집중하는 것은 전혀 힘든 일이 아니었다. 그들은 무가 든 그릇을 신경 쓰지 않고 맛있게 쿠키를 먹었다. 연구자는 그 다음에 들어온 나머지 피실험자들에게 쿠키를 무시하고 무를 먹으라고 지시했다.

5분 뒤 연구자가 돌아와 두 피실험자 집단에게 쉬워 보이지만 실제로는 해결이 불가능한 퍼즐들을 풀라고 지시했다. 종이에서

펜을 떼지 않고, 선을 두 번 긋지 않고 풀어야 하는 기하학 문제도 있었다. 머라븐은 의지가 개인 성격의 결과인지, 경제적 환경의 결과인지, 의지가 어느 쪽에 더 많은 영향을 받는지 파악하고자 했다. 쿠키에 대한 유혹을 참으려는 의지를 발휘하고 무를 먹은 피실험자들은 해결이 불가능한 퍼즐을 푸는 일에 정신을 집중할 수 있을까?

쿠키를 먹은 피실험자들은 편안한 표정으로, 일부는 흥얼거려가며 계속해서 퍼즐을 풀려고 시도했다. 그들은 평균 19분간 퍼즐을 풀려 노력하다가 포기했다. 한편 무를 먹은 피실험자들은 짜증이 난 표정과 분노를 드러내며 앉은 자세를 계속 바꾸고 실험 내용을 불평했다. 그들은 평균 8분 만에 퍼즐 풀기를 포기했다. 쿠키를 먹은 피실험자들에 비해 60퍼센트 적은 시간을 투입한 것이다. 1명은 연구자에게 모욕적인 말을 했다.

이것은 의지도 다른 자원과 마찬가지로 고갈될 수 있음을 알 수 있는 실험이다. 의지가 고갈된 사람은 어려운 일에 집중할 수 없다. 참을성을 잃고 온갖 유혹에 굴복한다. 지루하고 복잡한 서류 작업을 하고 집에 돌아온 회사원들은 TV 앞에 앉아서 아이스크림을 먹으며 멍한 상태로 지낸다. 운동하러 나가야 하는 것도, 내일로 미룬다.[60]

머라븐은 뉴욕 주립대학교 교수가 된 다음에 실험을 약간 바꿔 실시했다. 이번에도 앞서 실험과 같이 대학생들에게 쿠키가 든 그

룻과 무가 든 그릇을 보여주고, 절반은 쿠키만 먹고, 또 다른 절반
은 무만 먹게 했다. 하지만 이번에는 인상 좋은 연구자가 실험실에
들어가 실험 목적을 설명하고, 유혹에 저항하는 인간의 능력을 연
구팀이 이해하고 싶어서 실험하게 됐다고 정중하게 취지를 밝혔
다. 연구자는 피실험자들에게 현대 심리학 지식 증진을 위한 노력
에 시간을 들여 동참해준 점에 대해 감사를 표했다. 피실험자들이
실험 내용에 대한 피드백을 제시할 기회가 있다는 사실도 알렸다.

무를 먹은 피실험자들은 임의의 숫자들이 0.5초간 깜빡이는 컴
퓨터 화면 앞에 앉았다. 숫자 4 다음에 숫자 6이 나올 때마다 키보
드의 스페이스바를 누르도록 지시받았다. 이는 인간의 집중력을
측정하는 고전적인 방법이다. 피실험자들은 12분간 컴퓨터 화면
을 보면서 스페이스바를 눌렀다.

놀랍게도, 의지가 바닥났을 터인 이 피실험자들은 12분 내내
집중력을 보였다.

그 다음에 실험실에 들어온 두 번째 집단에게는 실험 목적을
설명하지 않았다. 연구자는 엄격한 표정을 짓고 강압적인 목소리
로 "쿠키에 손을 대서는 안 됩니다!"라고 지시했다. 컴퓨터 화면
앞에 앉은 학생들은 극히 저조한 정답률을 보였다. 학생들은 피곤
하고 숫자가 너무 빨리 지나가서 못 맞히겠다고 자꾸 불평했다. 실
제로도 지쳐보였다.

나중에 머라븐은 "사람들은 타인에게 노움이 되기에 즐거운 일

이라고 여기거나 선택할 수 있는 일이라고 판단한 작업에 대해서 훨씬 덜 부담을 느낍니다. 반면 자신에게 자율권이 없다고 느끼는 상황, 자신이 그저 지시를 따르고 있다는 느끼는 상황에서는 의지가 훨씬 빨리 고갈됩니다."라고 설명했다.[61]

선택과 즐거움은 위키피디아 현상을 설명하는 키워드다. 2008년 컴퓨터 과학자 마틴 와튼버그는 세계인들이 위키피디아 페이지 작성에 1억 시간을 소모했다고 추산했다. 내가 이 글을 쓰고 있는 시점을 기준으로, 3만 1,000명 가량의 "위키피디언"들이 액티브 편집자로서 하루 평균 1시간을 위키피디아 편집 활동에 사용 중이다. 이 중 20퍼센트는 하루 평균 세 시간 이상을 쓰고 있다.

가장 많은 시간을 쓴 위키피디언은 최근까지 저스틴 냅이라는 철학과 정치과학 학위를 받은 인디애나 주민이었다. 그는 수개월 간 익명으로 위키피디아를 편집한 뒤 2005년에 위키피디아에 합류해 편집 횟수 100만을 기록한 첫 인물이 됐다. 현재 그의 누적 편집 횟수는 130만이 넘는다. 그의 사례는 이례적이지만, 그를 비롯한 열성적인 위키피디언들의 동기는 우리에게 낯설지 않다. "무료 교육 콘텐츠를 세상에 제공"한다는 위키피디아의 목적이 가치가 있다는 것은 누구나 알 수 있다.

물론 모든 사람이 사명의식만으로 움직이는 것은 아니다. 일부 사람들은 자신이 인류의 지식 증가에 기여하고 있다는 의식과 이타심 때문에 수많은 시간을 위키피디아에 바치지만, 그들이 위키피디아에 기여했다고 자랑하고 다니려는 허영심 때문에 그렇게 한다고 해석하는 사람도 있다.

우리는 모두 다른 사람들 앞에서 훌륭한 사람으로 보이고 싶고, 자부심을 느끼고 싶어 한다. 다른 사람이 모르는 흥미로운 정보를 공개하는 것만큼 강력한 일도 없다. 그렇기에 사람들은 서로 만나 비밀을 나누고 소문을 퍼트린다. 우리의 뇌는 타인에게 경탄받는다는 희미한 느낌을 즐기고 싶어서 내부자 정보를 퍼트리도록 프로그램되어 있다. 우리가 그런 일을 하는 이유는 사회적 인정과 지위를 얻기 위해서다.

위키피디아의 비범한 점은 사실을 설명하는 글을 쓰고 편집하는 시무한 작업을 누구나 세상 전체에 뭔가를 말할 수 있는 절호의 기회로 바꾸었다는 데 있다. 많은 문서를 편집한 사람들은 엄청난 노력을 기울였다는 사실 자체로 인정받는다. 편집자들은 자신이 편집한 항목을 얼마나 많은 사람이 접속했는지, 자신이 전체 편집자 중에서 어느 정도로 많이 편집한 사람인지, 누구나 볼 수 있는 표를 통해 알 수 있다. 열성적인 위키피디아 사용자들 사이에서는 이것이 화젯거리다.[62]

그렇기에 군중에게 문제를 공개하기 전에 다음 3가지 질문을 생각해보는 편이 낫다.

첫째, 이 문제가 왜 중요한가?

군중은 특정 문제가 왜 주목을 받아야 하고, 해결이 필요한지 이해할 필요가 있다. 위키피디아가 브리태니커 백과사전을 누른 비결은 작성자와 편집자에 대한 보상에 있지 않다. 위키피디아는 작성자와 편집자에게 돈을 주지 않는다. 그 대신 무료 교육 콘텐츠를 세상에 제공한다는 목적을 사이트에 명시해 작성자와 편집자에게 보여준다. DARPA의 아이디어 경진대회 참가자들에게도 국가에 기여한다는 의식, 영웅심이 크게 작용했다. 사람들이 행동을 취하게 하려면, 먼저 목적의식을 고취해야 한다.

둘째, 어떤 아이디어가 좋은 아이디어인가?

실행 시간이나 타당성 같은 객관적 평가 기준을 제시하라. 이는 실행 가능한 아이디어를 구상해서 제출하게 하는 데에 도움이 된다. 참가자들이 제출한 아이디어를 평가할 때 쓸 평가기준표, 원하는 해법의 유형을 보여줘라. 계량적 기준을 사용해 도전과제를 설명하라. DARPA, NASA, 신젠타는 문제를 명확히 진술했기에 아이디어 경진대회로 성과를 거뒀다.

셋째, 문제를 분해할 필요가 있는가?

중요한 문제라면, 문제를 작은 조각으로 나누는 편이 도움이 된다. 내부 전문가가 문제 해결 과정에서 직면하는 제약사항들을 군중에게 알려라. 더 좋은 것은, 참가자들이 사용하는 협업 도구에 그러한 제약사항들을 집어넣는 것이다. 이러한 작업이 참가의 문턱을 낮춘다. 경진대회를 열기 위해서 따로 사이트를 만들 필요는 없다. 스피짓, 이노센티브 같은 기존 플랫폼을 사용하거나 자료를 공유하려는 사람들에게 자료를 빌리면 된다.

위챗은 어떻게 중국 인터넷을 바꾸고 있는가

2017년 1월 위챗은 사용자가 파일을 다운로드하거나 설치할 필요 없이 여러 모바일 앱을 경험하게 해주는 '위챗 미니프로그램'을 공개해 큰 반향을 일으켰다.

'위챗이 외국 앱스토어를 몰아내다', '구글에게 한 방 날린 위챗', '앱스토어에 도전장 던진 텐센트' 같은 헤드라인의 뉴스들이 인터넷에 쏟아져 나왔다.[63]

대다수 사용자는 스마트폰에 앱을 수십 개 깔아놓고선 주로 몇 개만 쓴다. 모바일 앱 통계 사이트, 로컬리틱스에 따르면 사용자 4명 중 1명이 새로 설치한 앱을 1번 써보고 삭제한다.[64] 위챗 미니프로그램은 소비자가 앱을 다운로드할 때 느끼는 부담을 덜어주고, 앱 개발자의 유지비를 절약해준다. 위챗의 마케팅 총괄책임자 줄리엣 주는 이렇게 설명한다.

"앱 제작자가 들이는 노력의 70퍼센트 이상은 최종 사용자들이 보지 못하고, 있는지도 모르는 백엔드 프로그래밍 작업에 소요됩니다. 우리는 개발자들이 고객에게 제공하려는 콘텐츠와 서비스에 노력을 집중해야 한다고 생각합니다. 개발자가 iOS나 안드로이드 앱 하나를 개발하는 데 드는 비용이 10만 달러입니다. 우리는 개발자들에게 더 나은 길을 제시하고자 합니다."[*]

다른 여러 혁신 사례에서 보듯, 시장의 피드백이 미니프로그램의 개발을 이끌었다. 기업 사용자들이 가장 많이 사용하는 위챗의 기능은 소비자에게 할인쿠폰, 전단지 등을 보낼 수 있는 '구독 계정'이다. 소비자와 직거래가 가능한 '서비스 계정'은 별로 쓰이지 않는다. '미니프로그램 팀 오픈 플랫폼'의 프로덕트 매니저, 찰리 첸은 내게 다음과 같이 설명했다.

"위챗의 이전 공식계정 시스템을 만들 때는 통상적인 프로그래밍 언어인 HTML5을 썼습니다. 그래서 위챗 API이 데이터를 안팎으로 이동시켰습니다. 하지만 중국에서는 인터넷 연결이 고르지 못합니다. 인터넷 대기시간이 길어지는 경우가 흔하죠. 연결시간 초과 때문에 온라인 거래가 중단되는 경우가 종종 생깁니다. 이는 사용자 경험을 향상시키기 위해 풀어야 하는 숙제입니다."

---

[*] 위챗 미니프로그램은 위챗 모바일 앱 내에서 사용자가 직접 프로그램을 개발할 수 있는 인앱 프론트엔드 프레임워크다. – 역자 주

10여 명의 위챗 프로그래머들이 위챗 공식계정을 재설계하는 방법을 연구하다 미니프로그램의 콘셉트를 구상하게 됐다. 애플의 iOS 생태계 접근법처럼[65] 위챗 미니프로그램은 자체적인 고유 언어를 사용해 공통의 사용자 인터페이스와 표준 모듈들과 결합한다. 이러한 모듈 방식은 데이터 사용량을 극적으로 줄이고, 개발자가 iOS나 안드로이드에서 앱을 만들 때보다 쉽게 앱을 만들 수 있게 한다. 다시 말해, 개발자들은 콘텐츠 제작에 집중할 수 있다.

물론 미니프로그램의 한계를 비판하는 개발자들도 있었다. 그들은 쓰기 간단한 표준 모듈들이 개발자의 창의성을 제약하고, 단순한 모바일 앱의 양산을 낳는다고 개탄했다. 하지만 그것이 포인트다. 디지털라이제이션 전략을 시삭하려는 소기업들의 진입장벽을 낮추는 것이 위챗 미니프로그램의 목적이다.

찰리 첸은 "FM라디오 방송국 엔지니어가 주말 동안 새 앱을 만드는 법을 배워 그 다음 주 월요일에 새 앱을 완성해 등록했습니다. 이것이 우리가 원하는 바였습니다. 우리는 자신의 앱을 만들려는 기업가를 가로막는 장벽을 허물고 싶습니다."라고 회상했다.

모든 미니프로그램이 승인을 받을 수는 없다. 위챗은 여전히 개발자들이 등록한 앱을 심사한다. 위챗의 앱 심사 기준은 애플의 심사 기준보다 엄격하다. 게임과 광고는 금지된다. 개발자는 호텔 예약 같은 서비스를 제공하고 고객에게 요금을 받을 수 있지만, 화면보호기, 이모티콘, 게임 같은 가상재화를 판매할 수는 없다. 그리고 모든 미니프로그램은 무료여야 한다. 줄리엣 주는 이에 대해 다음과 같이 설명했다.

"미니프로그램은 돈벌이용으로 만든 것이 아닙니다. 온라인으로 구매하는 고객에게 더 효과적으로 접근해 서비스를 제공하려는 기업들을 돕고자 만든 것입니다. 그래서 우리는 사용자가 미니프로그램을 1회 이상 사용하기 전에는, 위챗 인터페이스에 미니프로그램 기능이 나타나지 않게 설계했습니다. 미니프로그램은 사용자가 친구를 통해서 또는 오프라인에서 QR코드를 스캔해야 찾을 수 있습니다. 사용하지 않는 미니프로그램은 위챗 인터페이스에 보이지 않습니다. 사용자 인터페이스는 언제나 깨끗해야 합니다. 우리는 사용자들을 신제품 메뉴로 혼란스럽게 하고 싶지 않습니다."

여러 엄격한 제한이 있지만, 미니프로그램이 문을 열기 전에 이미 1,000개의 앱이 등록됐고 지금도 계속 늘고 있다. 위챗의 가장 위대한 업적은 계속해서 자사의 비즈니스모델을 외부인에게 개방하는 능력에 있다. DARPA와 신젠타가 복잡한 기술적 문제를 해결하기 위해 군중의 지혜를 활용했다면, 위챗은 이전에 예상치 못한 새로운 기능을 개발할 권한을 기업 사용자들에게 부여했다.

2017년 5월까지 20만 이상의 서드파티 개발자들이 위챗 플랫폼에 올릴 앱을 위해 지치지 않고 일했다.[66] 유비쿼터스 연결성이 위챗의 성장을 촉진하는 레버리지 포인트가 됐다고 볼 수 있다. 외국 메신저를 모방해 탄생한 위챗이 서드파티를 위해 전자상거래를 민주화하는 소셜미디어 플랫폼으로 진화하면서 세계최대 앱으로 탈바꿈하고 있다.

*****

만약 크라우드 소싱이 해법을 대량생산하고 복잡한 문제를 해결하는 수단이라면, 다음으로 주목할 레버리지 포인트는 이러한 해법이 생산되는 과정을 자동화하는 기술일 것이다. 기업들이 중요한 결정을 크라우드 소싱하고 결정 과정을 자동화하는 방법이 이후 살펴볼 5장의 주제다.

5장

인공지능 이용하기

직관부터 알고리즘까지

셀 수 있는 것은 세고, 측정할 수 있는 것은 측정하고,
측정할 수 없는 것은 측정할 수 있게 만들어라.

천문학자, 갈릴레오 갈릴레이 (1564~1642)

셀 수 있는 모든 것이 다 중요한 것은 아니다.
그리고 중요한 것이 모두 셀 수 있는 대상인 것은 아니다.

윌리엄 브루스 캐머런, 《가벼운 사회학 개론》, 1963

인간보다 똑똑한 기계

데이터 과학자와 머신러닝 전문가들에게 2016년 3월은 기념비
적인 달이었다. 구글이 개발한 컴퓨터 프로그램, 알파고가 고대 중
국의 보드게임인 바둑의 세계 챔피언 이세돌에게 도전해 4대 1로
이긴 달이기 때문이다.[1]

서구인이 많이 하는 체스는 가로 세로 8칸씩 총 64칸으로 된
정사각형 체스판에서 기물들을 움직이는 보드게임이다. 1997년
IBM이 개발한 컴퓨터 프로그램, 딥블루가 체스 세계 챔피언 게리
카스파로프를 꺾었다. 딥블루는 초당 수백만 개의 시나리오를 검

토해 가능한 모든 경우의 수를 계산하는 브루트포스 연산 방식으로 인간 챔피언을 이기는 방법을 찾아냈다.

반면 바둑 컴퓨터 프로그램은 딥블루 같은 브루트포스 방식으로 인간 챔피언을 이길 수 없었다. 가로세로 19줄씩 쳐진 바둑판 위에서 바둑돌을 놓을 수 있는 지점이 361곳이고, 바둑 한 판에서 한 사람이 거의 200수까지 둘 수 있다.[2] 이에 따라 이론적으로 바둑에서 나올 수 있는 경우의 수는 우주의 원자 개수보다 많다.[3] 따라서 전문가들은 인간을 이기는 바둑 프로그램이 나오려면 최소 10년 넘게 걸릴 것이라 예상했다. 하지만 구글은 인간처럼 직감에 따라 바둑을 두는 기계 알고리즘인 알파고를 개발했다. 알파고는 기술적으로 프로기사의 직감을 능가한다. 가장 놀라운 점은 알파고가 인간 프로그래머가 개입하지 않아도 스스로 매일 성능을 개선해나간다는 사실이다. 이런 지능을 갖춘 기계의 출현은 이미 거의 모든 기업에게 영향을 미치고 있다. 어떻게 이런 상황에 도달했을까?

최근까지 컴퓨터들은 프로그래머가 작성한 명령문대로 작동했다. 컴퓨터는 스스로 학습하지 않았다. 컴퓨터는 그저 규칙을 따랐다. 초기 머신러닝은 컴퓨터 과학자들이나 통계학자의 적극적 지원과 모니터링에 따라 일어났다. 머신러닝을 위해서 인간이 데이터에 이름을 붙이고 최종목표를 설정해줘야 했다. 이러한 초기 형태의 머신러닝을 통해 컴퓨터가 빅데이터를 통계적으로 채굴하면서, 전에는 몰랐던 사람들의 행동 패턴을 발견하고 행동을 추천하게 됐다.

이러한 데이터 분석 접근법은 노동 집약적이지만, 소비자의 행동 – 어떤 물건을 클릭하고 구매하는지 – 을 예측하는 데 매우 효과적임을 입증했다. 기계는 기업들이 이메일을 보내고, 전화하고, 할인을 제공하고, 제품을 추천하고, 광고를 보여주고, 결함을 검사하고, 융자를 승인하는 방식을 개선했다. 컴퓨터 알고리즘을 이용해, 신용카드 회사들은 어느 거래가 사기성이 있는지 실시간으로 감시할 수 있고, 보험사들은 어느 고객이 보험금 지급을 신청하거나 사망할 확률이 높은지 분류할 수 있다. 단점은 이러한 알고리즘이 맥락에 의존적이라는 사실이다. 알고리즘은 하나의 목적만을 위해 설계된 장치일 뿐이다. 체스 프로그램 딥블루는 체스 이외의 용도로는 별 효용이 없었다.

초창기 아마존은 아마존 사이트에 접속하는 고객의 컴퓨터 화면에 어느 제품을 추천 상품으로 띄울지 정하고 재치 있는 선전 문구를 작성하는 작가들로 구성된 편집팀을 운용했다. 얼마 뒤 아마존에 추가로 생긴 편집팀은 고객의 인터넷 검색과 이전 구매 내역을 기반으로 추천 상품 목록을 띄우는 '아마봇'이라는 기계 알고리즘을 사용했다.

아마존 CEO 제프 베조스는 두 편집팀 – 작가가 직접 작성한 인간적인 문구를 띄우는 편집팀과 표준적이고 자동화된 추천 상품 목록을 띄우는 편집팀 - 이 서로 경쟁하도록 했다. 오래지 않아, 작가들로 구성된 편집팀이 기계 알고리즘 수준에 비해 경쟁력이 없다는 사실이 드러났다. 아마봇은 일련의 테스트를 통과했고 인간 편집자들만큼이나 제품을 잘 판매할 수 있음을 입증했다. 아마존 매출액이 늘수록 편집자를 많이 고용해서 훈련시켜야 하지만, 아마봇을 사용하면 그런 인건비 지출을 줄일 수 있었다.[4] 2002년 한 직원이 시애틀 지역 신문 〈스트레인저〉에 알고리즘에 보내는 편지 형식의 세 줄짜리 광고를 익명으로 게재했다.[5]

> 아마봇에게: 너에게 우리의 증오를 느낄 심장이 있었더라면……고맙다, 이 망할 깡통아. 너 때문에 인간들이 다 죽게 생겼다![6]

작가들로 구성된 편집팀은 곧 해체됐다.[7]

하지만 그토록 강력한 아마봇도 다른 용도로는 쓰일 수 없었다. 아마봇 알고리즘은 자연적인 인간 언어로 표현된, 비구조화된 데이터를 처리할 수 없었다. 아마봇이 데이터를 처리하려면, 프로그래머들이 아마봇이 처리 가능한 형태로 - 엑셀 스프레드시트처럼 데이터베이스 형태로 - 데이터를 변환해 입력해줘야 했다. 데이터 형식의 한계를 깨려면 10년이 더 걸려야 했다.

IBM 왓슨

2011년 2월, IBM이 개발한 슈퍼컴퓨터 왓슨이 미국의 인기 퀴즈쇼 '제퍼디'에서 우승해, 대중을 놀라게 했다. 왓슨이 전 대회 우승자 켄 제닝스, 브래드 러터를 이기는 모습을 1,500만 명의 시청자가 지켜봤다. 이 방송은 머신러닝이 숫자 데이터 분석 이외의 용도로 쓰일 수 있음을 보여줬다. 제퍼디는 다양한 주제의 사소한 사실을 참가자들에게 묻는 TV 퀴즈쇼지만, 문답 형식이 독특하다. 이 쇼에서는 사회자가 문제 힌트를 서술문 형식으로 제시하면, 참가자가 질문 형식으로 답을 해야 한다.

예를 들어, 클래식 음악을 주제로 사회자가 "모차르트의 마지막 웅장한 교향곡으로, 이 행성과 이름이 같습니다."라고 말하면, 참가자는 "목성(모차르트 교향곡 41번의 별칭 - 역자 주)이 뭐지?"라고 말해야 정확한 답변으로 인정받는다.[8] 참가자가 문제의 정답을 맞히는 과정은 사전에서 단어 뜻을 찾은 다음, 그 단어가 들어맞는 크로스워드 퍼즐을 찾는 과정과 비슷하다.

참가자들이 선 단상 뒤에 있는 방에는 마이크로세서와 시끄러운 냉각팬을 엄청나게 달아놓은 왓슨 컴퓨터가 있었다.[9] 왓슨은 초당 6,500만 페이지 분량의 텍스트를 분석하고 있었다.[10] 인간의 자연 언어로 표현된 텍스트의 의미는 문맥과 표현 방식에 따라 달라진다.

일상 언어의 의미는 완벽하고 정확하게 진술되지 않는다. 신문 기사를 제대로 해독하려면 "차도에 주차하는 것"과 "공원 도로 위를 달리는 것"의 차이를 구분하고, "콧물이 난다."와 "발에서 냄새가 난다."라는 사실을 이해해야 한다. 따라서 제퍼디에서 우승하려면, 미묘한 의미 차이, 아이러니, 수수께끼, 속어, 은유, 농담, 말장난을 이해하는 능력이 있어야 한다. 왓슨이 고성능 검색엔진에 그치지 않게 하기 위해, IBM 엔지니어팀은 몇 초 안에 알맞은 답을 제시하는 데 필요한 세 가지 - (1)자연 언어 처리, (2)가설 수립, (3)증거 기반 학습 - 기능을 왓슨에 부여했다.[11]

"제퍼디 퀴즈쇼에서는 틀리면 감점이 되기 때문에 정답을 확신할 때에만 버저를 눌러야 합니다. 현실의 여러 문제들이 그러합니다. 의사가 무슨 병인지 확신하지 못하고 병을 추측해 치료하길 바라는 환자는 없습니다." 캐서린 프레이즈 IBM 연구소 부소장의 설명이다. [12]

이틀에 걸쳐 열린 제퍼디 퀴즈쇼 토너먼트에서 왓슨은 경쟁자들이 획득한 누적상금의 3배에 달하는 7만 7,147달러를 획득했다. 이 퀴즈쇼에서 50여 회 연속 우승한 켄 제닝스가 2위를 기록했고, 3위는 브래드 러터였다. 켄 제닝스가 소감을 밝혔다. "20세기에 공장 로봇의 도입으로 공장 일자리들이 사라졌듯, 브래드와 나는 '생각하는' 기계의 출현으로 쫓겨난 첫 지식산업 노동자인 셈입니다."[13]

컴퓨터의 발전으로 왜 인간이 의기 의식을 느낄까. 원래 '컴퓨터'는 인간을 가리키는 단어였다. 컴퓨터가 숫자 처리 기계를 가리키는 단어로 쓰이기 전에, 컴퓨터는 직업을 가리키는 단어였다. 18세기 중반부터 기업과 대학교에서 주로 여성이 계산과 숫자 분석을 하는 컴퓨터(계산원) 일을 했다.[14] 하버드 천문관측소는 미국에서 가장 많은 컴퓨터를 모집하는 곳이었다.

천문관측소 소장 에드워드 피커링은 천문 데이터를 정리하려고 오랫동안 끙끙대다가 조수를 여성 천문학자 윌리어미나 플레밍으로 바꿨다. 플레밍이 계산과 데이터 정리를 깔끔하게 해내자 하버드 천문관측소는 곧 여성 과학자들로 가득 차, '피커링의 하렘'이란 불명예스러운 이름으로 불렸다.[15]

이런 상황은 성평등과 거리가 멀었다. 당시 컴퓨터는 그저 지겨운 계산 업무를 수행하는 직업을 미화하는 단어였다. 생각하는 기계를 만드는 여정은 1940년대에야 시작됐다. 컴퓨터 기술을 개척한 앨런 튜링, 존 폰 노이만은 기계장치인 컴퓨터가 인간의 지능을 모방하는 날이 오리라 예측했다. 텍스트 기반 대화에서 인간과 구분할 수 없는 기계가 있다면, '생각'하는 기계라고 평가할 수 있었다.[16]

의료보험사 웰포인트의 부사장이자 의사인 오마르 라티프는 말한다. "제퍼디 퀴즈쇼를 보면, 화면 밑에 왓슨이 준비한 다른 답변들이 표시됐습니다. 왓슨은 답변을 하나만 준비하지 않았습니다. 왓슨은 여러 개의 답변을 준비했고 각 답변의 확신도는 달랐습니다. 그걸 보고 나는 의사가 진단을 내릴 때와 같다는 생각이 들었습니다. 환자가 어떤 병에 걸렸는지 진단할 때 의사의 머릿속에 떠오르는 병명은 하나만이 아닙니다. 네다섯 개의 병명이 떠오를 때도 있습니다. 하지만 나는 가장 확신도가 높은 답변을 환자에게 합니다."[17]

하지만 켄 제닝스의 씁쓸한 표정과 어색한 웃음은 패배의 충격을 짐작케 한다. 특히 그가 소프트웨어 프로그래머였기에 더욱 그렇다.[18] 나중에 제닝스는 이런 글을 남겼다. "나 자신은 컴퓨터라는 새로운 지배자를 환영한다." 왓슨은 10년 전 아마봇과 달랐다. 왓슨은 지시를 맹목적으로 따르는 기계가 아니다. 왓슨은 인간 언어로 표현된 정보, 비구조화된 데이터를 소화하고 스스로 판단을 내릴 수 있다. 왓슨은 경영 전문지식에 대한 인식을 바꾸었다. 금융서비스기업 중역 1명은 "무한히 많은 재무제표 서류를 읽고 이해하고 모든 정보를 기억할 수 있는 사람이 있다 치죠. 그 사람에게 이런 질문을 할 수 있을 겁니다. 향후 3개월 안에 인수될 확률이 가장 높은 기업은 어디입니까? 이걸 왓슨이 답할 수 있다는 겁니다."라고 설명했다.[19]

(무)오류의 인간

우리는 전문가의 주관적 소견에 의존하는 지식경제에 살고 있다. 예를 들어, 현대 의료보험은 의사가 경험을 바탕으로 내린 판단에 전적으로 의존한다. 의사의 주요 책임은 증세를 보이는 환자를 진단하는 것이다. 의사가 확보한 정보의 불확실성과 불완전성에도 불구하고, 의사는 환자가 어떤 병에 걸렸는지 즉석에서 판단해 그에 따른 치료법을 처방해줄 사람이라는 기대를 받는다.

의사 입장에서 진단은 끝없는 훈련이 필요한 일이다. 《형제애》의 저자, 산지브 초프라는 보스턴 병원의 전설적인 소화기내과 과장 엘리후 시멀과 만난 경험을 책에서 묘사했다.

> 나는 판독대에 올린 엑스레이 사진을 바꿨다……몇 초 뒤 시멀 과장이 "멈춰."라고 말했다. 나는 가만히 서서 대기했다. 시멀 과장은 30초 정도 엑스레이 사진을 뚫어지게 본 다음 이렇게 말했다.
>
> "이 환자는 골초에 알코올중독자군. 당뇨병에 걸렸고, 어릴 적 소아마비를 앓은 적이 있어. 담낭 제거 수술을 할 필요가 있어."
>
> "어떻게 엑스레이 사진 1장만 보고 그렇게 많은 사실을 추측하실 수 있죠?"
>
> 내가 깜짝 놀라 묻자 시멀 과장이 답했다.

"횡격막이 납작해지고 폐가 부푼 것은 담배를 많이 펴서 폐기종이 생겼다는 징후지. 여기 보이는 췌장 석회화는 술을 너무 많이 마셔서 만성 췌장염에 걸렸다는 징후라네. 대퇴골 무균성골괴사와 척추만곡증은 소아마비의 결과고."

설명을 들은 6명 모두 경이에 찬 눈빛으로 그를 바라봤다. 아무도 말하지 않았지만, 우리 모두 같은 생각을 하고 있었으리라. 이 분이야말로 거장이다.[20]

빨리 정확히 진단하는 능력이야말로 초보 의사와 경험 많은 의사를 가르는 기준이다. 경험 많은 의사는 신중하게 판단을 내릴 때만큼이나 정확한 판단을 신속하게 내린다.[21] 저명한 의사들은 모호한 증세를 보자마자 환자 상태를 판단하는 능력에 자부심이 있다.

노벨상 수상자 대니얼 카너먼은 《생각에 관한 생각》에서 경험 많은 소방지휘관의 판단으로 소방대원들이 가까스로 참사를 모면한 사례를 소개했다.

소방지휘관이 대원들과 함께, 부엌이 불타고 있는 단독주택에 들어갔다. 소방 호스를 들고 거실에 서서 연기와 불길이 나는 부엌 쪽에 물을 뿌렸지만 불길이 진압되지 않고 계속 커졌다. 그는 문득 자기도 모르게 외쳤다.

"빨리 밖으로 나가!"

모두 황급히 집 밖으로 나가자 거실 바닥이 붕괴하는 것이 아
닌가. 나중에 알고 보니 화재는 지하실에서 시작됐다. 대원들
이 계속 거실에 서 있었으면 불구덩이 속에 빠졌으리라.[22]

대니얼 카너먼은 이것이 인간의 직감을 보여주는 예라고 생각
한다. 화재 현장은 불길이 타오르는 소리로 시끄럽기 마련인데 이
번에는 이상할 정도로 조용했다고 한다. 지하실에서 불길이 이글
거리는 소리를 거실 바닥이 가로막았기 때문이다.

"소방지휘관은 화재 현장이 이상하게 조용하고 귀가 이상하게
뜨겁다는 사실을 깨닫자마자, 위험을 감지하는 '육감'이 발동됐다
고 토로했다."

이 기록에서 놀라운 점은 소방지휘관이 현장 상황을 완전히 파
악하지 못한 상태에서 몇 초 만에 상황을 정리하고 판단을 내렸다
는 사실이다. 그는 어디가 잘못됐는지 콕 집어 말할 수는 없지만,
왠지 꺼림칙한 느낌이 확 들었다고 밝혔다. 그의 무의식에서 일어
난 정밀한 판단 덕분에 대원들이 화를 면했다.

하지만 전문가의 직감은 얻기까지 드는 비용이 많고, 복제하기
어렵다는 단점이 있다. 이 점이 기업 성장을 제한하는 원인인 경우
가 종종 있다.

쇼핑몰을 건설해 운영하는 사업가의 입장에서 생각해보자. 부
지 선정은 물론, 입점하는 상점의 구성도 쇼핑몰의 성쇠를 판가름

하는 요소다. 더 다양한 브랜드 상점이 들어올수록 유리해진다. 쇼핑몰 사업가는 가만히 앉아서 임차인들이 찾아오길 기다리는 대신, 이상적인 브랜드들이 들어오도록 찾아가 설득하고, 임차인이 자금을 조달하고 장사 준비를 할 수 있게 충분한 시간을 배정해야 한다. 쇼핑몰 사업가는 쇼핑몰의 테마, 편의시설, 제반시설, 건물 구조를 건축가와 상세히 논의하고, 법적 안전 요건을 준수해가며, 예산 한도를 초과하지 않고, 사업 수익성을 해치지 않는 현실적 일정에 따라 건물을 준공해야 한다. 게다가 소도시에 새로 들어서는 쇼핑몰은 동네 자랑거리로 기대를 모으는데, 쇼핑몰 개장일에 상점들이 다 입점하지 않은 상태라면 주민들의 실망을 산다.

쇼핑몰 사업에서 고려해야 하는 온갖 상업적·공학적 복잡성 때문에, 지역에 익숙해 주관적 전문지식을 잘 발휘할 수 있는 지역 부동산 개발업자들이 쇼핑몰을 건설하는 경우가 많다. 쇼핑몰 사업은 단일한 제품 기준으로 여러 대륙을 공략할 수 있는-가전제품 같은-글로벌 산업이 아니다. 쇼핑몰 사업은 과거 경험을 토대로 결정을 내려야 하는 경우가 비일비재하다. 그렇기에 부동산 개발업체의 규모는 다른 업종에 비해 매우 작다. 미국 최대 쇼핑몰 운영업체이자 개발업체인 사이먼 프로퍼티 그룹은 2015년 매출액이 53억 달러 남짓이고[23] 2016년 3개 매장-할인점 2개, 비할인점 1개-를 개장했다.[24] 반면 미국 최대 가전기업 월풀의 2015년 매출액은 200억 달러에 이른다.

한편, 중국에선 부동산 개발업체의 성장을 제한하는 장벽을 뛰어넘은 기업이 하나 나왔다. 급격한 도시화의 물결을 타고 중국 최대 부동산 기업으로 성장한 '완다그룹'이다. 완다그룹은 2015년 26개의 매장을 개장했고[25] 2016년부터 매해 최소 50개의 매장을 연다는 목표를 세웠다.[26] 2015년 완다그룹 매출액은 280억 달러를 넘었다.[27] CEO 왕젠린은 중국에서 손꼽히는 부호로 순자산이 300억 달러에 육박한다.[28] (미국 최초의 억만장자 대통령, 도널드 트럼프의 재산이 35억 달러 정도다.[29])

성장세가 가팔라짐에 따라 완다그룹은 경험 많은 임직원만 쓸 수 없게 됐다. 더 빠른 성장을 원하는 완다그룹은 프로젝트 매니저 양성을 기다릴 시간이 없다.

내가 인터뷰한 완다그룹 기업문화연구소의 류밍성 소장은 완다의 기업문화는 자세히 언급하지 않고 완다의 IT시스템만 잔뜩 설명했다.

"거의 10년 전, 완다그룹은 사무자동화를 시작하고, 모든 부동산 프로젝트를 IT시스템으로 관리했습니다. 쇼핑몰 건설기간은 평균 2년 내외입니다. 우리는 건설 공정을 300개의 하위 공정으로 나누고, 각 하위 공정을 다시 100개 정도의 세부공정으로 나눴습니다. 완다그룹의 IT시스템에서 초록불은 공정이 성공적으로 완료됐다는 것을, 노란불은 공정이 예정대로 진행되지 않았다는 것을 의미합니다. 노란불이 커지면 딤딩 부사정이 공정을 일정대로 진행하기 위해 필요한 조치를 강구해야 합니다. 일주일 내내 노란 불이 켜지는 경우에는 빨간불로 바뀌고, 담당자가 처벌받거나 교체됩니다. 시설 관리 업무도 중앙 시스템을 통해 통제합니다. 화재 정보, 온수 관리, 실내 공조, 에너지 절약, 안전 정보가 초대형 스크린 하나에 모두 표시됩니다."

그날 오후 내가 베이징에 있는 완다 쇼핑몰을 방문하자, 매장 매니저가 스마트폰 화면을 통해 – 고객들이 어디에 많이 몰려 있는지를 보여주는 열 지도를 통해 – 매장 관리에 필요한 모든 주요 정보를 실시간으로 확인할 수 있음을 보여줬다.

"우리는 쇼핑객 유입량으로 판매액을 짐작해, 어느 임차인이 수개월 안에 재무적으로 곤란해질지 예측할 수 있습니다. 우리는 이 정보를 어음 거래를 할 때 활용합니다."

사무실에서 그는 온라인으로 접수된 – 사진이나 비디오가 부착된 – 시설 보수 요청 글을 검토했다. 모든 정보와 업무는 담당 직원에게 자동으로 넘겨져 처리됐다. 이메일이나 엑셀 스프레드시트 등을 통해 업무를 진행하니, 일을 불명확하게 처리할 수 없었다.

"과거 완다그룹은 프로젝트를 관리하기 위해 다수의 전문가가 필요했습니다. 하지만 IT 시스템 도입으로 매장 관리자를 언제든 교체할 수 있게 됐습니다. 사실 어느 직원이든 쇼핑몰 건설을 당장 시작할 수 있습니다. 모든 업무에 능한 전문가가 아니더라도 됩니다. 각 직원이 책임을 져야 하는 특정 업무에만 집중하면 됩니다.

일을 하다 막히면 컴퓨터로 도움을 요청하면 됩니다. 이것이 우리가 사업 규모를 확장한 비결입니다." 류밍성 소장의 설명이다.

완다그룹은 경험 많은 직원에게 의존하는 기업이 부딪치는 성장의 한계를 극복할 방법을 IT시스템에서 찾은 셈이다. 인간의 뇌는 타인에게 정확하게 복사해 줄 수 없다. 경험을 쌓으려면 오랜 기간 훈련해야 한다. 경험 많은 전문가의 판단에 의존하는 기업은 영원히 소규모 사업만 영위하게 된다. 지식경제에서 사업 규모를 확장하는 방법은 업무 흐름과 경험 많은 관리자의 직감을 자동화하는 것이다.

전문가에 대한 의존도를 낮추는 기업에게는 추가적인 혜택이 있나. 판단을 내릴 기회가 적고 피드백을 얻기 어려운 상황에서 직감에 따른 판단은 오판이 될 때가 많다. 이런 상황에서는 아무리 유명한 전문가라도 별 수가 없고, 무능한 현학자일 뿐이다.

나는 최고위과정 수강생들에게 인지심리학자 대니얼 레비틴이 만든 퍼즐을 제시했다.

당신이 식사하고 자고 일어나보니 얼굴빛이 파랗게 변한 상황을 상상해보라. 식중독균은 얼굴빛을 파란색으로 바꾸는 식중독균, 얼굴빛을 초록색으로 바꾸는 식중독균 이렇게 딱 두 종류가 있다. 두 종류의 식중독균 중 하나만 치료하는 알약이 있다. 건강한 사람이 먹으면 아무 효과가 없지만, 한쪽 식중독균에 중독된 사람이 다른 식중독균을 해독하는 알약을 먹으면 사망한다. 거울로 얼굴빛을 보니 대부분의 시간 동안 파란색을 띤다. 초록 식중독균은 파란 식중독균보다 5배 흔하게 출현한다. 그렇다면 당신은 어떤 알약을 먹을 것인가?[30]

10분간 토론한 참가자들은 대부분 파란 알약을 먹겠다고 답했다. 내가 이유를 묻자 그들은 "얼굴빛이 파라니까", "얼굴빛이 질병 이름과 일치하니까"라고 답했다.

표로 정리해보자. 처음에 레비틴의 수수께끼를 접했을 때 나도 헷갈렸다. 120명이 이 퍼즐을 푼다고 가정하면, 답변은 표 5.1로 정리할 수 있다.

표의 좌측 상단을 보자. 환자의 얼굴이 파랗더라도 초록 알약을 먹는 편이 낫다. 일반적으로 초록 식중독의 출현율이 파란 식중독의 5배이기 때문이다. 다시 말해, 지금까지 엉뚱한 정보에 집중해온 셈이다. 우리는 특정 알약의 효능이 아닌, 질병의 출현율을 신경 써야 한다. 소방관들은 잦은 훈련으로 경험을 쌓는다. 반면, 확률 관련 질문은 받아본 적이 드물고, 장기적 데이터를 구하기도 어렵다. 의료 치료의 효능을 입증하려면 수십 년까지는 아니더라도 최소 몇 년은 지켜봐야 한다. 오늘 내리는 결정과 미래에 얻는 결과 간의 피드백은 너무도 미약해서 거의 도움이 되지 않는다.[31]

사람들은 틀린 정보에 집중하는 오류를 흔히 저지른다. 요리를

		당신의 얼굴		
		파란색	초록색	
당신의 컴퓨터	파란색	15	5	20
	초록색	25	75	100
	합계			120

[표 5.1] 얼굴 퍼즐

할 때도, 면접시험을 치를 때도, 이사회 회의를 할 때도 그렇다. 기업 경영진의 도론은 종종 "가장 높은 연봉을 받는 분의 이견"으로 수렴할 때가 많다.[32] 통계에 입각한 기계 알고리즘이 의학 결정에 크게 기여할 수 있다면, 왓슨 같은 고성능 검색엔진이 전문가 의견이 영향력을 발휘했던 산업 분야에 얼마나 큰 변화를 몰고 올지 상상해보라.

인공지능으로 병을 진단할 수 있을까

학술지들은 매일같이 새로운 치료법과 의학적 발견을 알린다. 이렇게 발표되는 의학 정보는 대체로 5년마다 2배로 늘어난다. 병원의 업무 압박을 고려하면, 대다수 의사는 학술지를 읽을 시간이 별로 없다. 매주 수십 시간을 들여 학술지를 읽어야 의학계의 모든 최신 동향을 알게 될 것이다.[33] 1차 진료 의사 81퍼센트는 학술지를 읽을 시간이 1달에 5시간 이하라고 답했다.[34] 임상의가 사용하는 지식의 20퍼센트만이 학술적 근거에 기반을 둔 지식이다.[35] 새로운 지식의 양은 뇌의 한계를 넘어섰고 ─ 과거에는 강력했던 ─ 전문가적 직감의 효력을 떨어트린다.

IBM 기업 전략 부문 이사, 데이비드 커는 한 인터뷰에서, 메모리얼 슬론 케터링 암 센터(MSK)의 최고정보책임자, 패트리샤 스카룰리스의 연락을 받았다고 밝혔다. "왓슨이 〈제퍼디〉 퀴즈쇼에서 인간 챔피언을 꺾는 모습을 시청한 패트리샤가 얼마 뒤 연락해, 오랫동안 암의 치료법과 결과를 비롯한 암 관련 디지털 정보를 축적한 MSK를 왓슨이 도와줄 수 있을지 문의했습니다."[36]

MSK는 세계에서 가장 오래되고 가장 규모가 큰 암 전문 병원으로, 20여 년 동안 120만 명의 입원환자와 외래환자의 진단과 임상치료 기록을 포함한 방대한 데이터베이스를 구축했다. 모든 폐암 환자의 분자생물학적·유전체적 분석도 포함됐다.[37] 하지만 실험실 연구원과 달리, 병원 의사는 생명을 좌우하는 결정을 감에 의존해 내리는 경우가 많다. 의사는 실험실 연구원이 실시한 모든 임상시험의 결과를 검토할 시간이 없다. 치료법은 현장에서 결정해야 한다. 의학계의 새로운 연구에서 얻은 통찰을 의사가 현장에서 즉시 이용하는 시스템을 구축하지 않으면, 정보가 아무리 넘친들 의사의 진료 능력은 높아지지 않는다.

2012년 3월, MSK와 IBM 왓슨은 환자의 증상을 일상 언어로 진술하는 의사에게 정보를 제공하는 애플리케이션을 개발하고자 협업하기 시작했다.[38] 의사가 - "환자가 피가 섞인 가래를 뱉는다" 같은 - 정보를 입력하면, 왓슨은 환자에 적합한 약물 정보를 30초 내에 제시했다. "왓슨은 의사의 진료 과정에서 생각의 틈새를 메우는 정보 처리 도구입니다. 왓슨은 결정하지 않습니다. 결정은 의사의 몫입니다. 왓슨은 의사가 원하는 약물 정보를 제시합니다." IBM 연구소의 수석 의료 연구원, 마틴 콘의 설명이다.[39]

MSK의 최고정보책임자, 패트리샤는 "환자에게 필요한 검사와 권장하는 치료법을 제시하는 인공지능 엔진을 만드는 것"이 목표라고 밝혔다.[40] 이러한 인공지능 엔진은 고성능 검색엔진의 역할을 넘어, 경험 많은 의사의 지혜를 다른 의사들에게 전달해줄 것이다. 예를 들어, 중국이나 인도의 내과의도 최고의 암 전문의가 왓슨에게 가르친 모든 정보에 즉시 접근할 수 있다.[41] 비영리단체인 MSK의 궁극적 목표는 최신 의료 기술을 세계에 보급하는 것이고, 그런 목표를 달성하려면 IBM 왓슨 같은 전문가 시스템*이 필수

---

* 전문가가 지닌 전문지식, 경험, 노하우를 컴퓨터에 축적해 전문가 이상의 문제해결능력을 가질 수 있게 만들어진 시스템 - 역자 주

도구다.

2017년 초, 플로리다 주 주피터에 위치한 327개 병상 규모의 병원이 암 환자에게 적합한 요법을 신속하게 찾아내는 슈퍼컴퓨터의 능력을 활용하고자, 왓슨 헬스 서비스에 가입했다.[42] 논문을 읽고 이해하고 요약하는 작업을 하다 지치는 법이 없는 기계를 활용하면 의사가 모든 최신 의학 연구 지식을 동원해 환자를 진료할 수 있다. 웰포인트는 왓슨의 폐암 진단 정확도가 90퍼센트고, 인간 의사의 폐암 진단 정확도는 50퍼센트라고 주장했다.[43]

1부에서 언급한 지식생산필터로 돌아가서 생각해보면, 이 모든 기술 개발 양상이 놀랍지 않다. 궁극적인 자동화로 향하는 기나긴 과정의 자연스러운 귀결일 뿐이다.(표 5.2를 참고하라.) 20세기

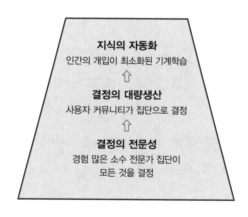

[표 5.2] 궁극의 자동차

에는 단순한 기계들이 야마하가 장인 기술자들에게 의존하는 야마하보다 나은 결과를 내도록 이바지했다. 21세기에는 스마트 머신이 MSK의 의사들을 대체할 것이다. 하지만 대다수 기업 중역들에게는 이 모든 기술이 여전히 낯설게 느껴진다. 비IT 부문의 기성 기업이 어떻게 지식 자동화로 향하는 추세를 이용할 수 있을까? 의외로 한 일본 출판사가 롤모델을 보여준다.

1960년대 초 설립된 '리크루트 홀딩스'는 취업 정보지를 출판하는 광고 회사로 출발했다. 2000년대 초 인터넷 혁명의 물결을 타고, 리크루트 홀딩스는 부동산, 결혼식, 여행, 미용실, 레스토랑 등으로 사업 영역을 확장했다. 2015년 리크루트 홀딩스의 디지털 플랫폼 사용자 증가로 거래 유형과 최종소비자 행태에 관한 방대한 데이터가 쌓였고, 경영진은 방대한 데이터를 최신 머신러닝 기술로 처리하고자 실리콘밸리에 인공지능(AI) 연구소를 설립했다.

리크루트 홀딩스 사례에서 주목할 점은 데이터 기반 혁신이 기존 사업을 잠식하는 위험을 무릅쓰고 미래로 도약하기 위해 AI 연구를 결정한 경영진의 판단이다. 리크루트 홀딩스가 다른 기업들과 다른 부분은 기업 전략을 관리하는 과정에 있다. 누구도 하룻밤 새 도약할 수 없다. 도약은 시간이 걸린다. 리크루트는 그 과정을 보여준다.

리크루트 홀딩스의 성공 원리

1962년, 도쿄 대학교 학생이었던 에조에 히로마사는 4학년생들과 유망기업들을 연결하는 대학신문을 만들었다. 이 신문은 입소문을 타 일본 최초의 취업정보지가 됐다. 에조에는 회사 이름을 '리크루트 센터'라고 지었다.

대학 졸업 후 에조에 히로마사는 작은 광고대행사를 27개 자회사와 6,200명의 직원을 거느린 대기업으로 키우는 데 인생을 바쳤다. 1986년 리크루트 홀딩스는 연간 매출액이 30억 달러에 달했고, 도쿄에서 부동산값이 비싸기로 유명한 긴자 상업 지구에 위치한 오피스 빌딩들을 소유하고, 취업 지원, 부동산, 정보통신, 레스토랑, 호텔, 출판업 등 다양한 사업을 영위했다.[44] 그때까지 에조에 사장의 신조는 '이 세계에선 돈이 최고다.'였다.[45]

인터넷 보급이 시작된 1990년대 중반, 리크루트 홀딩스는 시장에서 선도적 위치를 유지하기 위해 인터넷을 통해 정보를 전달하기 시작했다.[46] 1996년에는 대학을 갓 졸업한 청년들을 위한 구인 게시판('리크루트 나비')을 열었다. 정보를 인터넷에서 얻는 추세는 여러 출판사와 신문사를 위기에 빠트렸다. 리크루트 홀딩스가 전통적 종이 잡지를 포기하면 인터넷 광고 수입에 의존해야 하는데, 이익이 급감할 것이 뻔했다.

"90년대 중반, 우리는 3개의 포맷으로 잡지를 출간했습니다.

전화번호부처럼 두꺼운 종이 잡지를 서점에서 팔았고, 무료로 배포하는 종이 잡지와 인터넷 잡지도 있었습니다. 그런 과도기를 거쳐 우리는 두꺼운 종이 잡지를 폐간하고 무료로 배포하는 종이 잡지와 인터넷 잡지만 남겼습니다. 우리가 온라인으로 뛰어들어 첫 경험한 것은 10분의 1토막 난 매출액입니다." 마키구치 타카노리 부장의 설명이다.

다행히 2000년대 초 인터넷 사용량이 폭증했다. 일본의 인터넷 사용자 수는 1995년 200만에서 2002년에는 6,940만으로 급증했다. 전체적인 출판 시장도 완전히 무료 온라인 콘텐츠로 이동했다. 하지만 회사가 이전 매출액을 회복하려면 아직 4년을 더 기다려야 했다. 일찍 인터넷에 뛰어들어 쌓은 경험이 이런 암울한 시기를 버티는 데 도움이 됐다. 기업 컨설턴트들과 학자들조차 갈피를 못 잡고 있던 시기에 리크루트 홀딩스는 인터넷 경제에서 성공하려면 무엇이 필요한지 이해하고 있었다.

비즈니스 스쿨 교수들이 우버, 에어비앤비, 알리바바의 성공 요인을 설명할 때는 "네트워크 효과"라는 단어가 자주 등장한다. 이 기업들은 양면 시장을 중개하여 재화나 서비스의 거래를 성사시키는 플랫폼 사업자라는 공통점이 있다. 이러한 플랫폼의 가치는 사용자의 수가 많을수록 증가한다. 더 많은 사람이 쓰는 플랫폼일수록 더 매력적인 플랫폼이 되고, 이는 신규 사용자의 유입을 촉진한다.

데이트 사이트를 생각해보자. 남자들은 여성 회원이 많고, 여성과 연결될 확률이 높다고 광고하는 사이트에 이끌린다. 네트워크 효과 때문에, 남자들은 사용자가 더 많은 사이트에 돈을 내고 가입하려 한다. 따라서 사용자가 증가할수록 사이트가 거두는 이익이 증가한다.[47] 사람들의 쏠림 현상 때문에 규모가 커질수록 더 빨리 성장한다.

하지만 제품 차별화는 별로 일어나지 않는다. 우버와 리프트, 아이메시지와 왓츠앱을 비교해보라. 플랫폼은 서로 비슷비슷하게 보이는 경우가 많다. 따라서 플랫폼 경쟁은 결국 "빨리 규모가 커지지 않으면 죽는" 게임으로 바뀐다. 그러니까 페이스북이 그토록 성장에 집착하는 것이다. 스냅챗이 2017년 3월 상장했을 때, 투자자들에게 가장 중요한 평가 지표는 매일 접속하는 액티브 유저의 수였다.[48] 페이스북이나 스냅챗에 더 많은 사람이 – 뉴스를 읽거나 게임을 하면서 – 머물수록, 코카콜라, P&G, 나이키 같은 대기업들이 그곳에 광고를 실으려고 한다. 플랫폼은 일정 규모에 도달해야만 탄탄한 시장지배력을 가지게 된다.

리크루트 홀딩스도 같은 논리를 따랐다. 업계 최초로 온라인 출판사로 전환하고, 경쟁사보다 공격적인 가격 전략을 펼침으로써, 온라인 시장 1위 업체의 지위를 공고히 했다. 리크루트 홀딩스는 트래픽이 결국 수익으로 전환된다는 모든 인터넷 기업의 첫 번째 성공 원리에 사운을 걸었다. 전통적인 종이 잡지를 판매하던 시절보다 매출총이익이 줄어들어도, 고객 트래픽이 충분해지면 회복할 수 있으리라 판단했다. 이후 리크루트 홀딩스는 여러 새로운 프로젝트에서 적자를 보지 않았다. 하지만 장기적 승리를 확보하려면 규모만이 아니라 품질도 중요하다. 이것이 두 번째 성공 원리였다.

품질도 중요하다

페이스북 이전에는 마이스페이스(myspace.com)가 SNS의 왕이었다. 2003년 설립된 마이스페이스는 여러 브랜드와 사진사, 예술가들을 회원으로 확보했다. 2008년만 해도 미국 최고의 소셜네트워크였다. 언론 재벌 루퍼트 머독은 마이스페이스를 5억 8,000만 달러에 인수한 2005년에[49] 이 회사의 가치가 60억 달러 정도라고 생각했고, 2007년 사용자 수가 2억 명에 달할 것이라고 예상했다.

마이스페이스의 몰락은 충격적이었다. 2008년 4월까지 마이스페이스의 월 방문자 수는 4,000만 명 감소했다. 마이스페이스는 왜 몰락했을까? '커다란 스파게티 그릇 같은'[50] 무질서한 디자인에서 실패 원인을 찾는 사람도 있었고, 기술 혁신 부족에서 실패 원인을 찾는 사람도 있었다. 하지만 핵심 원인은 평판 관리의 실패였다. 마이스페이스는 관심을 끌어보려고[51] 노출이 심한 사진을 올리는 사람들이 많아 저속한 사이트라는 인식이 박혔다.[52]

엘리트 유저들은 피난처를 찾아 페이스북으로 대거 이동했다. 규모 못지않게 품질도 중요하다.

리크루트 홀딩스는 이 점을 잘 이해했다. 이들이 운영하는 '자란'이 좋은 예다. 원래 호텔과 온천을 광고하는 전단지 회사로 출발한 자란은 트립어드바이저 같은 호텔 예약 사이트인 '자란넷'을 개설하면서 여행사들과 경쟁하기 시작했다. 자란넷이 리조트와 여행객들을 연결하는 플랫폼이 됨에 따라, 리크루트 홀딩스는 과거 여행 잡지에서 그랬듯 리조트의 긍정적인 측면만 여행객들에게 홍보할 수 없었다. 자란넷은 신뢰할 만한 플랫폼이라는 인식을 심어주기 위해 소비자의 솔직한 리뷰를 보여줄 필요가 있었다. 다시 말해, 품질은 소비자 집단이 좌우했다. 제품이 온라인으로 이동함에 따라 가치 제안도 바뀌었고, 품질의 정의도 진화했다.

리크루트 홀딩스의 성장 과정을 검토해보면 경쟁사보다 먼저 위험을 무릅쓰고 변화하려는 리크루트 경영진의 의지가 보인다. 이들의 실험정신은 최근에 더욱 강해졌다. 2015년 리크루트 홀딩스는 1,000명 이상의 소프트웨어 엔지니어들을 고용해, 레스토랑, 뷰티살롱, 결혼식장, 주택임대 등 다양한 업종의 정보를 제공하는 웹사이트 200개, 모바일 앱 350개를 관리했다.

이는 리크루트 홀딩스 내부에서 진행되는 일일 뿐이다. 도쿄 본사 밖에서는 거래하는 수백만 명의 사업가들이 리크루트가 일본 최고의 디지털 미디어 기업이 되도록 힘쓰고 있다.

여기서 얻을 교훈이 있다. 이런 변화는 하룻밤 사이에 일어나지 않는다는 점이다. 리크루트 홀딩스의 규모를 확대해나가는 변화는 점진적으로 일어났다. 그런 점진적 변화가 합쳐져 더 나은 궤적을 그리게 한 것이다.

출판사에서 플랫폼 제공자로

리크루트 홀딩스의 전통적인 광고주인 자영업자는 직접 처리해야 할 자잘한 업무가 많다. 예를 들어, 미용실은 인터넷 예약이 많이 접수되면 좋지만, 전화 예약 손님과 같은 시간대에 겹치지 않게 하려고 인터넷 예약 기록을 종이 수첩에 옮겨 적어 확인한다.

키타무라 요시히로 리크루트 테크놀로지 사장의 설명은 이러하다. "미용사는 고객의 머리를 자르면서 고객과 시간을 보내고 싶어 합니다. 카페 주인은 맛있는 커피를 손님에게 판매하며 시간을 보내고 싶어 합니다. 하지만 그들은 처리해야 할 작업이 너무 많아, 사업에 투입하는 시간이 제한적입니다. 매장관리에 쓰는 시간을 빼면 사업을 키울 시간이 거의 없습니다."

리크루트 홀딩스에서 경력을 쌓아 사장까지 오른 키타무라 씨는 얼굴에서 소년 같은 느낌이 나고 머리가 검고 눈에 생기가 넘치는 야심만만한 경영자다. 그의 주도로 리크루트 홀딩스는 2012

년에 자영업자가 전화 예약과 인터넷 예약을 한 번에 관리할 수 있는 기능을 제공하는 클라우드 기반 플랫폼, '살롱보드'를 출범했다. 이 플랫폼은 문의에 답변하는 작업을 자동화하는 기능이 있어 미용실 사장들에게 즉시 인기를 끌었다.

2013년 키타무라 사장은 스마트폰과 태블릿PC 기반 POS 현금인출기 기능과 (식당 주인들을 위한) 클라우드 기반 데이터 관리 시스템을 통합한 결제 앱, '에어레지' 출시를 발표했다. 그는 에어레지를 설치한 무료 태블릿PC 4만 대를 일본 전역에 배포하는 임무를 수천 명의 영업사원들에게 맡겼다. 2014년에는 매장 앞에 줄을 서서 기다리는 시간을 해소해주는 접수 관리 앱 '에어웨이트'를 공개했다. 2015년에는 현금 관리와 결제 절차에 부담을 느끼는 자영업자에게 좋은 결제 앱, 에어페이먼트를 출시했다.

리크루트 홀딩스는 다양한 플랫폼 사업을 영위함으로써, 하나의 사업만 영위하는 기업에게는 불가능한 여러 역량에 투자할 수 있었다. 이를 통해 전반적 고객 경험을 개선하고, 경쟁사들과 격차를 더욱 벌렸다. 키타무라 사장의 오랜 동료인 아사노 켄 씨가 내게 설명했다.

"우리의 주요 질문은 언제나 '소비자들이 경쟁사가 아닌 우리 회사 앱을 선택할 이유가 있는가?'입니다. 우리 앱이 경쟁사 앱보다 뭐가 우수한가? 우수한 부분이 없다면, 구글 앱이나 페이스북 플러그인에게 쉽게 밀릴 겁니다. 따라서 사업 기회를 평가할 때 우리는 '다른 모든 경쟁사보다 정말로 잘 할 수 있을까?'를 고민해야 합니다."

이것이 리크루트 홀딩스가 수익을 내기 쉬워 보이는 서비스를 추구하지 않은 이유다. "우리는 쉽게 돈을 벌겠다는 아이디어를 배격합니다." 아사노 씨는 늘 주의를 기울여야 하는 상황임을 인정하면서도 이렇게 말했다. "우리는 미래의 사업 규모가 어떻게 될지 알아야 합니다. 우리의 미래를 좌우하는 것은 단기적 수익 창출이 아니라 여러 플랫폼의 잠재적 사용자 수입니다."

이러한 경영진의 행보는 엔지니어팀에게 엄청난 압박을 가했다. 아주 내향적인 소프트웨어 프로그래머들도 프로그래밍만 할 수 없었다. 고객들을 방문해 비즈니스 세계의 현실을 배워야 했다. 리크루트 프로그래머들은 효율적인 예약 앱을 개발하는 데 필요한 정보를 얻고자 영업사원들과 함께 성형외과부터 고급 레스토랑까지 다양한 장소를 방문해 운영 상황을 관찰한다.

방문의 또 다른 목적은 신속한 시제품화다. 리크루트 홀딩스의 시제품은 보통, 고객의 수요를 60퍼센트 정도 충족한다. 시제품의 핵심 기능이 고객에게 좋은 평가를 받은 다음에야 엔지니어들이 또 다른 기능을 집어넣었다.

예를 들어, 에어레지를 설계할 때는 전 리크루트 직원이 운영하는 식당들을 테스트 장소로 삼았다. 세월이 흐른 뒤 엔지니어들이 추가한 '에이리지브' 기능의 화면 레이아웃은 실제 레스토랑의 테이블 세팅을 모방한 것이었다. 이는 식당 주인들이 바쁜 시간대에 손님에게 테이블을 배정하는 작업 속도를 높이는 데 도움이 됐다. 작은 변화이었지만 이런 디테일이, 출시하고 한참 지난 앱에 대한 고객의 충성도를 높였다.

리크루트 홀딩스의 모든 변화 중에서 간과할 수 없는 변화는 판촉 활동의 역할 변화다. 과거에는 사업자들이 소비자를 매장으로 오게 하려고 광고했다. 그러나 오늘날에는 모든 디지털 플랫폼이 사업 효율을 높이는 새로운 수단이 됐다. 오늘날 디지털 플랫폼은 영업사원이 마을을 배회하며 전단지를 뿌리지 않고, 경영자에게 광고 지면을 사라고 권유하지 않는다. 대신, 고객의 통찰을 통합하고, 고객에게 필요한 기술 도입을 권하고, 일반적인 문제 해결자로서 다양한 작업을 수행한다.

기술을 개발할 것인가, 아웃소싱할 것인가

기업이 새로운 활동을 해야 하는 이유를 발견할 때마다 경영자는 이러한 활동을 어느 정도까지 아웃소싱할 것인지 결정해야 한다. 머신러닝의 빠른 발전에 대처하려는 기업들도 마찬가지다.

GE의 전 최고경영자 제프리 이멜트는 이런 상황을 "만들 것인가 살 것인가"란 딜레마라고 부른다. 그는 GE가 캘리포니아에 첫 디지털팀을 구축한 시기를 회상한다.

"우리 회사 경영진은 어느 날 갑자기 잠에서 깨어나 '우리는 더 이상 제조업체로 버틸 수 없으니, 오라클이나 마이크로소프트 같은 기업으로 변신해야 해.'라고 말하지 않았습니다. 우리가 속해 있는 산업과 우리의 핵심 기술을 기반으로 이런 질문을 고민하면서 차츰 결론을 내리게 된 것이죠. 협력사를 찾아야 하나, 자체 기술로 개발해야 하나? 우리에게는 좋은 소프트웨어 협력사들이 많습니다. 하지만 기본적으로 '우리 스스로 해볼 필요가 있다. 우리가 이 방식으로 접근할 수 있는지 시행착오를 통해 알아보자.'고 생각했습니다."(53)

GE는 자체적으로 소프트웨어 개발 능력을 갖추는 편을 선호했지만, '제작' 중지와 '구매' 시작 간의 경계가 모호할 때가 많았다. 데이터 과학자들을 채용해 머신러닝 기술 개발에 착수한다고 해도 다른 기업의 소프트웨어를 구매하지 않는 것은 원치 않으니까. 하지만 기술 개발을 통해 기업 내부에 지식 기반을 다지는 기업은 확실히 유리한 부분이 있다.

1960년대와 1970년대 가전제품에 접목된 집적회로 기술이 가전제품의 기능과 사용 경험을 얼마나 많이 바꾸었는지 생각해보라. 소니, 파나소닉, 도시바, 히타치를 비롯한 일본 제조업체들이 이전에는 기계공학과 전기공학에만 의존해 제소한 사전세품에 전자공학을 접목했다. 이전 시대의 세탁기에는 기계 다이얼과 아날로그 스위치가 들어갔지만, 1960년대 이후 일본 기업들이 만든 세탁기는 전자 디스플레이 화면, 디지털 스위치, 합성 신호음으로 무장했다.

일본과 한국 제조업체들이 자체적인 전자공학 역량을 기르는 동안, 대다수 유럽과 미국 제조업체는 전자공학 회로 장치의 설계와 제조는 다른 기업에게 아웃소싱하고 '핵심 지식에만' 머물렀다. 자체적인 신기술 개발 역량을 키운 기업들은 경쟁사들보다 먼저 신기능을 갖춘 제품을 출시할 수 있었다. 그 외 기업들은 시장 트렌드를 주도하지 못하고, 이미 시장에서 흔히 볼 수 있는 기능만 들어 있는 제품을 출시했다.

리크루트 홀딩스의 경영진이 곧 내리게 될 선택도 비슷했다. 리크루트 홀딩스는 자체적인 머신러닝 기술 개발에 어느 정도까지 투자해야 할까?

거대 기술 기업의 그늘에서 벗어나기

키타무라 요시히로 리크루트 홀딩스 테크놀로지 사장은 리크루트가 온라인 활동과 오프라인 활동이 만나는 경계영역에 잘 포지셔닝했다고 평가한다. 이렇게 다양한 디지털 플랫폼을 잇따라 출범함에 따라, 플랫폼을 통해 수집되는 귀중한 데이터를 활용해 통찰을 얻을 수 있는 가능성이 커졌다는 것이다.

"식당에 들어온 손님을 맞이하는 직원의 입장에서 생각해봅시다. 그러한 오프라인 활동에서 온라인 정보를 이용할 수 있습니다. 손님이 이전에 주문한 내용을 보고 어떤 요리를 선호하는지 추측하고, 식재료 구비 현황 기록을 보고 웨이터가 즉석에서 추천 메뉴를 제시할 수 있습니다." 키타무라 사장의 설명이다.

아사노 켄은 디지털 경계가 사라지는 정도까지 오프라인 데이터와 온라인 데이터를 혼합하는 것이 리크루트 홀딩스가 나아갈 미래라고 생각한다. "우리가 온라인과 오프라인의 경계를 허무는 디지털리제이션의 두 번째 물결에 구글, 페이스북, IBM보다 먼저 올라탈 수 있다면, 모든 일본 중소기업의 플랫폼으로서 큰 성공을 거둘 것입니다."

하지만 데이터 과학자를 충분히 확보하지 못한 점이 리크루트 홀딩스의 인공지능 기술 개발 노력을 저해했다. 4장에서 살펴본 신젠타와 같은 어려움을 겪은 것이다.

그래서 리크루트 홀딩스는 일본기업 최초로 30만 명의 데이터 전문가가 활동 중인 데이터 분석 플랫폼인 '캐글'과 협업했다. 2015년 리크루트는 범용 머신러닝 플랫폼 제공업체인 데이터로봇에 투자했다. 캐글, 데이터로봇 같은 플랫폼에 기업이 데이터와 해설과제를 등록하면, 데이디 과학자들이 기업이 의뢰한 과제를 해결하는 모델을 파이썬, 스파크, H2O를 비롯한 오픈소스 언어를 이용해 개발하고 누가 더 나은 모델을 개발했는지 경쟁한다.

데이터 과학자의 도움이 절실했던 리크루트 홀딩스는 2015년 11월 말 리크루트 기술 연구소를 미국 실리콘밸리로 이전하고, 구글 출신의 저명한 인공지능 연구자 그의 연구소장으로 영입했다.

여러 동시대 연구자들과 마찬가지로, 앨런 하비는 오픈 소프트웨어가 혁신을 촉진한다고 믿는다. 앨런 하비의 주도로, 리크루트의 모든 인공지능 기술 개발이 오픈소스 기반으로 진행됐다. 앨런 하비는 실리콘밸리에선 이상하게 보이는 접근법이지만 일본 본사의 오랜 업무 관행을 따랐다. 리크루트 기술 연구소의 데이터 과학자들은 코드만 작성하는 것이 아니라 연구소 밖으로 나가 고객들이나 영업사원들과 대화를 나눴다. 앨런 하비는 나에게 설명했다.

"우리는 매우 흥미로운 데이터세트를 가지고 있지만, 적절한 도구를 가지고 있진 못합니다. 리크루트는 서비스를 제공하는 데는 탁월하지만 기술 연구에 집중하는 기업은 아닙니다. 리크루트는 여전히 '어떻게 하면 더 좋은 서비스를 제공할까'에 초점을 맞춥니다. 하지만 현재 리크루트 내부에는 진짜 차이를 만들어내기 위해 데이터를 활용해야 한다는 분위기가 확산되고 있습니다."

이 점에 아사노 켄도 동의했다.

"우리는 리크루트를 고품질 데이터를 이용해 가치를 창출하는 기업으로 바꿀 필요가 있습니다. 리크루트는 다양한 플랫폼을 통해 고객들을 총체적으로 바라볼 수 있는 독특한 위치에 있습니다."

승용차 없이 도보로 출근하고 자영업자 고객을 중시하는 키타무라 사장은 미소를 지으며 인터뷰에 응하다가 흥분을 억누르지 못해 목소리를 높였다.

"우리는 이제 우리가 강점을 보이는 플랫폼 분야에서 새로운 사업 기회를 모색 중입니다."

제2의 기계 시대

내가 강의하는 최고위과정에서는, 인공지능 기술의 빠른 발전에 우려를 표하는 경영자를 종종 마주친다. 너무도 빠른 기술 발전으로 갑자기 더 나은 해법이 등장할지 모르니, 다른 회사 제품을 사기 꺼려진다는 경영자도 있다. 하지만 우리는 가속화된 변화의 세계를 살고 있기 때문에, 최소한 인공지능 기술에 대해서는 늘 알아둘 필요가 있다. 이것이 리크루트가 자체적인 인공지능 기술 축적을 위해 실리콘밸리에 연구소를 연 이유다. 리크루트 기술 연구소의 규모는 구글에 견줄 수준은 안 되지만, 솔직히 그럴 필요도 없다. 리크루트 경영진은 최소한 다른 기업이 창조한 신기술을 재포장할 능력은 갖춰야겠다고 판단했다.

최근에 급격히 발전한 기술 중 하나는 기계학습(머신러닝)이다.

IBM의 왓슨은 암 진료 도구로 쓰이기 위해 먼저, 60만 개의 의학적 증거, 42개 학술지의 200만 페이지 분량의 텍스트, 임상시험 결과를 입력받아야 했다.[54] 여기에는 2만 5,000개의 시험 케이스 시나리오, 1,500개의 실제 사례도 포함됐다.[55] 이런 데이터를 통해 왓슨은 의사의 소견서, 연구 결과, 임상연구를 해석하는 방법을 학습했다.[56] 기계가 이렇게 사례 기반 학습을 하도록 데이터를 입력하는 작업은 너무도 많은 시간과 인력이 필요하다. MSK에서는 왓슨에게 입력할 훈련 자료를 만드는 작업에 1년 이상 전담팀이 붙었다.[57] 그리고 이러한 훈련은 결국 고통스럽고 지루한 단순 작업 – 데이터 클리닝, 프로그램 미세조정, 결과 타당성 검증 – 의 연속으로, 고무적인 과정이 아니었다.

"자율주행 시스템에게 차량을 운전하는 법을 가르칠 때는, 차량이 피해 가야 하는 물체에 라벨을 붙이는 작업을 합니다. 이 작업은 누구라도 할 수 있습니다. 하지만 컴퓨터에 입력할 의학 데이터에 라벨을 붙이는 작업은 수십 년간 훈련한 의학전문가만 할 수 있습니다." MSK의 병리학자, 토머스 폭스의 설명이다.[58] 기계가 스스로 학습할 수 있다면 좋지 않을까? 인간이 감독하지 않아도 기계가 스스로 학습하게 할 수 없을까? 구글의 알파고는 인간의 감독 없이 스스로 학습하는 기계의 가능성을 보여준다.

알파고가 인간 챔피언과 바둑을 두기 전, 구글 연구팀은 알파고에게 스페이스 인베이더, 팩맨, 퐁을 비롯한 오락실 게임을 플레이하게 했다.[59] 이 범용 알고리즘은 인간에게 입력받은 정보 없이 - 처음에는 무작위로 버튼을 누르다가 보상을 최대화하기 위해 플레이 방법을 수정하는 - 시행착오를 거쳐 각 게임을 마스터하게 됐다. 여러 게임으로 시험해본 결과, 이 범용 알고리즘은 적절한 전략을 알아내고 실수 없이 적용하는 데에 뛰어난 능력을 보였다. 따라서 알파고는 단순히 왓슨처럼 생각하는 기계만이 아니라, 인간의 직접적 관리를 받지 않은 상태에서 학습하고 전략을 세우는 기계를 대표한다.

이 범용 알고리즘은 심층신경망 - 인간 뇌의 신경망을 모방한 하드웨어와 소프트웨어의 네트워크 - 를 기반으로 한다.[60] 인간의 강화학습은 양성 피드백이 두뇌에 대한 보상 신호로 신경전달물질인 도파민 분비를 촉진해 인간이 만족감과 즐거움을 느끼게 하는 과정을 통해 일어난다. 컴퓨터도 이와 비슷하게 작동하도록 프로그래밍될 수 있다. 알고리즘이 원하는 결과를 달성했을 때 돌아오는 양성 피드백은 점수다. 이러한 프레임워크에 따라, 알파고는 수많은 시행착오를 거쳐 낮은 점수를 내는 전략을 높은 점수를 내는 전략으로 교체해나간다. 이런 방식으로 알고리즘은 바둑뿐 아니라 모든 게임을 자가학습한다.

알파고의 개념설계는 새롭지 않다. 컴퓨터 과학자들은 20년 이상 강화학습을 논의해왔다. 하지만 예전에는 컴퓨터 연산능력 능력과 속도기 부족했던 탓에 발전이 지지부진했는데, 최근에야 "심층학습(딥러닝)"이 제대로 구현됐다.[61] 연구자들이 직접적인 규칙과 명령을 입력한 소프트웨어를 포기하고, 강화학습을 기계에 도입함으로써 자율기계가 현실에 등장하게 됐다. 알파고의 가장 놀라운 점은 자신과 수백만 판의 게임을 벌이면서 성능을 계속 향상시키는 알고리즘이라는 사실이다.[62] 이제 인간 개발자는 더 이상 알파고에게 필요치 않고, 알파고가 정해진 목표를 달성하기 위해 어떻게 선택하는지 파악할 수도 없다. 우리는 알파고에 데이터가 입력돼 어떤 결과가 나오는지는 볼 수 있지만, 그 중간에 어떤 일이 일어나는지는 볼 수 없다는 뜻이다. 프로그래머는 신경과학자가 내 뇌를 MRI로 관찰하면서 왜 내가 핫도그를 먹고 싶어 하는지 설명하는 수준으로, 알파고의 선택을 설명할 뿐이다. 알파고는 인간이 속을 들여다볼 수 없는 블랙박스인 셈이다.

2016년 3월 구글 딥마인드 챌린지 매치 2국에서 알파고가 보인 37번째 수는 대국 상대인 이세돌을 당혹케 했다. 이 대국을 생중계로 지켜보던 유럽 바둑 챔피언 판후이는 이 수를 극찬했다. "이런 수는 처음 봅니다." 그는 "너무도 멋진 수"라고 연신 감탄했다.[63] 이세돌을 꺾은 알파고는 1년 뒤인 2007년에 중국 바둑 최강자 커제에게 압승을 거뒀다. "알파고의 발전 속도는 너무 빠릅니다." 대국 후 기자회견에서 커제는 알파고의 독특하고 초월적인 플레이스타일에 대한 소감을 털어놓았다.[64] 알파고는 무모한 희생처럼 보이지만, 결국에는 이기는 길로 가는 수를 몇 번 보였다.[65]

"작년에 알파고는 그래도 꽤 사람처럼 뒀는데, 올해에는 바둑의 신처럼 변했습니다."[66]

이러한 인공지능의 발전은 많은 이의 우려를 낳았다. 테슬라 창업자, 엘론 머스크는 "인공지능이 핵무기보다 더 위험할 수 있다"고 평가하고[67] 인공지능 연구가 "악마를 소환하는 것"이나 마찬가지라고 표현했다.[68] 머스크는 이런 걱정 때문에 수백만 달러를 출연해 오픈 AI라는 비영리단체를 설립했다.[69] 그는 페이스북의 마크 주커버그, 구글의 래리 페이지를 포함한 다른 기술기업 경영자들에게 기계학습 실험에 주의를 기울일 것을 촉구했다. 애플 공동창업자 스티브 워즈니악도 깊은 우려를 표했다.[70] "사람들에게 무섭고 끔찍한 미래가 올 수 있다. 인간이 신이 될지, 인공지능의 애완동물이 될지 모르겠다." 위대한 물리학자 스티븐 호킹은 BBC 인터뷰에서 "완전한 인공지능의 개발은 인류를 멸망시킬 수 있다"고 전망했다.[71]

이러한 암울한 전망은 과장된 전망일지도 모르지만, 지금처럼 기계자동화의 시대로 멈추지 않고 달려가는 추세가 계속될 경우 자가학습 알고리즘이 우리의 경제활동을 조직하는 데 큰 역할을 수행하리란 전망을 부정하는 사람은 거의 없다. 센서와 모바일 기기의 유비쿼터스 연결성이 구글 알파고, IBM 왓슨 같은 인공지능과 융합할 경우 어떤 일이 벌어질까? 범용 자가학습 알고리즘 세계 경제를 통제하게 될까?

엔비디아의 공동창업자, 젠슨 황은 "AI가 스스로 새로운 AI를 만드는 시대가 올 것"이라고 전망했다.(엔비디아는 딥러닝이 복잡한 계산을 처리하는 데 필요한 GPU를 만드는 기업이다. 컴퓨터가 보고, 듣고, 이해하고, 학습할 수 있는 것은 빠른 연산속도 덕분이다.) "미래에는 모든 거래 - 모든 비즈니스 프로세스 - 를 지켜보는 AI가 기업마다 있을 겁니다. 이렇게 모든 것을 관찰하는 인공지능 소프트웨어가 비즈니스 프로세스를 자동화하기 위해, 새로운 인공지능 소프트웨어를 만들 겁니다. 인간은 그 일을 할 수 없을 겁니다. 너무 복잡한 작업일 테니까요."[72]

이는 그리 먼 미래의 일이 아닐 수도 있다. 수년전부터 GE는 제트엔진, 풍력발전 터빈, 기차의 생산성을 개선하고자, 직원들이 현장에서 계속 수집하는 데이터를 분석하는 방법을 연구하고 있다.[73]

시스코는 모든 종류의 데이터를 클라우드에 전송하는 기술을 개발한다는 야심찬 계획을 세웠다. 시스코는 이런 클라우드를 "만물인터넷"이라고 부른다.[74] 마이크로소프트, 구글, IBM, 아마존 같은 거대 기술기업들은 자체 개발한 기계학습 기술을 기업 고객들이 - 앞서 4장에서 언급한 어플리케이션 프로그래밍 인터페이스(API)를 통해 - 무료로 이용케 한다. 이러한 인공지능은 - 예전에는 엄청난 비용을 들여야 개발할 수 있었으나 - 이제는 아무 기업이나 저렴한 가격에 이용할 수 있다.

덕분에 인공지능이 산업계에 도입되는 속도가 빨라질 것이다. 인간에게 감독받지 않는 알고리즘이 즉각적 조정, 자동화된 최적화, 복잡계의 끊임없는 개선을 조용히 수행함에 따라 기업들 간의 거래비용은 극적으로 줄어들 것이다. 그 결과 과잉설비가 크게 줄고 글로벌 공급사슬에 만연한 막대한 자원낭비가 사라질 것이다. 기업 안팎의 다양한 비즈니스 거래 - 판매, 엔지니어링, 유통, 운영, 금융, 고객서비스 - 를 조율하는 속도가 증가하면, 기업들 간의 마찰이 줄어들고, 그 결과 더 폭넓은 협업이 가능해질 것이다. 거래비용이 0에 수렴하는 경제에서는 '원스톱 서비스'나 '공급사슬 최적화' 같은 전통적 가치 제안이 무의미해질지 모른다. 신규 업체, 영세 업체에게도 가능한 일일 테니까.

이는 넥플릭스, 에어비앤비, 옐프가 이용하는 강력한 저비용 클라우드 컴퓨팅과 비슷한 개념이다.

얼마 전까지만 해도, 모든 인터넷 기업이 비싼 서버와 데이터센터를 갖춰야 했다. 하지만 아마존 웹 서비스, 마이크로소프트 애저 같은 클라우드 컴퓨팅 플랫폼 덕분에 요즘 생겨나는 스타트업은 모든 온라인 인프라를 클라우드에 저장하고, 클라우드에 있는 도구들을 빌려 쓰고, 잡다한 컴퓨팅 작업을 아웃소싱할 수 있다.

스타트업은 수요 증가를 예측할 투자할 필요가 없다. 수요가 늘면 서비스를 더 구매하면 된다. 덕분에 스타트업의 엔지니어링 팀은 핵심시업의 문제해결에 집중할 수 있다.[75]

기업 운영에 필요한 자원이 줄어듦에 따라, 느린 의사결정이라는 대기업의 약점만 더욱 부각될 소지가 있다. 대기업은 (자체적인 공급망을 보유하고 통제하는) 수직 통합을 통해 중소기업보다 강점을 보였으나, 이제는 그런 시대가 저물고 있다. 도리어 대기업들은 주문을 접수하자마자 실시간으로 맞춤형 해법을 제공하는 데 능한 소규모 기업들의 거센 도전에 압박을 받고 있다. 다시 말해, 2차 기계 시대에 대기업들은 소기업처럼 민첩하게 행동할 필요가 있다. 이는 7장에서 더 깊이 탐구해보겠다.

인간의 일자리는 어떻게 될까

2000년도에 오마하의 현인, 워렌 버핏은 왜 기술기업 주식을 사지 않느냐는 질문에 이렇게 답했다. "우리는 우리가 이해하지 못하는 주식은 절대로 사지 않습니다."[76] 2017년 버크셔 해서웨이 주주총회에서 버핏은 인공지능이 "특정 분야에서 상당한 고용감소를 야기할 수 있다."고 인정했다.[77]

모든 산업의 모든 경영자가 일자리가 없는 미래를 직면하게 될 것이다. 몇 년에 걸쳐 손으로 성경을 필사하는 일을 해온 중세 수도승 앞에 갑자기 인쇄기가 생긴다고 생각해보라. 어떻게 21세기 화이트칼라 노동자들은 일자리를 나누어 앞으로 나갈 것인가?

전통적인 인간의 우위 – 위작을 "감별"하거나 의학적 진단에 대한 "소견"을 밝히려면 경험 많은 전문가가 필요하다 – 가 빠르게 사라질 수 있다.

✳ ✳ ✳ ✳ ✳

리크루트 홀딩스의 사례는 경영의 본질에 관한 시사점을 제시한다. 리크루트 경영진이 어떻게 현장에서 고객들을 만나는 영업사원들을 보편적 문제 해결자로 키우고 있는지 살펴보았다. 인공지능 로봇과 빅데이터의 시대에, 인간의 전문지식이 대체될 수 없는 분야가 있을까? 6장에서 이 실존적 질문을 탐구해보겠다.

6장

인간의 창의성을
활용하는 경영

빅데이터부터 휴머니티까지

어떤 위대한 발견도
용감한 추측 없이는 발견될 수 없다.

물리학자, 아이작 뉴턴 (1943~1727)

미스터리와 퍼즐

기업 중역들은 매일 두 유형의 문제를 고민한다.

하나는 퍼즐 유형의 문제, 또 하나는 미스터리 유형의 문제다. 예컨대, '경쟁사가 어떤 상품을 출시할 것인가?'란 질문은 퍼즐에 해당한다. 퍼즐 유형의 질문은 정확한 데이터가 있어야만 풀 수 있는 문제다. 러시아 정부의 2016년 미국 대선 개입 여부도 퍼즐에 해당한다. 더 많은 정보를 얻지 못하면, 이 질문의 답을 도출하기 어렵다.

퍼즐을 푸는 비결은 더 나은 정보 취합과 더 예리한 정보 분석이다. 그런데 일찍이 아인슈타인이 말했다.

"문제를 악화시키고 있던 시기에 지녔던 사고방식을 계속 견지해서는 문제를 해결할 수 없다."

아인슈타인이 지적한 문제는 퍼즐이 아니다.(사실 퍼즐 유형의 문제 해결에는 IBM이 개발한 컴퓨터 프로그램, 왓슨의 특기인 정보 수집 능력이 가장 중요하다.) 아인슈타인이 말한 문제는 사고방식을 전환하고, 세상을 보는 관점을 바꾸지 않는 한 해법을 찾을 수 없는 문제다. 다시 말해, '미스터리 유형'의 문제다.

미스터리 유형의 문제는 비즈니스 세계에서 비일비재하다. 예컨대, '고객이 정말로 원하는 상품이 무엇인가?'란 질문은 대부분의 경우, 미스터리다. 기업 중역들은 포커스 그룹(표적 집단) 인터뷰부터 대규모 설문조사, 소셜미디어 빅데이터 분석까지 온갖 시장조사 도구를 활용해 소비자의 수요, 욕구, 갈망을 파악하고자 한다. 하지만 소비자들도 본인의 욕구를 제대로 모르거나, 이 욕구를 충족할 해법을 콕 집어 말하지 못하는 경우도 있다. 그리고 기업 중역들이 기존 사업 형태에 너무 안주한 나머지, 대안을 상상하지 못하는 경우도 있다. 미국 철도 회사들이 쇠퇴한 이유는 경영진이 '운수 사업이 아닌 철도 사업'을 영위하고 있다는 고정관념에 빠진 탓에 고객들이 철도 이외의 교통·통신수단 - 승용차, 트럭, 항공기, 전화기 - 을 이용하는 시대 흐름에 대처하지 못했기 때문이다.[1]

미스터리를 푸는 방법은 퍼즐을 푸는 방법과 다르다. 미스터리를 풀려면 종래에 없던 것을 만들어야 한다. 컴퓨터는 정확성·정밀성·일관성이 뛰어난 기계지만, 신빙성 있게 설명하거나, 다양한 분야에 걸친 사회적 관계를 통합하거나, 온라인과 오프라인을 망라한 데이터를 처리하거나, 인간의 행태를 설명하는 가설을 세우고 '왜'라는 질문에 답하는 기능을 수행하는 기계는 아니다.

1995년, 스티브 잡스는 애플이 어떻게 매킨토시 컴퓨터를 개발했는지 설명했다.[2]

"시장 조사를 통해, 소비자들이 우리가 개발한 신제품이나 기존 제품의 점진적 성능 개선에 어떤 반응을 보일지 알 수는 있어도, 소비자들 자신도 확실히 인식하지 못하는 잠재적 수요를 알 수는 없습니다 …… 어떤 제품을 개발할지 구상하는 초기 단계에서 시장조사는 거의 도움이 되지 않기에, 비점진적 도약을 할 필요가 있습니다."

20년 뒤 아이패드 시장조사를 얼마나 했는지 묻는 기자에게 스티브 잡스는 "하지 않았습니다."라고 답했다.[3]

스티브 잡스라면 혁신적 제품 개발을 쉽게 진행할 수 있을지 모르지만, 그와 같은 천재가 없는 기업들은 혁신적 제품을 출시하기까지 어떤 힘든 과정을 견뎌야 할까?

로잔 해거티는 골치 아픈 뉴욕 타임스퀘어의 노숙자 문제를 해결하기 위해 그런 힘든 과정을 견뎠다. 이 사례를 통해 역실적으로, 타인의 처지를 이해하려고 끈질기게 노력하는 능력이야말로 스마트 기기 시대의 최대 강점이라는 것을 알 수 있다.

노숙자의 도시, 뉴욕

　뉴욕은 부자와 노숙자가 가까운 거리에 사는 도시다. 관광객들의 명소인 타임스퀘어는 과거 미국에서 가장 노숙자 밀도가 높은 지역이었다. 1980년대 말 이곳은 스트립쇼와 성매매로 악명 높았다. 한복판에 들어선 거대하고 허름한 타임스퀘어 호텔은 15층짜리 갈색 벽돌 건물로, 내부는 담배 연기로 누렇게 뜬 240센티미터 높이의 벽들로 나눠진 작은 방들이 잔뜩 있었다. 각 방은 조명시설이 전구 하나뿐이고 작은 침대와 라커 하나 들어가면 꽉 차는 가로세로 120센티미터, 180센티미터의 공간이었다. 천장에는 철조망이 허술하게 부착돼 있었고, 쓰레기, 곰팡이, 마약 용기가 여기저기 너부러져 있었다.

　타임스퀘어 호텔은 몇 년간 파산 상태였기에, 법원이 보낸 공무원들이 성의 없이 운영했다. 이 건물은 1,700개 이상의 건축법 조항을 위배해 언제라도 철거될 운명이었다. 건물 안에는 200명가량이 거주했는데, 대부분 노인이었고, 일부는 정신질환자, 일부는 베트남전에서 돌아온 퇴역군인이었다. 건물을 폐쇄하면 동네 노숙자 수를 늘릴 뿐이었다. "이곳은 뉴욕 최대의 원룸 호텔이었습니다. 너무도 크고 사람들의 이목을 끄는 건물이었기에, 나는 이 건물의 처리 방안에 관심을 가졌습니다." 로잔의 회상이다.[4]

인상이 날카롭고 단발머리를 한 로잔 해거티의 말투는 사교적인 사회운동가가 아닌, 혈기왕성한 기업 중역처럼 공손하지만, 단호했다. 〈월스트리트 저널 매거진〉 인물 소개에 따르면, 코네티컷 주 하트포드 교외에서 자랐고 열일곱 살 때 아버지를 여의고 어린 동생 7명을 돌봤다. 그는 애머스트 대학교에서 미국학을 전공하고, 트라피스트 수도회 수도사이자 사회비평가인 토머스 머튼을 주제로 졸업 논문을 썼고, 타임스퀘어 43번가에 위치한 홈리스 청소년 자선단체에서 일했다. 이윽고 가톨릭 자선단체와 함께 일하면서, 저소득층 주택세액 공제 제도(LIHTC, '라이텍'이라고 발음한다)를 신청하는 방법을 배웠다.

LIHTC는 저소득층을 위해 값싼 임대주택을 개발하는 민간 업자에 대한 인센티브로서 1986년 세금개혁법에 따라 도입된 세액 공제 제도다. "당시에는 아직 생소한 제도였기에 활용법을 아는 이가 많지 않았습니다." 로잔의 회상이다.[5] 로잔은 주요 비영리 단체와 대기업을 찾아가 타임스퀘어 호텔을 재개발하자고 설득했다. 많은 이가 감명받았지만 선뜻 나서지 않았다. 할 수 없이 1990년 로잔이 직접 '커먼그라운드'(브레이킹 그라운드의 전신)라는 비영리 사회복지 단체를 설립하고, LIHTC를 활용해 연방정부, 주정부, 시청의 지원금을 받고, JP모건, 벤 앤드 제리스 등 투자자들과 함께 타임스퀘어 호텔을 인수해 리모델링했다.

652개의 방이 있던 타임스퀘어 호텔은 1993년에 독신 저소득층을 위한 최신 숙박 시설로 재개장했다. "원룸 호텔이 허름하고 불결해지기 쉬운 것은 관리를 잘 못하기 때문입니다.[6]" 로잔은 "꼼꼼한 건물 설계와 충실한 시설 관리"를 통해 거주자들에게 제대로 된 지원 서비스를 제공하는 것이 성공적인 저소득층 주거 프로젝트의 조건이라고 생각했다. 그래서 타임스퀘어 호텔을 지붕 있는 정원, 컴퓨터실, 호텔 샹들리에를 단 로비 공간, 엄격한 경비 시스템, 의료시설, 식당, 도서관, 미술실을 갖췄다. 그리고 노숙자 재활을 위해 심리학자와 심리치료자들이 호텔 시설에서 의료 서비스와 직업 훈련도 제공했다.[7]

"이후 오랫동안 타임스퀘어 호텔은 노숙자 재활 프로그램의 대안적 사례로 주목받았습니다. 우리는 사람들이 쉽게 재기할 수 있도록 돕습니다."

1994년 4월 15일, 벤 앤드 제리스 아이스크림의 공동창업자, 벤 코언, 제리 그린필드가 1층에 아이스크림 가게를 열어 3,000개의 아이스크림콘을 나눠줬다. 이 아이스크림 가게는 이후 15년간 위층 거주민들이 운영했고, 너무도 성공적이라는 평가를 받았기에, 록펠러 센터에 위치한 위성 시설에도 동일한 아이스크림 가게가 열렸다.[8]

하지만 타임스퀘어 지역의 노숙자는 여전히 많았다. 커먼그라운드는 많은 이의 찬사를 받았고, 타임스퀘어 호텔을 혁신적으로 재개발했지만, 로잔이 보기에, 타임스퀘어 호텔 부근에서 노숙하는 사람들의 수는 딱히 줄지 않았다.

1998년 5월 어느 날 아침, 로잔에게 1통의 전화가 왔다. 받아보니, 지역 병원 응급실의 사회복지사가 건 전화였다.

"해거티 커먼그라운드 대표님 맞으십니까? 이곳에 대표님의 가까운 친척이라 밝히는 분이 오셨는데, 제가 보기엔 타임스퀘어 어딘가에 사는 홈리스이신 것 같습니다."

로잔은 더 묻지 않고 즉시 병원으로 갔다.

"병원에 가보니, 날마다 34번가에서 타임스퀘어까지 카트를 끌고 골판지를 줍는 할머니가 계셨습니다. 나는 그분을 몇 년간 봐왔기에 이름은 몰라도 얼굴을 알고 있었습니다. 할머니를 우리 시설로 급히 모셔왔습니다. 왜 진작 우리 시설에 오시지 않았냐고 묻자, 할머니가 따뜻한 미소를 지으며 '오라는 말을 들은 적이 없으니까요.' 하고 말씀하셨습니다."

로잔은 마음이 아팠다. 자신의 조직이 애초에 가장 돕고 싶었던 사람들을 돕지 못한 상황이었기 때문이다. 이상하게도, 가장 도움이 필요했던 사람들에게 도움의 손길이 미치지 못했다. 시설을 아무리 잘 운영해도 노숙자 수가 딱히 줄지 않는다면, 무슨 의미가 있겠는가?

만성적 홈리스 문제 인식

사회복지사들은 대개, 노숙자를 거리에서 보호소로, 보호소에서 영구주택으로 이동시키는 컨베이어 벨트 모델을 믿었다. 즉, 사회복지사들은 누군가 노숙자에게 보호소가 어디 있는지 알리면, 노숙자가 자연히 보호소를 찾아올 테고, 보호소에 거주하는 노숙자는 자연히 영구주택으로 이동하리라 가정했다. 이 가정을 의심하는 사람은 거의 없었다. 하지만 경험 많은 사회복지사라면 누구나 사회복지 서비스를 받길 거부하는 사람 - 보호소 입소를 거부하는 노숙자 - 가 많다는 현실을 안다. 겨울이 혹독하게 추운 뉴욕조차 그렇다.

뉴욕 시에서만 수십 개의 조직들이 다양한 방식의 노숙자 지원 프로그램을 실시되고 있었다. 병원들은 노숙자들에게 응급실과 알코올 중독 치료를 제공했다. 타임스퀘어에서 15개 블록 떨어진 거리에 커다란 무료 급식소가 있었고, 교외 지역의 종교 조직과 자원봉사자들이 정기적으로 맨해튼을 방문해 밤중에 굶주린 노숙자들에게 식량을 제공했다. 하지만 1월 밤중에 로잔팀은 타임스퀘어 길거리에서 400명이 훌쩍 넘는 노숙자를 발견했다.

노숙을 중지시키는 일은 휴머니즘의 관점에서도 경제적 관점에서도 중요했다. 노숙자들은 종종 공공자원을 과도하게 소비했다. 한 예로, 네바다 주 리노 시의 노숙자, 머레이 바는 알코올중독

치료비, 응급실 이용비 등 공공서비스 이용으로 10년간 100만 달러의 세금을 소모하고 있었다. 하지만 주정부는 그가 노숙 생활을 벗어나도록 주거시설에 투자하는 데에는 별 관심이 없었다. "우리가 조치를 취하지 않은 탓에 100만 달러를 낭비했습니다." 경찰관 오브라인의 평가다.[9]

샌프란시스코에서 실시된 연구에 따르면, 노숙자에게 안정된 주택을 제공하면 응급실 방문 횟수를 56퍼센트 줄일 수 있다고 한다. 캘리포니아 대학교 연구팀은 노숙자 15명이 18개월 동안 병원비와 법집행비로 150만 달러가 넘는 세금 지출을 초래한다는 사실을 밝혔다. 고비용 메디케이드 가입자 중 3분의 2가량이 노숙자이기니 주거가 불안정한 사람들이다.

커먼그라운드 직원들은 추운 한겨울 밤중에 노숙자 수를 센 다음에 실시한 심층면접에서 보호소를 진저리치게 싫어하는 노숙자가 많다는 점에 놀랐다. 그들은 거리에 비해 보호소가 딱히 더 안전한 안식처라고 여기지 않는 듯했다. 보호소는 기분 나쁘게 춥고 눅눅하고, 오줌 냄새가 코를 찌르고, 술과 마약이 있고, 다양한 주에서 온 낯선 사람들이 모여 있기 때문이었다. 오히려 보호소를 나가면, 어디에 가야 음식을 얻거나 샤워를 할 수 있는지, 근근이 살아가는 법을 알려주는 노숙자들의 공동체가 있었다.

거리에는 많은 위험요소가 있지만, 노숙자들은 해방감을 중시하고 사유토이 돌아다니는 쪽을 선호했다. 그들은 보호시설에 간 노숙자에게 부과되는 규칙을 자신들을 무시하는 횡포로 여겼다. 상당수 노숙자들은 자신이 오직 관료주의 때문에 노숙자 신세에서 벗어나지 못한다고 생각했다. 예컨대 공공임대주택에 들어가려면, 출생증명서, 소득증명서, 신용상태 증빙 서류, 또는 6개월간 술을 마시지 않았다는 증거를 제출해야 했는데, 몇 년째 노숙자 신세인 사람들에게는 거의 불가능한 일이었다.

"그들의 마음속에서 보호소는 헛된 약속만 하고 공공임대주택 입주를 막는 장벽이자 가장 사회복지 제도가 필요한 사람들을 가로막는 관문과 같았습니다." 로잔의 설명이다.[10]

커먼그라운드는 이러한 발견을 토대로 다음 단계에 착수했다. 커먼그라운드는 보호소 입소를 거부하는 노숙자들에게 공공주택으로 안내하는 '스트리트 투 홈(street to home, 거리에서 집으로)' 프로그램을 시작했다. "나는 기존 사회복지사들과 다른 배경을 가진 사람에게 이 일을 맡기고 싶었습니다."[11] 그래서 로잔은 웨스트포인트 사관학교 졸업생으로 특수작전지휘관, 정보장교를 역임한 베키 캐니스를 채용했다. "이 문제에 관해서 선입견이 없는 인재가 필요하다는 생각이 들었습니다."[12] 로잔은 타임스퀘어 노숙자 수를 3년 내에 3분의 1로 줄이는 과제를 베키에게 맡겼다.[13] 베키는 다른 자원봉사자들과 함께 강력한 자원봉사자팀을 신속히 조직해, 노숙자들에게 음식, 의료 지원, 재정 지원, 직업, 보호소, 보호소, 상담, 주택을 원하는지 물었다. 베키가 이끄는 팀은 복잡한 관료주의-정신건강 진단서와 소득원 입증 자료를 떼고, 장애인 지원과 사회복지를 신청하는-절차 탓에 노숙자들이 기존 복지 시스템을 이용하지 못했던 점을 개선하는 방법을 찾는 데 집중했다. 가장 먼저 도움을 받아야 하는 사람들을 차별하는 여러 법제도를 바꾸고 사회복지 신청 절차를 최대한 간소화하고자 노력했다.

한편, 커먼그라운드는 로어 맨해튼 바워리 거리의 악명 높은 상징이던 앤드류 호텔을 리모델링해 세 번째 노숙자 지원 시설을 열었다. 타임스퀘어 호텔이 장기 임대 시설인 반면, 앤드류 호텔은 노숙자 신세를 벗어나는 "첫 단계"에 해당하는 단기 거주 시설로 설계됐다. 따라서 노숙자가 앤드류 호텔에 들어가는 절차를 훨씬 간소화했다. 술을 마시지 않았다는 증거도 요구하지 않았고, 입소자의 행동을 제약하지 않았으며, 재활 프로그램이나 다른 지원 서비스를 강요하지도 않았다. 앤드류 호텔에서 재활 지원 서비스를 제공했지만, 원하지 않으면 받지 않아도 됐다.

베키가 이끄는 팀은 프로그램 운영 첫 해에, 보호소 입소를 거부했던 노숙자 43명을 성공적으로 지원했다. 마침내 노숙자 지원 프로그램이 실질적 효과를 거두는 듯 보였다. 하지만 로잔과 베키는 아직도 배워야 할 것이 많았다. 뉴욕에서 노숙자 수를 줄이기란 그리 쉬운 일이 아니었다.

만성적 홈리스 문제를 어떻게 해결했나

5장에서 AI가 회계, 의료, 법조, 언론, 금융 등 다양한 업종의 직업을 어떻게 대체할지 살펴봤다면, 이번 장에서는 여전히 AI로 대체 불가능한 ─ 인간의 판단, 창의성, 공감능력이 필요한 ─ 직업들을 살펴보고 있다.

옥스퍼드 대학교의 칼 베네딕트 프레이, 마이클 오스본의 연구에 따르면 레크리에이션 치료사, 운동 트레이너, 성직자는 사람들과 활발히 상호작용해야 하는 직업이기 때문에 자동화 시대에 사라질 가능성이 낮다.[14] 반면 반복적인 작업을 하는 매매 관련 직업 ─ 부동산 중개사, 회계감사관, 텔레마케터 ─ 은 로봇으로 대체될 가능성이 높다.[15] 로잔이 이후 경험하게 될 좌절도 여러 가지 요소가 복잡하게 얽힌 인간사의 일을 푸는 데에는 기계가 인간을 대체하기 어려울 것이란 점을 보여준다.

커먼그라운드는 스트리트 투 홈 프로그램 출범 1년이 된 시점에 다시 한밤중에 타임스퀘어 길거리로 나가 노숙자 수를 확인했다. 그 결과 노숙자 수가 줄기는커녕 17퍼센트 증가한 사실을 발견했다. 이는 암울한 통계였다. 당황한 로잔은 프로젝트를 통째로 중단했다. 프로젝트의 기본 개념이 잘못됐든지 실행 과정에서든지 문제가 있었다고 판단했기 때문이다.

당시 프로젝트 책임자 제임스 매클로스키는 여전히 엉뚱한 사람들을 타깃으로 삼았을지 모른다고 추측하고, 대담한 수를 썼다. 그는 팀원들과 함께 4주 연속으로 매일 아침 5시에 길거리를 돌아다니며 타임스퀘어 일대 20블록 안에서 노숙하는 모든 사람들의 사진을 찍고 명단을 작성했다. 팀원들이 집계한 노숙자 55명 중 18명만이 타임스퀘어에서 정기적으로 노숙했다. 나머지는 가끔 타임스퀘어에서 노숙했고, 항상 노숙하는 사람들도 아니었다. 즉, 타임스퀘어에서 계속 노숙하는 사람 – 스트리트 투 홈 프로그램의 도움이 가장 필요한 사람인데도 지금까지 받지 못한 사람 – 은 18명뿐이었다.

매클로스키팀의 발견이 연 돌파구의 가치는 매우 컸다. 당시에는 '만성적 홈리스'가 아직 생수한 용어였고, 지원 단체들도 모든 노숙자를 똑같은 방식으로 대했다. "마치 병원 응급실 의사가 '모든 환자가 똑같이 아프다'라고 말하는 것과 같았습니다. 물론 그런 일은 없죠." 로잔의 설명이다. 그는 통계에서 만성적 홈리스와 일시적 홈리스를 구분하지 않은 것이 홈리스 수가 줄지 않은 원인 중 하나라고 보았다. 매클로스키팀의 발견은 그때까지 모든 사람이 간과했던, 빈곤 집단의 존재를 조명했다. 노숙자가 쉽게 집에 들어가 살게 돕는 것만으로는 충분치 않았다. 맞춤형 개입을 하지 않는 한, 만성적 홈리스는 영원히 복지 시스템의 사각지대에 놓일 터였다.

이 만성적 홈리스 집단에 지원을 집중하고자, 스트리트 투 홈

프로그램은 다른 지역 단체에게서 노숙자를 받는 일을 중지했다. 그러자 그때까지 우호적이고 협조적이던 다른 단체들이 적대적으로 변했다고 로잔이 내게 말했다.

"모든 협력 단체들이 우리에게 노숙자들을 보내고 있었는데, 갑자기 우리가 모든 협력을 중단하고 가장 어려운 처지의 만성적 홈리스만 지원하겠다고 선언하자, 그들은 분노해서 항의했어요. 우리가 무정하고 속 좁은 단체가 됐다고 비난했죠. 하지만 우리는 '가장 해결하기 어려운 사례들만 다룰 것이고, 쉬운 사례들은 여러분이 스스로 해결해야 합니다.' 하고 설명했습니다."

스트리트 투 홈팀은 가장 절망적인 처지에 있는 만성적 홈리스 14명에게 집을 제공하는 작업에 집중했다. 그들은 평균 14년이나 노숙했기에 타임스퀘어 상점 사장들, 경찰관, 공공기관에 익히 알려진 인물들이었다. 그들은 모두 마약과 술에 빠져 건강에 문제가 있었다. 예전에 다른 지원 단체들이 최소 1회 이상 그들을 도운 적이 있었다. 하지만 아무도 그들이 노숙을 중단하도록 하는 데 성공하지 못했다.

로잔은 '동네에서 유명한' 만성적 홈리스라는 까다로운 문제를 해결하면, 이것이 파급효과를 일으켜 타임스퀘어 일대를 개선하는 작업을 가속화할 것이라고 예상했다.

"이름 없는 노숙자를 아무렇지 않게 지나칠 수는 있어도, 일단 그가 베트남전에 참전했고 현재 암을 앓고 있는 에드라는 남자임을 알게 되면, 돕지 않고 못 배기게 됩니다."[16]

1년 뒤, 고무적인 결과가 나타나기 시작했다. 만성적 홈리스에 지원을 집중해 그들이 원하는 것-보호소가 아닌 주택-을 제공하자, 다른 노숙자들도 지원 단체에 도움을 청하게 됐다. 임시 숙소 대신 집을 제공하는 '주거 우선' 전략은 효과를 보였다. 스트리트 투 홈팀의 조사에 따르면, 2006년 타임스퀘어 노숙자 수는 1년 만에 75퍼센트 감소했고, 2007년에는 전년도의 50퍼센트 수준으로 감소했다. 2년 만에 타임스퀘어 노숙자 수가 87퍼센트 감소했고, 인근 20개 블록의 노숙자 수는 43퍼센트 감소했다. 그러자 뉴욕 시의 모든 봉사 단체들이 스트리트 투 홈팀처럼 노숙자 실태를 파악하기 시작했고, 2007년 마이클 블룸버그 뉴욕 시장은 커먼그라운드의 노숙자 해법을 뉴욕 시 전역으로 확대했다. 노숙자 지원에 중점을 두던 단체들이 이제는 결과를 측정하는 데 집중하게 됐다. 스트리트 투 홈팀이 직원 8명, 예산 35만 달러로 일으킨 작지 않은 혁신이었다.

물론 홈리스 발생 원인은 언제나 다양하다. 건강 문제, 약물 중독, 가정폭력, 임금 정체, 월세 폭등이 근로빈곤층의 사정을 악화한다. 2000년부터 2014년 사이에 뉴욕 시의 중위 월세는 19퍼센트 증가했고, 가계 소득은 6.3퍼센트 감소했다.[17] 같은 기간에 뉴욕 시에서는 저렴한 임대주택이 수십만 호 감소했다.[18] 이러한 사회 주세가 근로빈곤층을 더욱 취약하게 했다.

근로빈곤층이 일자리를 잃거나 아파서 일을 못하는 경우에는 집에서 쫓겨나거나 집을 압류당한다. 하지만 이런 사회 추세만 보고 세부적인 현실을 놓쳐서는 안 된다. 만성적 홈리스는 전체 홈리스의 여론을 좌우하기 때문이다.

로잔은 만성적 홈리스에게 지원을 집중하는 해법의 파급효과를 입증했다. 지역 노숙자 수를 유의미하게 줄이기 위해 부족한 자원을 가장 어려운 처지에 있는 만성적 홈리스 지원에 집중했다. 그들이 다루기 까다로운 상대라고 해서 피하지도 않았다. 이는 그때까지 다른 지원 단체들이 해온 방식과 정반대였다.

커먼그라운드의 접근법이 통상적 접근법과 달랐던 점은 '지원 거부자'로 치부된 노숙자들을 포기하지 않고 끈질기게 조사했다는 것이다. 사무실에 앉아 어떤 지원 정책이 노숙자 현실을 개선할지, 노숙자에게 뭐가 필요할지 추측하는 대신, 커먼그라운드 팀원들은 현장에 나가 만성적 노숙자가 어떤 환경에 처해 있는지에 관한 정보를 취득했다. 커먼그라운드 팀은 판단과 분석을 유예하고, 우선 순수하게 직접 관찰하고 들은 바에 입각해서 결론을 내렸다. 그런 다음에야 비로소 효과적인 해법에 접근하기 시작했다.

"안정적 주거 제공과 지원 서비스의 결합은 사회안전망 틈새로 자꾸 벗어나는 이들이 삶의 안정을 되찾고 앞으로 나가게 하는 마법의 공식입니다." 스티븐 뱅크스 뉴욕 시 사회복지정책국장의 평가다.[19]

공감을 통해 미스터리 이해하기

세계 최대 디자인 컨설팅 회사 IDEO의 공동설립자이자 뉴욕 소재 쿠퍼 휴잇 국립 디자인 박물관의 관장을 역임한 빌 모그리지가 말한 바 있다.

"엔지니어들은 기술을 먼저 개발한 다음에 활용 방안을 찾는다. 사업가들은 사업을 먼저 제안한 다음에 필요한 기술과 사람들을 찾는다. 디자이너들은 먼저 사람들을 만나서 관찰한 다음에 그들의 관점에서 해법을 향해 간다."[20]

IDEO의 공동설립자 팀 브라운은 한발 더 나갔다. 그는 "디자인적 사고는 '단순한 스타일'에 머물지 않고 최종 사용자의 '진짜 필요를 충족'하고자 하며, 상대방의 입장에서 생각하는 주의 깊은 인류학자의 렌즈를 통해 혁신 노력을 기울인다."고 설명했다. 스탠포드 디자인 스쿨(디스쿨)에서는 디자인 사고의 두 기본 요소를 가르친다. 하나는 타깃 고객의 감정, 목표, 필요를 이해하는 과정인 '공감하기'고, 또 하나는 빠르고 경제적인 해법을 개발해 시제품으로 제작 후, 사용자의 피드백을 반영해 제품을 개선해나가는 과정인 '신속한 시제품 제작'이다.

로잔은 학교에서 배우지 않았어도 디자인 사고를 자연스럽게 터득했다. 그처럼 누구나 디자인 사고를 학습할 수 있다. 디자인 사고를 터득하면, 엔지니어도 커먼그라운드 팀원들처럼 인간 행태에서 작은 단서를 발견해 해법을 찾을 수 있다.

더그 디츠는 자기공명영상(MRI) 촬영 기계를 새로 설치한 동네 병원을 방문하기 직전까지, 어린이 병동 내부의 환경이 어떤지 전혀 몰랐다.[21] 미국 중서부 출신으로 부드러운 목소리와 짓궂으면서도 호감 가는 미소를 지닌 그는 24년간 GE에서 근무한 베테랑으로, 전반적인 기계 관리, 통제, 진열, 환자 이송 도구를 책임지는 GE헬스케어 산업 디자이너였다.

"복도에서 젊은 가족 옆을 지나쳤습니다. 가까이서 보니 어린 소녀가 울고 있더군요. 아버지는 몸을 숙여 소녀에게 '아빠가 한 얘기 기억하지? 넌 용감하게 해낼 수 있을 거야.'라고 말했습니다." 더그의 회상이다.[22] MRI가 시끄러운 소음을 내며 작동하자 어린 소녀가 겁에 질려 울기 시작했다. 더그는 병원 측이 아이에게 진정제를 투여한다는 사실을 나중에 알게 됐다. 시끄러운 소음을 내는 MRI 기계 안에서 가만히 누워 있다 보면 겁이 나서 울기 때문이다. MRI 촬영을 하는 아이의 80퍼센트가 진정제를 투여받았다.[23]

생명을 구하는 MRI 기계를 두려워하는 어린이들의 모습을 본 더그는 MRI 기계를 다시 디자인하기로 결심했다. P&G 근무 시절 스탠포드 디자인 스쿨을 견학한 상사가 그가 일주일짜리 스탠포드 디자인 스쿨 워크숍에 참가하도록 배려했다. 더그는 MRI 기계를 처음부터 다시 디자인하는 프로젝트를 시작할 능력이 자신에게 없으리라 생각했으나, 디자인 스쿨에서 사용자 경험을 재설계하는 인간 중심 디자인 접근법을 배웠다. 이후 5년간 더그는 새로운 팀원들과 함께, 지역 어린이 박물관 직원, 병원 직원, 부모, 아이들의 의견을 취합하고, 의견을 반영해, 보고 만지고 경험할 수 있는 시제품을 만들었다.[24] 아이들과 함께 테스트와 평가를 진행하고 부모들과 인터뷰해 시제품에서 어느 부분이 좋거나 나쁜지 파악했다. 이를 토대로 새로운 아이디어를 내고 새 시제품을 만들어 아이들에게 평가를 받는 사이클을 반복했다.

그 결과인 GE헬스케어의 어드벤처 시리즈는 아이들이 MRI 촬영을 하는 과정을 상상의 세계를 탐험하는 과정의 일부로 바꾸었다. MRI 촬영실은 해적섬, 정글 모험, 아늑한 캠프, 산호 도시 등의 테마로 꾸며졌다.[25] 이이는 카누처럼 페인트칠한 MRI 기계의 환자 이송 장치에 올라가 눕는다. MRI 기계의 스캐너가 시끄럽게 작동하는 소리는 어린 환자 입장에서 모험의 일부 – 카누가 들썩거리는 소리 – 가 됐다. "병원 측은 아이들에게 카누가 흔들리지 않게 가만히 누워 있으라고 말합니다. 아이가 정말로 가만히 누워 있으면, 천장에 달린 스크린을 통해 물고기가 아이 위를 뛰어올라 지나가는 영상이 나옵니다." 더그의 설명이다.[26] 아이들은 MRI 촬영이 너무도 재밌어서 부모에게 다시 하겠다고 졸랐다. 진정제를 투여받는 어린이 환자 비율이 80퍼센트 감소했고, 부모의 만족도는 90퍼센트 증가했다.[27] 한 어머니는 6살짜리 딸이 MRI 해적선에 누워 촬영을 마친 뒤 자기에게 "엄마, 내일 다시 와도 돼?"하

고 속삭였다고 제보했다.[(28)]

스몰데이터[(29)] – 어린 아이 1명에게서 관찰되는 사소한 행동 – 야말로 혁신적인 디자인으로 이어진다. 더그 디츠는 어린 소녀의 표정을 놓치지 않고 어린이들의 심리를 제품 디자인에 반영함으로써, 무서운 MRI 촬영 과정을 재밌는 이벤트로 바꾸고, GE의 판매 실적을 올렸다.

로잔 해거티, 더그 디츠의 사례가 입증하듯, 주의 깊은 관찰은 고객, 최종사용자, 제품, 서비스를 바라보는 산업계의 시각을 바꾼다. 하지만 두 사례에서 가장 중요하게 살펴볼 대목은 인간 뇌의 창의적 활동이다. 수백만 년에 걸쳐 인간은 모호하고 복잡한 상황에 적응하도록 뇌를 진화시켜 왔다.(이는 물질계보다 사회적 영역이 더 이해하기 모호하고 복잡하기 때문이기도 하다.)

천체물리학자 닐 디그래스 타이슨은 이렇게 말한 적이 있다. "인간의 행동을 과학적으로 분석하면, 상황이 비선형적으로 변합니다. 그렇기에 물리학이 쉽고 사회학이 어렵죠."[(30)] 따라서 스마트 기기가 날로 발전하는 요즘, 조직 관리자들은 창의적으로 인간의 근본적 강점을 이용해야 한다. 기성 기업들은 다수 직원이 더그 디츠처럼 창의적 도약을 일으키게, 창의성을 키울 새로운 방법들을 찾아내야 한다. 이제 기업 경쟁력을 유지하려면 소수의 창의력 넘치는 인재에만 의존해선 안 된다. 모든 임직원이 자신의 창의성을 발휘해야 한다.

위대한 도약

모든 임직원이 경영적 창의성을 발휘하는 것이야말로 P&G가 21세기에 이루려는 목표다.

창의성 키우기

앨런 래플리가 더크 재거의 뒤를 이어 최고경영자가 된 2000년 6월, P&G는 바닥을 모르고 추락 중이었다.[31] 뉴저지에 본사를 둔 제약사 워너램버트 인수 시도가 무산되자 실망한 투자자들은 P&G 주가를 20퍼센트 하락시켰다.[32]

2000년 3월 P&G는 그 해 실적이 예상에 못 미친 것이라고 투자자들에게 통보했다.[33] 2000년 6월에 P&G는 이익전망치를 15퍼센트 하회하는 실적을 발표했다.[34] 4개월 만에 P&G 주가는 50퍼센트 이상 떨어져, 시가총액이 750억 달러 감소했다.[35] 재임기간이 18개월 남짓한 최고경영자 더크 재거도 이쯤 되자 즉시 사퇴하겠다고 발표할 수밖에 없었다.

주가가 폭락하고 투자자들의 신뢰가 무너진 상황에서 앨런 래플리는 직원들을 해고하고, 수익이 나지 않는 브랜드를 정리하고, 출시할 신제품을 신중하게 고르는 등 실적 개선을 위한 노력을 기울였다. 하지만 이러한 노력은 단기 실적 개선에는 효과를 보였어도, 기업의 근본적 문제는 거의 해결하지 못했다. '모든 부분을 최대한 테스트한다'는 여러 보수적 기업들처럼, P&G는 여러 검증 단계를 거쳐 신제품을 출시했다.[36] 그 결과 P&G는 신제품이 잘 나오지 않아 새로운 고객을 끌지 못했고, 제품 포트폴리오는 시장에서 점차 뒤처졌다. 최고 인기 브랜드인 팸퍼스, 타이드, 크레스트조차 수년째 하락세를 보였다.

P&G에는 단순한 구조조정 대신, 적절한 통찰을 제공하고 새로운 성장세를 일으킬 새로운 지식 기반이 필요했다. 절체절명의 P&G에게 디자인 사고야말로 하늘에서 내려온 동아줄 같았다.

의외의 인물

P&G 입사 초기 앨런 래플리는 디자인에 민감한 나라라는 평을 듣는 일본에서 수년간 근무했다. 래플리는 '원격 연구 – 대규모 설문 조사를 실시하거나 회의실에서 표적 집단을 인터뷰하는 – 방식'을 신뢰하지 않고, 면밀 관찰이 효과적인 시장조사법이라 믿었다.

"가정집에 가 보면 설문조사로는 알 수 없는 재밌는 사실들을 발견하게 됩니다. 이를테면, 주부들이 타이드 포장 용기를 뜯다 손톱이 다칠까 봐, 스크루 드라이버를 사용하는 모습이 그렇죠."[37] P&G 입장에서는 이제 기술과 마케팅만으로 경쟁할 수 없었고, 디자인을 제품 성능을 전달하는 수단으로 삼아야 했다.[38]

"기업의 유전자에 디자인 유전자를 집어넣기 위해" 2001년 앨런 래플리는 클라우디아 코츠카를 디자인 책임자로 임명했다. 클라우디아 코츠카는 말할 때 '환상적인', '굉장한'이라는 단어를 자주 쓰는 22년 차 베테랑이었다. P&G 입사 전에는 회계법인 아서 앤더슨에서 회계사로 근무했다.[39] 숫자 세는 일에 질린 코츠카는 P&G에 입사해 브랜드 관리, 마케팅 부서를 거쳐 포장 용기 디자인 부서를 이끌게 됐다. 코츠카가 래플리의 선택을 받은 이유는 회계사 출신이라 디자인 언어뿐 아니라 경영 언어도 알았기 때문이다.[40]

P&G의 디자인 이해도를 개선하고자 코츠카는 디자인 능력이 뛰어난 기업들 – 마텔, 나이키 – 를 준거점으로 삼아 P&G의 디자인 상황을 평가했다. 그리고 P&G 제품 디자인을 검토하고자, IDEO 최고경영자 팀 브라운, GAP의 마케팅 부문 부사장 아이비 로스 같은 세계적 디자이너들을 포함한 공식적 디자인 평가단을 조직했다. 코츠카는 3명의 학장 – 스탠포드 디자인 스쿨의 데이비드 켈리, 시카고 일리노이 공대 디자인학과의 패트릭 휘트니, 토론토 대학교 로트만 경영대학원의 로저 마틴 – 에게도 도움을 청했다.

"평가단은 외부 인사들로 구성해야 효과가 있습니다. 외부 인사들은 회사 내부 인사들과 얽힌 관계가 없고, 회사에서 보호해야 할 것도 없기 때문입니다." 코츠카의 설명이다.[41]

디자인 사고

디자인 사고(Design thinking)는 어려운 처지에 빠진 기업을 되살리는 검증된 방법이란 평가를 받는다. 하지만 디자인 사고를 원하지 않는 기업에게는 누구도 디자인 사고를 강요할 수 없다.

클라우디아 코츠카는 우선 작은 성과라도 거둬 P&G 임직원들에게 디자인 사고의 효력을 입증하고, 이를 토대로 디자인 사고에 입각한 혁신 활동을 확산시키고자 했다. 앨런 래플리 P&G 사장은 35명으로 구성된 글로벌 리더십 팀을 대동하고, 샌프란시스코에 있는 디자인 컨설팅 회사 IDEO를 방문해 조언을 들었다. 래플리는 "(우리 회사) 엔지니어들은 뭔가 개발 중일 때, 보여줄 준비가 될 때까지 절대로 누가 와서 보길 원하지 않았습니다." 하고 말했다.[42] 코츠카도 "지금까지 개발팀은 제품 시연을 과도하게 신경 썼습니다." 하고 말했다.[43]

그 후 P&G 경영진은 짜증스러운 욕실 청소에 대한 고객 불만을 접수하고, 욕실 청소를 간편하게 해주는 제품을 개발하는 프로젝트에 착수했다. 개발팀은 욕실 타일 사이에 바르는 회반죽을 손톱으로 긁어낼 정도로 박박 닦는 전문 청소부부터 더러운 수건을 긴 막대기로 밀면서 욕실 바닥을 닦는 독신남까지 '극단적 사용자'를 만족시키는 제품을 개발하는 것이 그들의 목표였다.

극단적 사용자를 만족시키는 제품은 일반 소비자에게도 많이 팔릴 터였다. P&G는 길이가 조절되는 막대자루와 물걸레 패드를 결합한 일회용 막대걸레가 있으면 욕실을 구석구석 닦을 수 있을 것이라는 아이디어에 따라 신제품 개발에 착수했다.

이후 개발팀은 다양한 시제품을 만들고 피드백을 받는 과정을 반복한 끝에 P&G로서는 기록적으로 단기간인 18개월 만에 '미스터 클린 매직 리치'라는 막대 걸레를 공개했다. P&G의 가정용품 디자인 매니저인 리치 하퍼는 소비자들에게 청결한 느낌을 주는 색상인 파란색을 막대 걸레 손잡이 색상으로 채택했고, 막대자루와 물걸레 패드를 결합할 때 '딸각'하는 소리가 나게 했다고 설명했다. "이러한 디테일이 진정한 차이를 만들어냅니다."[44] 물걸레 패드 뒷면에 낸 둥근 구멍들은 솔직히 아무 기능이 없다고 하퍼도 인정했지만, 변기 뒷면을 잘 닦을 것 같은 스펀지 느낌을 소비자들에게 줬다. 막대 색상은 은색으로 정했다. 은색은 미스터 클린 브랜드와 연관된 '마술'을 상징하는 색상이기 때문이다.

소비자들은 시제품을 마음에 들어 했다. 일부 소비자는 시제품을 반납하길 거부했을 정도다. 한 여성은 "너무도 갖고 싶어 욕심이 났다!"고 말했다.

2005년에 출시된 미스터 클린 매직 리치는 대박까지는 아니어도 P&G 임원들이 혁신을 다르게 생각하도록 유도할 만큼은 팔렸다. 이를 계기로 P&G는 물만 묻혀 닦으면 찌든 때도 말끔히 제거하는 청소 스펀지, '미스터 클린 매직 이레이저'를 개발해 큰 성공

을 거뒀다.[45]

P&G가 디자인 사고에 입각해 출시한 또 다른 신제품은 '캔두 (KANDOO)'다.

클라우디아 코츠카가는 "용변 교육을 받는 어린 아이들을 보세요. 아이들은 혼자서도 용변을 보고 휴지를 뽑아 쓸 수 있길 원해요. 우리는 '아이들이 혼자서 쉽게 뒤처리를 하려면 어떤 제품이 필요할까?'란 질문을 했고, 그렇게 나온 제품이 버튼을 누르면 뚜껑이 열리는 형태의 물티슈인 캔두죠. 아이들은 한 손으로 뒤를 닦을 수 있어서 이 제품을 좋아하더군요."라고 설명했다.[46] 어머니들도 아이들이 두루마리 화장지를 낭비하지 않게 돼, 캔두 구매에 만족했다. 캔두는 유럽에서 불티나게 팔렸고, 미국에도 출시됐다. 이후 P&G는 아이들이 한 손으로 사용할 수 있는 거품비누 디스펜서를 출시해, 아이들이 비누를 낭비하지 않고 손 씻는 습관을 들이는 데 이바지했다.

디자인 사고는 창의성을 발휘하는 데 큰 도움이 되기에, 클라우디아 코츠카는 최대한 많은 직원들이 우선 디자인 사고를 경험하게 하는 데 주안점을 뒀다. 그는 "나는 늘 '말만 하지 말고 보여줘야 한다'고 믿습니다."[47]라고 말했다.

접근법 바꾸기

한편, 앨런 래플리는 업무 표준을 바꾸는 작업도 했다. 그는 디자인 사고를 실천하고자 다른 지역을 방문할 때마다 일반 소비자들이 생활용품을 어떻게 사용하는지 유심히 관찰했다. 중국에 갔을 때 만난 시골 여성에게는 강에서 빨래를 할 때 세제를 어떻게 사용하는지 물었다.

래플리는 기업 전략 검토 절차를 비롯해, 여러 주요 업무 프로세스도 디자인 사고에 입각해 수정했다. "10년, 20년, 30년 전에는 5센티미터 두께의 브리핑 보고서를 받았습니다."[48] 각 부서 책임자들은 최고경영진이 던질 만한 모든 질문에 자신 있게 답변하기 위해 준비하는 것이 당연한 것으로 간주됐다. "그러한 접근법이 다른 업종의 기업들과 뭐가 달랐는지 모르겠습니다." 래플리의 회상이다.

기업의 전략을 둘러싼 대화는 더 탐구적이고 창의적이고 덜 전투적인 토론이 될 필요가 있었다. 래플리는 이런 점을 반영해 새로운 프로세스를 고안하고자 했다. 그는 각 부서 책임자들에게 전략 검토 2주 전에 슬라이드 자료를 제출하도록 했다. 래플리는 자료를 읽은 다음, 자신이 바라는 것은 발표가 아니라 토론이라는 점을 강조하며, 회의에서 토론하고 싶은 몇 가지 질문 목록을 보냈다.

"우리가 원하는 것은 대화, 즉 결정적 이슈에 초점을 맞춘 토론입니다. 우리에게 아이디어가 있습니까? 우리에게 기술이 있습니까? 시제품이 나왔나요? 시제품을 만들어 소비자 피드백을 받고, 피드백을 반영한 시제품을 또 만드는 과정을 반복했습니까?"

그의 질문에 따라 중역들은 3가지 서류 – 차트, 그래프, 메모지 – 를 전략 검토 회의에 들고 와야 했다. 래플리는 임원들과 최고경영진이 활발히 의견을 주고받게 하면, 파격적인 아이디어를 구상하는 데 필요한 논리적 도약을 주저하지 않게 되리라고 예측했고, 이것은 어느 정도 적중했다.

한편, 프로젝트가 이미 개발 단계라면 다음과 같은 방향의 대화가 일어날 수 있었다.

"중요 단계는 무엇입니까? 핵심 이슈는 무엇입니까? 프로젝트의 성공 또는 중지를 판가름할 결정적 이슈는 무엇입니까?[49]"

2000년부터 2008년 사이에 P&G의 매출액은 400억 달러에서 830억 달러로 증가하고, 이익은 25억 달러에서 120억 달러로 급증했다. 이 수치는 IT기업이나 신흥시장 기업에게나 기대할 법한, 오하이오 주 신시내티에 자리 잡은 200년 된 비누 회사에게는 이례적인 급성장세였다.[50]

이 모든 일을 지휘한 클라우디아는 자신의 대원칙을 이렇게 정리했다. "큰 조직이 잘 성장하려면, 한 사람이 천 발짝을 앞서나가게 하기보다는 천 명이 한 번에 한 발짝씩 나가게 하는 데 집중해야 합니다."[51]

위대한 도약

인공지능 시대 인간의 역할

나는 기계자동화 - 특히 5장에서 언급한 AI - 가 대량실업이
나 일자리 없는 미래로 이어질 거라 믿는 경영자들을 자주 마주친
다.[52] 하지만 그런 암울한 전망은 알고리즘 시대에도 계속 존재하
는, 필수불가결한 자원 - 즉, 인간의 창의성 - 을 무시한 전망이다.

커먼그라운드의 로잔 해거티는 인간의 지능에 의존해, 만성적
홈리스 문제를 이해하고, 가장 까다로운 사회 문제 하나를 해결했
다. GE의 더그 디츠는 병원을 찾은 아이의 표정을 놓치지 않고, 아
이들이 병원에서 겁내지 않고 진료받을 수 있게 신제품을 개발했
다. P&G의 클라우디아 코츠카는 소비자의 불편을 분석하고 해결
책이 될 신제품을 개발하는 방법으로서 디자인 사고를 전도했다.

"언론인들과 전문가들은 기계가 노동력을 대체하는 정도를 과
대진술하고, 기계 때문에 생산성과 기업 이익이 늘고 숙련 노동자
에 대한 수요가 생기는 부분은 무시한다."[53] 데이비드 오터 MIT
경제학과 교수의 글이다. "기계로 대체할 수 없는 작업들은 대체로
기계의 보완을 받는다." 인공지능, 기계학습, 인지컴퓨팅은 노동자
를 보완하는 작용도, 노동자를 대체하는 작용도 할 수 있다.

하지만 결과가 미리 정해진 것은 아니다. 유명 외과의이자 작
가이며 공공보건연구자인 아툴 가완디는 인공지능 시대에 인간적
상호작용이 가장 중요한 이유를 정확히 설명했다. 그는 한 동네 병

원에 환자가 찾아가는 상황을 예로 들었다. "아파서 왔습니다." 환자의 말에 의사가 묻는다.

"어디가 아프십니까?" "어, 여기쯤이요." 환자가 한 손으로 가리킨다. "아프신 곳이 갈비뼈 아래에요, 아니면 가슴이에요, 배에요……?" 가완디는 이러한 친숙한 상호작용에서 의사가 진료하는 것만큼이나 환자가 자신의 증세를 이야기하는 부분이 크다고 지적했다. "진료란 단순한 데이터의 조합이라기보다는 내러티브입니다. 의사는 환자에게 진료를 위해 옷을 걷어 올리라고 말할 뿐 아니라, 몸에 칼을 대서 인체 내부에 필요한 조치를 취해도 될지 동의를 구합니다."[54] 신뢰, 공감, 대화는 진료를 인간답게 하는 요소다. 인간만이 동정심, 자부심, 당혹감, 질투심, 정의, 연대의 의미를 제대로 이해할 수 있다.

인공지능 시스템은 아직 일부 직종의 전문가들만 사용하고 있다. IBM 왓슨은 폐암 연구자들의 보조도구로 쓰인다. 흑색종을 진단하고, 여드름, 발진, 점과 구분하는 작업을 돕는 인공지능 시스템도 개발됐다. 방사선 전문의가 엑스레이 사진에서 유방암 징후를 찾아내도록 돕는 인공지능 시스템도 있다. 인공지능 시스템은 강력하지만, 여전히 데이터를 통합하고, 어느 시스템을 쓸지 결정하는 주체는 인간이다.

한편, 환자에 관한 정보는 다음 네 종류로 분류할 수 있다. DNA, 우편번호(집 주소는 환자의 사회경제적 위치를 말해준다), 개별 행동 패턴, 어떤 의료적 옵션이 가능한지 보여주는 그 밖의 데이터다. 이런 정보 중 일부는 온라인으로 수집되고, 일부는 임베디드 센서와 휴대전화를 통해 포착되고, 일부는 영원히 오프라인 정보로 남을 것이다. 사실, 제대로 작동하는 시스템을 만드는 일은 – 데이터를 집어넣고 스스로 학습하게 한 알파고 사례처럼 – 말로는 쉬워도, 실제로는 컴퓨터 공학 전문가도 짜증날 만큼 어렵고 정밀한 작업이다.[55]

이런 이유 때문에 이전의 여러 기술과 마찬가지로 AI도 인간을 보조하는 기술이다. AI는 방대한 지식과 전문가적 직감을 가지고 있다. AI는 전문지식과 조언을 제공함으로써 전문가를 보조할 것이다. 하지만 AI 기계 혼자서는 미스터리를 풀 수 없다. "전화기를 사용하면 말의 힘을 확장할 수 있습니다. 뉴욕에서 소리쳐봤자 캘리포니아에서는 들리지 않죠. 하지만 뉴욕에서 전화기를 들고 얘기하면 캘리포니아에서도 들립니다. 전화기가 인간의 목소리를 대체했나요? 아니죠. 전화기는 인간의 능력을 보강해주는 도구입니다." 자율주행차 기술을 개척한 컴퓨터 과학자, 세바스천 스런의 설명이다.[56]

이런 설명을 들으면, 인공지능의 본질이 이해된다. 역사적으로 비즈니스 세계에서는 이러한 현상이 자주 벌어졌다.

과거 은행 지점 직원들은 은행 가이드라인과 정책을 참고해 주로 자신의 경험을 토대로 대출 신청서를 심사했다. 그러나 빌 페어와 얼 아이작이 설립한 회사, 페어 아이작 앤드 컴퍼니(FICO)가 대출신청자의 신용도를 점수화한 피코 신용 점수를 만든 1956년 이후에는 피코 신용 점수가 은행 대출 심사원의 주관적 판단을 대체했다. 피코 점수는 시어스 백화점이 자체 신용카드에 적용한 후, 비자카드, 마스터카드도 받아들여, 이후 자동차 할부 이자와 모기지 대출 이자를 결정하는 기준이 됐고, 이제는 자영업자 대출 심사에도 쓰인다.[57] 오늘날 미국에서 5만 달러 미만의 대출 신청은 사람이 심사하지 않는다.[58]

지금까지 산업은 소수의 전문가에 대한 의존성에 구멍을 숭숭 뚫음으로써 성장해왔다. 최근 인공지능의 발전은 전문지식을 컴퓨터에 축적하는 전문가 시스템의 지식 이전을 가속화하고 있다. 이러한 변화로 인해 컴퓨터가 '추론'하고, 구조화되지 않은 데이터를 조작하고, 가정과 추측 같은 휴리스틱을 사용하는 능력이 높아지고 있다.

하지만 AI를 어디에 어떻게 적용할지 결정하려면 인간이 필요하다. 주요 결정을 AI에게 넘길지, 전혀 넘기지 않을지 결정하는 주체는 여전히 인간이다. 기계의 역량과 인간의 감성을 결합해 새로운 제품이나 서비스를 상상하려면 인간이 필요하다. 이것들은 인간만이 답할 수 있는 질문이다. 자동화는 데이터를 사용 가능한 정보로 변환하는 프로세스를 가속화했지만, 정보에 의미를 부여하고 이를 토대로 창의적으로 행동하는 과정은 여전히 인간의 몫이다.

"역사 교육은 정보를 소화·분석·종합하고 본인이 발견한 바를 명확히 설명할 수 있는 비판적 사고의 소유자를 길러낸다. 이런 비판적 사고는 다양한 주제와 학문에 필요한 능력이다." 세계 최대 군수업체 록히드 마틴의 노먼 오거스틴 회장이 〈월스트리트 저널〉에 기고한 내용이다.[59] 기업 경쟁력을 유지하기 위해 경영자들은 규칙화할 수 있는 지식은 성문화하고, 직원들의 남은 역량은 창의적 업무에 집중시켜야 한다.

지식 리엔지니어링

앞에서 알아본 커먼그라운드는 이런 지식 자동화를 스마트 기기 이전 시대에 달성했다. 커먼그라운드는 전문 지식을 따라 하기 쉬운 플레이북으로 성문화함으로써, 다른 단체들도 전문가적 판단을 내릴 수 있게 했다. 그리하여 커먼그라운드의 영향력은 뉴욕 시를 넘어 미국 전역으로 확대됐다.

스트리트 투 홈 프로그램을 2년간 이끈 베키 캐니스는 커먼그라운드 혁신 팀장이 됐다. 베키는 지원 부족이 아닌 전문지식과 행동 권한의 파편화 때문에 노숙자 생활을 끝내지 못하는 사람이 많다는 사실을 깨닫고 안절부절 못했다.

"사회 구성원들은 이미 막대한 세금을 냈어요 …… 연방정부는 돈을 가져가 몇몇 집단에게 나눠주죠. 주거복지과가 가져가고, 의료시설 관계자들이 가져가죠. 하지만 예산과 권한이 너무 뿔뿔이 흩어진 탓에, 정작 홈리스 문제를 확실히 책임지기에 충분한 자원과 권한을 지닌 주체가 없어요."

만성적 홈리스의 얼굴과 이름을 파악하는 작업의 이점을 인식한 베키는 그 작업을 할 때 건강 상태도 체크하기로 했다. 베키는 보스턴 홈리스 건강진단 프로그램을 설립한 내과의 짐 오코넬에게 연락했다. 1986년부터 일주일에 이틀 승합차를 타고 의료 봉사 활동을 해온 짐 오코넬은 이렇게 말한다.

"지금도 매주 월요일, 수요일에 밤 9시부터 아침 5시까지 봉사 활동을 합니다. 내겐 재미있고 중요한 일입니다. 나는 거리에서 어떤 일이 벌어지고 있는지, 그 사람들이 어디서 왔는지 짐작할 수 있습니다."

그는 오랫동안 길거리에서 의료봉사를 하면서, 노숙자들에게 빈번한 돌연사 원인을 알게 됐다. 캐니스와 오코넬은 노숙자들의 위험 징후를 8개 항목으로 정리했다. 둘은 이 설문 도구를 '홈리스 취약성 지수'라고 이름 붙였다.

1. 1년간 3차례 이상 입원 또는 응급실 방문 경험
2. 직전 3개월간 3차례 이상 응급실 방문 경험
3. 60세 이상

4. 간 경변

5. 말기 신장질환

6. 동상, 참호족, 저체온증 내력

7. HIV/에이즈

8. 정신질환, 약물중독, 만성질병

이전에는 노숙자가 응급실에 가도 순서를 기다려야 했는데, 홈리스 취약성 지수 도입으로 사망위험이 높은 노숙자가 우선적으로 치료받을 수 있게 됐다. 피코 신용 점수에 따라 대출을 받듯, 노숙자는 홈리스 취약성 지수에 따라 관리를 받을 수 있었다.

베키가 오랜 기간 노숙자들을 세가며 쌓은 경험과 지식을 간단한 설문 도구로 성문화한 셈이다. 이전에는 가장 도움의 손길이 필요한 만성적 홈리스를 식별하려면 군대지휘관 같은 강인한 의지를 지닌 노련한 사회복지사가 필요했다. 홈리스 취약성 지수는 지자체들이 행동에 나서도록 이끌었다.

커먼그라운드와 제휴를 통해, 로스앤젤레스 시청은 만성적 홈리스에게 주택을 제공하는 '프로젝트50'을 출범했다. 워싱턴 D.C.도 자체적인 프로젝트를 출범했다. 피닉스 시는 프로젝트 H3을 실시했다. 이러한 프로젝트들은 뉴욕보다 인구밀도가 낮은 지자체도 평균 10일이면 만성적 노숙자를 거리에서 집으로 들여보낼 수 있음을 입증했다. 홈리스 취약성 지수는 시청과 주거복지과가 가장 취약한 노숙자들에게 지원을 집중하도록 촉발했다.

한편, 베키 캐니스와 로잔 해거티는 의료개선연구소(IHI)가 주도한 '10만 인의 생명 캠페인'이 성공을 거뒀다는 소식을 들었다. 이 캠페인은 응급실로 온 교통사고 피해자가 적절한 치료를 제때 받지 못해 사망하는 경우를 18개월 동안 10만 건 예방했다. 이 캠페인의 핵심 내용은 환자 상태가 나빠지는 징후에 주의 기울이기, 항생제의 시기적절한 투여, 폐렴 예방을 포함해 병원 측이 우선적으로 취해야 하는 여섯 가지 절차였다. 이는 간단해 보여도 종종 여러 전문의와 간호사의 협업이 요구되기에, 이렇게 우선순위를 정해 놓지 않으면 응급실에서 정신없이 바쁜 의료진이 까먹기 쉬운 절차였다.

"내가 '우리도 이런 일을 할 수 있겠다'는 생각으로 로잔을 쳐다보자, 로잔도 고개를 끄덕였습니다. IHI에게 전략과 기법을 전수해달라고 부탁했습니다." 베키의 회상이다. 2010년 커먼그라운드는 2014년 7월까지 가장 취약한 환경에 놓인 미국인 10만 명에게 거주할 집을 제공한다는 목표로, 10만 인의 주택 캠페인을 출범했다. 이 캠페인은 주거복지과, 종교단체, 공공병원, 지역기업, 비영리단체, 지주, 부동산 개발업자, 기부가, 관심 있는 시민들의 참가를 이끌어냈다. 새로 등록한 지역 단체들은 뉴욕 주 이외 지역에서 왔고, 4부에 걸친 온라인 세미나를 참석하고, 홈리스 취약성 지수 활용법을 3일간 훈련받았다. 이러한 지역 단체들은 각 지역에서 개별적으로 노숙자 실태를 파악하고, 그들을 공공주택으로 보내는 데 필요한 정보를 취합했다.

로잔은 커뮤니티 솔루션이라는 하위조직을 2011년에 출범했다. 커뮤니티 솔루션의 목적은 커먼그라운드의 지식과 노하우를 미국 전역으로 전파하는 것이다. "과거에 나는 제한적이나마 문제를 공략할 방법을 찾았다고 결론 내렸습니다." 로잔은 1990년 출범한 커먼그라운드가 어떻게 3000명 정도의 노숙자를 위한 주거 시설을 운영해왔는지 설명하면서 이렇게 소감을 밝혔다.[60]

"우리는 좋은 일을 했고, 노숙자들을 실제로 도왔습니다. 하지만 우리의 운동은 하나를 진행하는 데에 4년에서 5년의 세월과 최대 4,000만 달러의 자금이 소요됐습니다. 그래서 우리가 유명했고, 그래서 우리가 독특한 단체였죠. 하지만 이 모델로는 더 많은 사람들을 도울 수가 없습니다."

하지만 2012년 11월까지 커뮤니티 솔루션을 통해 173개의 지자체들이 10만 인의 주택 캠페인에 참가했다. 지자체들은 3만 5,000회의 조사를 실시하고, 2만 2,000명의 노숙자가 안정된 주택으로 들어가 살게 하는 성과를 거뒀다. 이 수치는 1년 뒤에 7만으로 증가했고, 이 중 88퍼센트가 1년 이상 같은 집에서 사는 것으로 추산됐다. 2014년 6월 11일까지 10만 인의 주택 캠페인은 10만 1,628명의 노숙자에게 주택을 제공함으로써, 목표를 달성했다.

건축과 사회적 주거 재단(BSHF)과 UN해비타트 집행이사회는 주거문제에 대한 혁신적이고 실천적인 대안을 제시한 프로젝트에 세계 해비타트 어워드를 수여한다. 로잔은 2014년에 이 상을 받았다. 15년 전 커먼그라운드 소속으로 받은 데 이어 두 번째 수상이었다.

"검증된 접근법을 채택하고 지역의 이해관계자들과 제휴함으로써 우리는 미국에서 홈리스 문제에 대한 시각을 바꾸었습니다. 미국 홈리스 문제를 알고 싶은 사람은 우리에게 찾아오면 됩니다." 로잔의 소감 일부이다.

창조적 도약

일찍이 뉴턴이 말했다.

"어떤 위대한 발견도 용감한 추측 없이는 발견될 수 없다."

혁신자들은 대개, 자신의 안전과 명성에 해가 가는 사태와 실패를 무릅써가며 앞으로 밀어붙인다. 그들은 일반적인 기준에는 맞지 않는 꿈을 가지고 있다. 그들은 장기간의 연구, 개인적 비용 지출, 극도의 불확실성, 타인의 거부를 감수한다. 그리고 성공할 경우에는 그들의 특이한 시각이 새로운 기준이 된다. 그렇게 그들의 이야기는 영웅담으로 칭송되고, 역사의 일부가 된다.

이것은 단순한 수사가 아니다. 새로운 기준을 보급하려면, 전문가적 이해를 다른 사람들도 쉽게 따를 수 있는 지시, 쉽게 이해 가능한 명시적 지식으로 성문화하는 과정이 필요하다. 한때 혁신자만 알고 있던 노하우가 누구나 이해할 수 있는 대중적 지식으로 번역된다.

커먼그라운드 사례를 통해 우리는 난제를 해결하는 방법뿐 아니라 지식 자동화가 무엇인지 배울 수 있다. 한밤중에 타임스퀘어 지역 노숙자들을 세는 것으로 시작한 혁신이 전국적 운동으로 확산되어 10만 명의 삶을 바꾸었다. 이 과정에서 열쇠는 – 일반인도 전문가적 지식을 활용케 하는 도구인 – 홈리스 취약성 지수였다. 이 도구는 만성적 홈리스에게 주택을 제공하는 운동을 미국 전역으로 확대하는 데 큰 도움이 됐다. 커먼그라운드의 성공 사례를 통해 이번 장의 출발점 – 모든 선구적인 노력은 당연하게도, 인간만이 할 수 있다 – 을 다시 생각해보게 된다.

컴퓨터가 빅데이터에서 – 인과관계가 아닌 상관관계에 따라 – 패턴을 찾아내고 이 패턴에 입각해 예측하는 능력을 가지는 과정을 '기계학습'이라고 한다. 컴퓨터는 진실과 거짓을 진짜로 구분할 수 있는 세계관을 탑재하고 있지 않다.

IBM 왓슨은 통계적으로 유의미한 무수한 상관관계를 찾아내지만, 그런 상관관계가 나타나는 원인은 설명하지 못한다. 법률이나 철학에서 관찰 가능한 진리가 심리학에서는 진리가 아닐 수 있다. 마케팅, 소비자 욕구, 대중예술, 모바일 앱의 사용지 인터페이스에 관한 파격적 통찰은 경험, 신문기사, 사람들이 어떻게 반응하고 대화하고 불평했는지에 관한 이야기를 종합하는 혁신자의 몫이다.

사회적 영역에는 모호한 의미가 숨어 있다. 그런 의미를 추출하려면 빅데이터(감정적 의미가 결여된 넓고 얕은 정보)뿐 아니라, 스몰데이터(개인에 관한 두툼하고 깊은 정보. 이를테면, 아이가 얼마나 MRI 촬영을 초조하게 기다리는지에 관한 정보)도 필요하다.[61]

우리가 컴퓨터 시스템의 성과를 평가하는 방식도 오해의 소지가 있다. 인공지능이라는 개념은 이상하게도 아직 제대로 정의되지 않은 상태다. 과학자들은 인간에게 어려운 문제-체스, 바둑, 〈제퍼디〉 퀴즈쇼-를 얼마나 잘 푸느냐에 따라 컴퓨터를 평가하는 경향이 있다. 이런 문제들이 인간에게 어려운 이유는 진화 과정에서 최근에야 인류가 얻게 된 인지적 능력인 심사숙고와 계획이 필요한 문제이기 때문이다.

인간의 지능은 감각기관으로 얻은 제한된 데이터와 제한된 계산력을 이용해 순식간에 결정하는 방향으로 진화해왔다. 컴퓨터 입장에서는 바둑을 두는 일보다 대국 상대자의 얼굴을 인식하는 일이 훨씬 더 어렵다. 왜곡된 글자를 보고 무슨 글자인지 분간하는 능력은 인간이 컴퓨터보다 낫다. 그렇기에 인터넷 사이트 로그인 시도자가 사람인지 로봇인지 가려내기 위해 '캡차' 문제가 제시되는 것이다. 캡차는 우리가 로봇이 아니라 사람이라는 점을 입증하는 테스트다. 인공지능이 얼마나 사람과 구분할 수 없는 수준으로 발전했는지 시험해보기 위한 튜링 테스트의 반대인 셈이다.[62]

사물을 식별하고 미묘한 차이를 이해하는 능력 면에서 사람이 최신 로봇보다 민첩하고 능숙하다. 그렇기에 바둑을 둘 때든, 현실 세계 문제의 해법을 연구할 때든 인간 또는 컴퓨터만 작업할 때보다 인간과 컴퓨터가 함께 작업하는 편이 언제나 결과가 낫다.[63] 기계를 극한까지 발전시켜도 사람과 함께 작업하는 평균적인 기계를 이길 수 없을 것이다. 미래의 길은 기계의 능력과 인간의 의식을 합치는 것에 있다.

나는 인간의 판단에만 의지하자고 주장하지 않는다. 앞서 봤듯, 만성적 홈리스에 대한 파격적 통찰에 도달한 로잔과 베키는 이 지혜의 본질을 포착하는 홈리스 취약성 지수라는 도구를 만들었다. 암묵적 지식을 성문화함으로써 추가적인 혁신 – 지자체들이 커먼그라운드의 접근법을 모방하고 10만 인의 주택 캠페인에 동참 – 을 일으켰다.

성문화 작업에 왓슨이나 알파고는 필요치 않다. 홈리스 취약성 지수를 통해 커뮤니티 솔루션이 지식을 퍼트렸고, 직감·습관·관행에 의존한 사회복지사 일을 객관적 측정에 의존하는 응용과학으로 탈바꿈했다.

커뮤니티 솔루션은 훗날 실리콘밸리에 위치한 컴퓨터 소프트웨어 서비스 기업인 '팔란티어 테크놀로지'와 협업해 홈리스 취약성 지수의 결과를 지역 단체들이 노숙자에게 제공하는 주택 정보와 자동으로 매치시키는 온라인 플랫폼을 개발했다. 이 플랫폼은 가장 도움이 필요한 노숙자가 어디에 있는지 알려줄 뿐 아니라, 노숙자에게 맞는 주택이 어디에 있는지 찾는 절차를 자동화해 시간을 절약해주는 장점이 있다. 공급과 수요가 만나는 작업을 자동화한 셈이다. 〈이코노미스트〉는 이 커뮤니티 솔루션을 '노숙자를 위한 에어비앤비와 같다.'고 평했다.[64]

한편, 로잔은 뉴욕 시 브루클린 자치구 브라운스빌의 문제를 푸는 작업에 착수했다. 브라운스빌은 미국에서 가장 많이 공공주택이 몰린 동네 중 하나임에도, 역사적으로 가족 노숙자 비율이 높은 곳이었다. 커뮤니티 솔루션은 취약계층이 가족 단위로 주택에서 안정적으로 거주하게 돕고 그들의 생활을 개선하려는 목적으로 브라운스빌 파트너십이란 프로젝트를 시작했다. 이 프로젝트는 빈곤층 가족이 거리를 내몰리는 사태를 예방하는 데에 초점을 맞췄다.

지금까지 소개한 이야기들은 인공지능 기술의 발전으로 자동화가 협의의 전문지식을 대체하는 시대가 오더라도, 더 범용적인 직업들이 생기리란 점을 암시한다. 20세기 초 A&T통신사에서는 수동으로 스위치보드를 작동하는 전화교환원이 수십만 명이나 근무했다. 이 작업이 자동화되자 전화교환원이라는 직업이 사라졌다. 그 대신, 걸려온 전화를 받아 문의에 답하고 메시지를 전달하

위대한 도약

는 접수담당자가 미국 기업에서 흔한 직종이 됐다.[65] ATM이 은행 창구직원의 금전출납 업무를 자동화하자, 은행 지점 한 곳에 필요한 직원 수가 줄었다. 이에 따라 은행들은 더 많은 지점을 새로 열었고, 창구직원의 수는 실제로 늘었다.[66] 트랙터가 쟁기를 대체하자 우리는 훨씬 더 많은 식량을 생산하게 됐다. 방직기와 방적기의 기계화로 섬유공장 노동자 수요가 줄었지만, 노동자들은 자동차, 항공기, 기차 공장이나 고층건물 건설 현장으로 갔다.

신기술 발명은 늘 인간의 노동력을 대체했지만, 기술이 우리의 생산성을 높임에 따라 삶의 질은 올라갔다. 생산성 증가는 장기적으로 고용 감소가 아닌 고용 증가로 이어졌다. 이 과정을 어떻게 촉진할지는 이 책의 범위를 넘어서는 사회적 이슈다. 하지만 사회 전체적으로 보면 우리는 미래를 희망적으로 바라볼 이유가 많다.

그 증거를 마지막으로 하나 들겠다. 보스턴 대학교 경제학 교수 제임스 베슨은 과거 통계를 조사한 결과 자동화의 진행에 따라 일자리가 증가했다는 - 자동화가 없애는 일자리보다 창출하는 일자리의 수가 더 많다는 - 사실을 발견했다.[67] 이러한 발견은 최근의 연구를 통해서도 뒷받침된다. 인공지능 시스템을 구축하는 기업들은 인공지능 구축과 운영 과정에서 인간이 적극적 역할이 수행해야 한다는 사실을 발견한다.[68] 그리고 이것이 바로 포인트다. 기계 자동화가 인간의 노동력을 보완할 것인지 대체할 것인지는 인간의 선택에 달려 있다. 기업이 해야 할 일은 명확하다. 경영자는 판에 박힌 일상적 업무는 모두 자동화하고 지식 작업에 창의성을 불어넣어야 한다. GE의 더그 디치가 좋은 예다. 커먼그라운드의 로잔 해거티는 그 가능성을 보여줬다. P&G의 클라우디아 코츠카는 대기업에서는 그런 일을 할 수 있음을 입증했다. (표 6.1을 참고하라.)

〈허핑턴 포스트〉 기고문에서 앨런 래플리 P&G 사장은 빠르게 변화하는 세계에서 성공하는 법을 학생들에게 조언하면서 "예술, 과학, 휴머니티, 사회과학, 언어"를 결합하는 학제간 접근법을 강조했다.

"다양한 분야의 지식을 받아들이는 사람은 끊임없이 변화하는 환경에서 성공하기 위한 조건인 새로운 아이디어를 잘 수용할

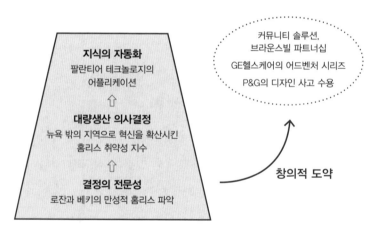

[표 6.1] 자동화 이후 창의적 도약

수 있습니다 …… 폭넓은 인문학 커리큘럼을 마친 학생은 – 잘 훈련된 정신의 필수 요소인 – 창의적이고 개념적이고 결정적인 사고 스킬을 개발할 수 있습니다."[(69)]

* * * * *

스마트 기기의 시대에 경영자는 어떤 일을 해야 할까? 반복되는 일상 과제를 최대한 자동화하는 것이 관건이다. 단조로운 서류 작업에서 해방함으로써, 직원들이 인간의 근본적 강점을 이용해 다음 프론티어의 문제들을 창의적으로 해결하게 해야 한다.

3개의 레버리지 포인트가
경쟁 규칙을 다시 쓰고 있다

통합된 전략을 수립하기 위해 리더는 먼저, 다음과 같은 큰 질
문들을 던져야 한다.

— 나는 어떤 세계에 살고 있는가?

— 이 세계에서 가장 큰 트렌드는 무엇인가?

— 이러한 트렌드를 가장 잘 활용하고 최악의 사태를 피하기
위해 우리 회사의 활동을 어떻게 조직해야 하는가?

1부에서는 기업들의 과거 역사를 살펴봤다. 새로운 지식 영역
으로 도약하기 위해선 먼저 과거를 이해해야 하기 때문이다. 2부
에서는 모든 기업을 새로운 현실로 내몰고 있는 두 개의 상호작용
적 트렌드-즉, 인공지능의 대두, 유비쿼터스 연결성의 출현-을

위대한 도약

살펴봤다.

신기술이 도입되고 사회가 변화함에 따라 우리가 일하는 방식도 바뀔 것이다. 기술 발전으로 인한 연결성 증가는 탈중앙화 혁신을 촉진한다. 스마트 기기는 대부분의 전문 지식을 자동화한다. 경영 활동은 그럼에도 불구하고 인간의 영역으로 남을 것이다. 다만 더 높은 수준의 창의력, 사회적 이해력, 공감 능력을 요구한다.

인공지능이 진화하고 있다

현재 발전 중인 인공지능은 제조업에서 증기기관을 대체한 전기와 같다.

20세기 초만 해도 대다수 섬유공장은 도르래, 벨트, 회전축, 기어로 구성된 복잡한 기계장치를 돌리기 위해 흐르는 물과 증기기관을 이용했다. 공장 설비는 커다란 증기기관을 중심으로 배치됐기에, 작업 흐름의 효율을 높일 수 없었다. 흥미롭게도, 기업들이 증기기관 대신 전기 모터로 기계를 돌리게 된 뒤에도 엔지니어들은 한동안 어셈블리 라인 같은 더 효율적인 공장 레이아웃을 상상하지 못했다. 엔지니어들은 전기 모터의 이점을 활용해 작업 흐름을 최적화할 생각은 안 하고 전기 모터를 증기기관처럼 한 군데에 몰아두기만 했다. 20년이 지나서야 제조업체들이 전기의 장점을 완전히 활용하기 시작했다.

오늘날 대기업들은 인공지능은 여전히 화이트칼라 노동자를 대체해 인건비를 절감하는 수단으로만 보는 경향이 있다. 비용 절감 효과도 무시할 수 없지만, 인공지능은 훨씬 더 큰 잠재력을 가지고 있다. 미래에는 자가학습 알고리즘이 에너지 관리, 의료, 금융, 법조, 교통 등 우리 삶 전반의 경제활동을 조율하는 역할을 담당할 수 있다.

기업들이 크게 베팅해야 할 날이 오고 있다

대담한 결정은 언제나 멋져 보인다. 잘못된 선택으로 판명나기 전까진 말이다. 따라서 탄탄한 근거를 기반으로 의사를 결정할 필요가 있다.

근거 기반 의사결정을 촉진하려면, 경영자가 무지를 깨닫고 무엇을 어디까지 알 필요가 있는지 파악하기 위한 실험을 자주 수행해야 한다. 결정적인 가정들을 먼저 식별하고 그 가정들이 맞는지 엄격한 실험을 통해 검증해야 한다.

수많은 실험을 한 다음, 결정적 순간에 방향을 전환하는 진화적 접근법을 취한 사례로는 위챗, 커먼그라운드, 리크루트 홀딩스를 들 수 있다. 불확실한 환경에서 적절한 전략 수립 프로세스는 무엇일까? 수많은 실험을 통해 선택의 근거가 될 유의미한 근거들을 수집한 다음, 전략을 선택했으면 전력을 다해 추진하는 것이다.

거대하고 복잡한 조직의 생존을 위협하는 가장 큰 리스크는 정치적 내부 투쟁과 집단적 관성이다. 그렇기에 최고 위원이 업무 현장에 깊이 개입해 새로운 지시를 내릴 필요가 있다. 이러한 '깊이 관여하기'는 프로젝트가 위기에 봉착한 순간에 고위 임원이 권력을 사용해 프로젝트 진행을 가로막는 장벽을 제거하는 행동을 가리킨다. 그러므로 깊이 관여하기는 마이크로매니지먼트와는 다르다.

7장에서는 기성 기업이 미래를 위해 조직을 탈바꿈하려고 노력을 기울이는 과정에서 봉착하는 마지막 난관을, 하향식 접근법과 상향식 접근법을 혼합한 접근법으로 제거하는 방법을 설명하겠다.

3부

무슨 일이
일어날까

7장

기업 전략의
통찰부터 실행까지

관리자들에게 "당신의 전략은 무엇입니까?"라고 묻지 말라.
그들의 실제 행동을 보라! 어떤 전략을 쓰려는 건지 보인다.

전 인텔 CEO, 앤디 그로브(1936~2016)

정말로 아주 작은 노트북 컴퓨터

"목적지를 몰라도 틀림없이 도착하게 되어 있어. 어느 길을 택하든 계속 걷다보면 어디든 닿게 되거든."*

이 말은 기업을 이끄는 경영자가 세상을 제대로 바라보는 눈을 키워야 할 필요성을 암시한다. 하지만 인식은 헌신과 다르다. 통찰력만으로는 충분치 않다. 아무리 좋은 전략을 세워도 실행하지 않으면 소용없다. 경영자가 아이디어를 일상적인 행동과 운영 계획

---

* 동화 《이상한 나라의 앨리스》에서 체셔 고양이가 앨리스에게 한 말 – 역자 주

으로 실천하지 않는 한, 어떠한 선구적 기업도 모방자에게 대체당할 위험을 안고 있다. 최고경영자는 전략 구상에 그치지 말고, 실질적인 전략 실행에 관여해야 할 때가 많다. 시장이 요동치는 시기에는 더욱 그러하다.

애플이 아이패드를 출시하기 4년 전인 2006년, 조니 시 회장은 자사의 노트북 컴퓨터 제품이 불만족스러웠다. 1993년부터 대만 컴퓨터 기업 에이수스를 경영 중이던 조니 시 회장은 당시 62세로 마른 체격의 불교 신자였다. 그는 주말이면 종종 폴로셔츠와 카키색 바지를 입고 위안리라는 시골 마을에 위치한 절을 방문해, 밀짚모자를 쓴 농민들 속에서 자원봉사를 했다.[1]

하지만 조니 시 회장은 선불교의 가르침과 다르게, 경쟁심도 강했다. 신실한 불교도라면 명상 중에 기술과 경영 생각에 빠져서는 안 될 터지만, 조니 시 회장은 절에서도 그런 생각을 떨쳐버리지 못했다고 한다.[2] 그는 장기간 인텔을 이끈 앤디 그로브 회장의 저서 《편집광만이 살아남는다》를 언급하며 이렇게 말한 바 있다. "넘버원을 목표로 하는 기업 최고경영자 입장에서 완벽주의자가 되는 길과 편집광이 되는 길 사이에 차이가 있을까요?"[3]

앞서 4장에서 보았듯 개인용 컴퓨터는 매우 복잡한 제품이다. 하지만 한편으론 이처럼 조립 공정이 단순한 공산품도 드물다. 마더보드, 파워서플라이, 디스플레이, 키보드, 터치패드, 10개 남짓한 커넥터 정도면 조립할 수 있으니까. 대만 기업들은 1970년대 말부터 낮은 인건비를 이용해 마더보드를 제조했다.

1989년, 선구적 대만 컴퓨터 기업, 에이서(ACER)에서 근무하던 엔지니어 4명이 에이수스(ASUS)를 설립했다. 에이서에서 잔뼈가 굵은 조니 시는 1992년 에이서 연구개발부서장을 관두고, 아직 작은 신생기업이었던 에이수스의 최고경영자로 취임했다.[4]

2000년대 중반 에이수스는 세계 최대 마더보드 제조사로 부상했을 뿐 아니라, 소니, IBM, 델, HP 같은 글로벌 대기업들의 위탁을 받아 대량의 컴퓨터를 제조하는 하청업체로 성장했다. 하지만 조니 시 회장은 이에 만족하지 않고, 에이수스를 세계 컴퓨터 시장의 주요 브랜드로 키우려는 야망을 품었다. 그런 그였기에 "대만 교육제도는 혁신적 인재를 잘 양성하지 못하고 있습니다." 하고 불평한 적도 있다.[5]

2006년 10월, 조니 시 회장은 노트북 컴퓨터가 너무도 복잡한 제품으로 변했기에, 단순화할 필요가 있다고 주장하기 시작했다. 기존 PC는 큰 메모리와 저장용량을 갖추고, 강력한 마이크로프로세서를 장착하고 부팅하는 데 거의 3분이 걸렸다. 시 회장은 훨씬 단순하고 저렴한 노트북PC를 어린이부터 노인, 주부, 청소년까지 새로운 소비자들이 원하게 될 것이라고 예상했다.

문제는 그러한 저사양 저가 노트북PC 출시가 에이수스가 그때까지 추구한 방향과는 매우 달랐다는 사실이다. '바위처럼 견고한 품질'이라는 기업 슬로건은 에이수스가 노트북PC 부문에서 우수한 기술적 이해와 품질 인식을 배양하고자 20년간 기울인 노력을 표현한 것이다. 그런 에이수스의 제품 개발부가 틈새시장 – PC가 너무 비싸거나 익숙하지 않아 아직 PC를 구매하지 않은 소비자들을 위한 시장 – 에나 어울릴 법한 제품을 설계하는 것은 불가능하진 않더라도 매우 어려운 일이었다.

시 회장은 중간관리자들에게 지시만 내리지 않고, 신제품(나중에 '넷북'이라는 이름으로 익숙해진 'Eee PC')의 개발을 전담하는 태스크포스(Task Force, TF)를 구성하고, 프로젝트 매니저 역할을 담당했다. 첫 세 달간은 주류 PC 부서가 의존해온 전통적 시장조사를 멀리하고 최종 사용자들에 대한 인류학적 관찰을 토대로, 소수 엔지니어들과 기초적인 제품 콘셉트를 정하는 작업을 했다.

시 회장은 신제품을 300달러에 팔 계획이었지만, 윈도 OS를 사용하기 위해 마이크로소프트에 지불하는 금액을 감안하면, 이 목표가격 달성이 불가능했다. 따라서 개발팀은 무료 오픈소스 OS, 리눅스에서 작동하는 새로운 유저 인터페이스(UI)를 설계하기로 했다. 하지만 기초적인 UI 레이아웃을 놓고 내부 논쟁이 끊임없이 벌어져 프로젝트를 지연시켰다. 시 회장은 개발팀의 소프트웨어 프로그래머, 산업 디자이너, 하드웨어 엔지니어들을 타이페이에 있는 온천 리조트에서 이틀간 머물면서 본사 동료들과 연락하지도 만나지도 말고 UI 설계에만 집중하게 했다. 그러나 개발팀원 다수는 온천 리조트에서 6개월이나 머물게 됐다.

프로덕트 매니저 첸징은 당시를 이렇게 회상한다.

"우리는 경험이 많지 않았기에 제품 개발을 지연하는 여러 가지 실수를 저질렀습니다. 나와 팀원들은 커다란 방에 틀어박혀 의견을 정리해야 했죠. 결국 2007년 6월부터 12월까지 6개월이나 그곳에 머물렀습니다."

이러한 장기간 합숙은 큰 효과가 있었다. 팀원들의 결속력이 강해졌을 뿐 아니라 소통방식도 바뀌었다. 신속한 학제간 대화가 Eee PC 개발 과정에서 팀의 특징으로 유지됐다.

나중에 개발팀의 요구 조건에 맞는 OS를 공급하는 벤더(vendor, 판매업자)가 없자, 시 회장은 해외를 다 뒤져서 OS를 공급한 기업을 찾아오라고 직원들에게 지시했다.

"회장님은 회사 내부뿐 아니라 다른 아시아 국가, 전 세계에서 벤더를 찾으라고 지시하셨습니다. 결국 우리는 우리 제품의 UI 개발에 관심을 보이는 캐나다 기업을 찾았습니다. 우리의 일정이 너무 촉박했던지라 적당한 벤더를 찾는 일에 무척 애를 먹었습니다." 훗날 Eee PC 사업부 부장이 된 샘슨 후의 회상이다. 에이수스는 처음으로 비(非)아시아 소프트웨어 기업과 협업하게 됐다.

이 제품의 출시 과정에서 가장 주목할 대목은 출시 직전 최종 제품 테스트 부서를 거치는 대신, '1,000명의 사용자에게 테스트를 받는다'는 계획에 따라 직원 친구와 가족들에게 무료 샘플을 나눠주고 소비자 외견을 접수한 것이다. 이 방법으로 전통적인 사내 테스트 절차로는 잡아내지 못했을 수많은 문제를 몇 주 만에 발견했다. 테스터들은 일반적인 PC 사용자보다 훨씬 다양한 방식으로 넷북을 사용했기 때문이다.

Eee PC가 340달러의 가격으로 2007년 10월 대만에 출시되자, 초기 출하분이 30분 만에 매진됐다. 소비자들이 앞다투어 에이수스의 넷북을 삼에 따라 에이수스 주가는 다음날 4.9퍼센트나 상승했다. Eee PC는 전 세계적으로 출시됐고, 2007년 연말 아마존 사이트에서 '가장 받고 싶은 선물'로 뽑혔다.

이러한 성공 덕분에 에이수스의 다른 제품들도 미국에서 유통할 수 있었다. 에이수스의 넷북이 미국에서 너무 인기를 끌자, 베스트 바이, 메이시스 같은 대형 유통업체들이 에이수스의 다른 제품들에 관심을 보였기 때문이다. 대단한 성능의 제품이 아닌 작은 넷북에 집중함으로써, 대만의 작은 컴퓨터 제조사는 HP와 델의 홈그라운드에 입성했다.

전략은 어떻게 작동하는가?

천재와 과대망상증 환자는 분명히 다르다. 실리콘밸리에는 허풍을 잘 떨고, 제품 개발을 먼저 밀어붙이고, 장기간 극도의 스트레스를 견디며 일하는 기업가적 CEO들이 많다. 이러한 CEO들은 종종 제품의 사소한 부분을 개선하는 데 편집증적 관심을 쏟고, 동료 임원들에게도 같은 행동을 요구한다. 애플의 스티브 잡스, 폴라로이드의 에드윈 랜드, 아마존 제프 베조스, 테슬라의 엘론 머스크 같은 CEO들은 본인의 인장을 회사 모든 곳에 남긴다. 그리고 제품 디자인의 사소한 부분에 꼼꼼히 신경 써, 욕망의 대상이 되는 제품을 만드는 능력 때문에 존경 받는다.

2001년 10월 애플의 아이팟 출시는 스티브 잡스가 하향식으로 정한 촉박한 일정에 따라 진행됐다. 프로젝트 마감일을 지키기 위해 하드웨어 총괄책임자였던 존 로빈스타인은 표준화된 서드파티(외부 생산자) 부품들을 작은 제품으로 통합하는 작업을 수행하는 엔지니어링팀을 소집했다.[6] 아이팟 개발 프로젝트팀은 이러한 목표를 달성하고자 요구받은 특징을 가진 제품을 선행 투자 없이 저비용으로 제때 개발할 새로운 접근법을 실험했다. 그러한 접근법이 있어야, 매킨토시 컴퓨터보다 훨씬 마진이 적고 수명 주기가 짧은 덜 비싼 제품을 판매해도 이익을 남길 수 있었다.

프로젝트 일정을 관리하는 것 외에도 잡스는 제품 개발 과정에 적극 참여했다. 동료들은 잡스가 아이팟 시제품을 사용한 당시의 상황을 이렇게 기억했다.

"그는 자신이 원하는 곡이 나오지 않을 때 몹시 화를 냈습니다. 버튼을 3번 눌러야 했을 때보다 더요."[7]

아이팟의 주요 특징은 우아한 디자인뿐 아니라 부가 기능인 아이튠스에 있었다. 잡스는 사용자가 아이튠스에서 아이팟으로 쉽게 음악 파일을 옮길 수 있도록, 팜(Palm)의 핫싱크(HotSync) 소프트 웨어를* 모델로 삼아 아이튠스의 사용자 인터페이스를 만들어야 한다고 계속해서 주장했다.[8]

1년 뒤, 제품 개발팀이 윈도와 호환되는 아이팟 출시를 위해 바쁘게 작업하고 있을 때였다. 갑자기 잡스가 아이튠스를 통해 음악 파일을 유통하도록 모든 메이저 음반사들을 설득해야 한다고 주장했다. 그는 아이팟 이용자들이 아이튠즈를 통해 1곡당 99센트에 음악 파일을 다운로드 받을 수 있게 하겠다는 계획을 세웠다. 합법적인 온라인 음악 시장을 제공함으로써 냅스터(Napster) 같은 파일 공유 서비스를 통해 무분별하게 일어나고 있던 해적 행위에 대한 해법을 제시하겠다는 포부였다.

잡스는 주요 음반사 중역들과 정상급 가수와 작곡가들에게 개인적으로 제품을 시연하면서, 아이튠스 음악 파일 매출의 80퍼센트 가까이를 음반사가 가져가라는 파격적인 제안을 했다. 그는 아이튠스를 큰 수익 창출 수단이 아닌 아이팟을 대중화하기 위해 투자해야 하는 인프라로 간주하고 있었던 것이다.

우리는 스티브 잡스나 조니 시의 경영 행태를 자기중심적 참견

---

* 개인 휴대 정보 단말기(PDA)로 유명한 팜(Palm)사에서 기기와 PC를 유선 혹은 무선으로 연결하여 자료를 교환하도록 만든 시스템을 핫싱크(HotSync)라고 한다. – 편집자 주

이 아닌 무엇으로 해석할 수 있을까? 어떠한 상황에서 CEO의 개입을 조직의 관성을 극복하고 장기적 변화를 촉진하기 위한 합목적적 행동으로 볼 수 있을까? 간단히 말해, CEO의 마이크로매니지먼트는 어떤 기능적 역할이 있을까?

*****

1975년 보스턴 컨설팅 그룹은 '영국 오토바이 산업의 전략적 대안'이라는 제목의 기념비적 보고서를 영국정부에 제출했다.[9] 150쪽에 달하는 이 보고서는 혼다(Honda)가 비용 절감, 가격 인하, 매출 증가에 초점을 맞춘 독특한 제조 전략을 써서 미국 오토바이 시장에서 돌풍을 일으킨 과정을 설명했다. 계속해서 비용을 절감하고 가격을 낮춘 결과, 혼다 소형 오토바이는 대형 오토바이 위주였던 미국 시장을 석권했다.

저가 대량판매 전략과 더불어 혼다는 레저용 오토바이 마니아들을 주요 타깃 집단으로 삼고, 그들의 필요에 신속히 응하기 위해 독특한 디자인의 오토바이를 개발하고, 소비자를 매혹하는 마케팅 캠페인을 벌이고, 탄탄한 유통망을 갖췄다. 미국 시장에서 혼다의 대성공은 세심하게 구상되고 흠 잡을 데 없이 수행된 전략의 결과였다. 그런데 이러한 보스턴 컨설팅 그룹 보고서에는 한 가지 문제가 있었다. 모두 사실이 아니라는 점이다.

1959년 혼다 본사는 미국 오토바이 시장 진출을 모색하고자 39세의 카와시마 키하치로를 파견했다.[10] 2차 대전 후 혼다는 일본 오토바이 시장 1위 업체로 성공을 거뒀다. 당시 일본은 아직 빈곤에서 벗어나기 위한 경제 재건 과정에 있었고, 빠르게 성장하는 도시 지역에서 혼다가 제작한 튼튼한 소형 오토바이가 배달 오토바이로 각광받았다.

당시 일본에선 연간 5만~6만 대의 미국 오토바이가 팔렸다. 할리데이비슨, BMW, 트라이엄프, 모토 구찌 같은 강자들이 포진했다.[11] 동료 2명과 함께 LA에 도착한 카와시마는 혼다 오토바이 3종 - 슈퍼커브(50cc), 벤리(125cc), 드림(250cc, 305cc) - 을 수출하는 작업에 착수했다. "미국에서 몇 대라도 팔리는지 시험해보는 것 외에 다른 전략은 없었습니다." 훗날 카와시마의 회상이다.[12]

이 모험은 처음부터 암울했다. 소비자들은 혼다 오토바이에서 장점을 발견하지 못했고, 소매업체들은 인지도가 없는 외국 브랜드 제품을 팔길 꺼렸다. 카와시마가 유통업체 10여 곳을 통해 중대형 오토바이 모델 수백 대를 간신히 팔았지만[13] 그 후 결과는 재앙에 가까웠다. 일본 엔지니어들은 미국인들이 오토바이를 얼마나 거칠게 모는지 예상하지 못했다. 미국 고속도로에서 달리다가 엔진 결함, 클러치 고장, 기름 누수가 발견됐고, 수리를 위해 LA에서 일본으로 고장 난 오토바이를 보내는 과정에서 비용이 커져 혼다가 파산할 지경이었다.

이때 미국 유통업체 몽고메리 워드가 혼다 제품 중 가장 크기가 작은 슈퍼커브 모델을 시어스 백화점의 아웃도어 레저 차량 섹션에서 판매하겠다고 제안했다. 기묘하게도 혼다 측은 이 제안을 단칼에 거절했다. 미국에서 혼다 오토바이가 고전하고 있음에도 혼다 경영진은 미국시장에서 중대형 오토바이만 팔릴 것이라 생각했고, 미국에 파견된 혼다 영업팀도 중형 오토바이만 팔려고 했기 때문이다.

하루는 카와시마가 우울해진 기분을 전환하고자 슈퍼커브를 타고 LA 교외의 언덕길을 달렸다. 이후 카와시마와 두 동료는 스트레스를 풀려고 슈퍼커브를 타고 다녔다. 주민들은 세 일본인이 작은 오토바이를 타고 교외 언덕길을 달리는 모습을 보고 어느 회사 제품인지 물어봤다. 카와시마는 주민들에게 예의상, 수십 대의 슈퍼커브를 일본에서 수입해 판매했다. 처음으로 슈퍼커브를 타본 미국 오토바이 애호가들은 혼다 제품에 관심이 더욱 높아졌고, 슈퍼커브에 관한 소문을 퍼트렸다. 작은 슈퍼커브를 타고 교외 언덕길을 달리고, 도시를 돌아다니는 사람이 늘었다. 얼마 뒤 혼다의 미국 사업부는 여가시간에 오토바이를 타고 교외지역의 비포장도로를 달리는 미국인들의 수요가 있음을 깨달았다. 그런 미국인들에게는 슈퍼커브가 딱 알맞았다.

미국 사업부는 중대형 오토바이 시장 대신 우연히 발견한 소형 오토비이 시장에 초점을 맞추자고 일본 본사를 설득했다.[14] 혼다는 디자인과 제조 역량을 기반으로, 우연히 찾아온 기회를 활용해 판매량을 늘렸고, 계속해서 가격을 낮추고 품질을 개선했다. 혼다 슈퍼커브는 할리데이비슨 오토바이 가격의 25퍼센트에 불과했기에, 대형 오토바이에 관심이 없고 가볍게 오토바이를 타고 다니려는 소비자들에게 큰 인기를 끌었다.

당초 혼다는 미국 시장의 규모를 과소평가했다. 1959년 혼다는 미국 오토바이 시장의 연간 판매대수가 55만 대고 연간 5퍼센트씩 성장할 것이라 분석하고, 혼다의 시장점유율 목표를 10퍼센트로 잡았다. 하지만 1975년 미국의 연간 오토바이 판매 대수는 500만 대로, 연평균 16퍼센트 증가했다. 이렇게 증가한 시장은 주로 혼다 경영진이 예측하지 못한 슈퍼커브 같은 소형 오토바이 제품이 차지했다.

옥스퍼드 사이드 비즈니스 스쿨의 리처드 파스칼은 이를 다음과 같이 분석했다. "일본 자동차 기업 중역이라면 누구나 동의하겠지만, 혼다의 성공은 최고경영진 몇 명의 뛰어난 통찰력의 결과가 아니었다. 혼다의 성공은 최고경영진이 최초의 전략적 포지션을 끝까지 고수하지 않고 겸허하게 방향을 튼 덕분에 가능했다. 일본 경영자들은 '전략'이라는 단어를 써서 확고한 경영 행보나 경영 마스터플랜을 표현하지 않는다. 일본 경영자들은 차차 펼쳐지는 상황 변화에 점진적으로 적응해나가면서 기업의 방향이 정해진다고 믿기에 '전략적 조율'이나 '방향 조정'이라는 단어를 쓴다."[15]

계획적 전략과 창발적 전략

혼다의 미국 시장 진출 사례는 전략 수립과 집행의 상호작용에 대한 교훈을 준다.[16]

경영자들은 결정을 내려야 하는 대부분의 상황에서, 기존 지식과 이전의 경험, 자사의 전략적 의도에 관한 가이드라인을 토대로 수립된 계획적 전략을 따르려고 한다. 그런 결정의 결과는 잘 정의된 평가 매트릭스에 따라 측정된다.

도요타는 제품 결함의 지속적 개선, 구글은 검색엔진 검색 결과의 정확도 증가, 페이스북은 사용자 수의 증가를 자사의 성공을 측정하는 지표로 삼을지 모른다. 이러한 지표들은 결국 매출과 이익으로 전환되고, 새로운 제품과 서비스 개발에 투자할 자원을 제공한다. 이러한 통제된 환경에서 가장 효과적인 회사 운영은 전략 목표를 명확하게 진술하여, 전략을 정확히 집행하는 것이다.

하지만 계획적 전략에 따라 운영하는 회사라고 해서 모든 일이 술술 풀리는 것은 아니다. 경영자라면 언제나 창의성을 발휘할 준비가 되어 있어야 한다. 도요타 사례에서 등장하는, 일본 제조업체들이 세계적 수준의 생산 품질을 달성하기 위해 사용하는 도구들은 창의성이 없으면 나올 수 없다. 도요타 자동차 조립 라인의 노동자들은 지속적으로 모여 품질과 관련된 문제를 논의하고 해결책을 찾는 소집단인 '품질분임조' 활동을 한다. 이런 과정을 통해 공장 노동자들은 경영진의 구체적 지시 없이, 현장에서 소규모 실험을 통해 해법을 개발한다. 효과적인 해법을 발견한 경우에는, 그 지식을 기업 구성원 전체에게 전달한다. 적기생산 방식과 전사적 품질경영의 일환으로, 생산 현장 직원들은 자신의 아이디어를 업무에 적용하고, 검증하고, 확대할 권한을 가진다.

〈토이 스토리〉, 〈월E〉, 〈라따뚜이〉 같은 블록버스터 제작을 이끈 픽사 애니메이션 스튜디오 사장, 애드 캣멀은 '일본 기업의 품질 관리 시스템이 픽사를 경영하는 데 큰 참고가 됐다.'고 밝혔다.[17]

캣멀은 회사 곳곳의 문제를 해결할 권한을 직원들에게 부여함으로써, 영리한 직원들이 창의력과 에너지를 문제 해결에 쏟게 했다. 캣멀이 선택한 방법론은 일본기업들이 개발한 '품질분임조' 방식이다. 모든 직원들의 노하우 공유와 지속적 실험을 권장하는 계획적 전략의 추구는 자동차 대기업 도요타와 애니메이션 제작사 픽사의 성공에 결정적인 열쇠다.

하지만 혼다의 사례는 직원들의 지식이 불완전하고 불충분한 상황 – 국방부장관을 역임한 도널드 럼스펠드의 표현을 빌리면 '우리가 무엇을 모르는지조차 모르는' 상황 – 에서 어떻게 경영해야 좋을지 생각해보게 한다. 이런 상황에서는 창발적 전략이 필수다.

혼다의 중역들은 좁은 도쿄 골목길을 누벼야 하는 배달 직원들을 겨냥해 만든 초소형 오토바이인 혼다 슈퍼커브가 미국에서 인기를 끌 가능성을 내다보지 못했다. 혼다 경영진은 '덩치가 큰 미국인들은 넓은 고속도로에서 큰 오토바이만 타고 다닌다.' 같은 편견을 가지고 미국시장에 접근했다가 고전했다.

혼다의 성공 비결은 창발적인 시장 트렌드를 예측하진 못했어도, 적절한 시점에 포착하고, 적극적으로 활용해 비포장도로용 오토바이라는 새로운 세분 시장의 폭발적 성장을 이끌었다는 데 있다. 다시 말해, 계획적 전략을 무작정 추구하는 대신 예기치 않은 사업 기회를 포착해 방향을 수정한 경영진의 안목 덕분에 혼다가 성공했다. 이러한 유연한 방향 전환이 창발적 전략의 핵심이다.

창발적 전략의 중요성은 스타트업을 시작한 하버드 비즈니스 스쿨 졸업생 400명을 조사한 아마 하이드(Amar Bhide) 하버드 대 교수의 보고서를 통해서도 알 수 있다.[18] 그는 보고서에서 '성공적인 스타트업은 거의 다, 투자자들에게 설명한 사업 내용과 다른 일을 해야 하는 상황으로 몰린다. 성공한 스타트업 중 93퍼센트는 사업 전략을 바꾸었다. 그들은 최초에 투자를 받을 때 투자자들에게 내세운 것과 다른 사업에 돈을 투자했다. 반면 최초에 구상한 사업 전략을 고수한 스타트업들은 위기에 빠졌다. 잘못된 사업 전략을 끝까지 고수해 실패하는 상황은 벤처캐피털리스트가 스타트업에게 빨리 성장하라고 재촉하고, 사업 장향을 재조정할 시간을 주지 않을 때 특히 두드러지게 나타난다.'고 밝혔다. 바꿔 말하면 스타트업에게 너무 빨리 규모를 키우라고 요구하는 투자자는 스타트업을 위기에 빠트린다는 것이 아마 하이드 교수의 분석이다.[19]

최초 계획의 성공 여부가 아니라, 초기의 실수에서 도출한 교훈에 입각해 신속하게 방향을 전환했느냐 여부가 스타트업의 성공과 실패를 갈랐다. 신속히 방향을 전환한 스타트업에게는 재출발할 자본이 남아 있었다. 바로 이것이 기업가 에릭 리스가 '린 스타트업' 방법론을 옹호하는 이유다.[20]

그는 학습 기회를 극대화하고, 시장의 통찰을 수집하고, 신기술의 상업화를 위해 소비하는 자원을 최소화하는 조직들을 설명하고자 이 용어를 사용했다. 혁신자가 피해야 할 가장 큰 위험은 시장이 이미 움직이고 있는데 시장에서 통하지 않는 제품을 출시하는 데에 집착하는 것이다. 재빨리 최소요건제품(Minimum Viable Product, MVP)을 만든 뒤, 소비자들의 피드백을 받아, 다음 제품 개발에 반영하는 전략인 린 스타트업이 낫다.

MVP는 제조-측정-학습 사이클을 최대한 빨리 경험하게 한다. 그래서 실패를 극복할 수 있는 기회와 방향을 전환할 수 있는 기회가 많아진다. 스타트업보다 나은 경쟁력을 확보하고 싶은 기성 기업들은 스타트업처럼 행동해야 한다. 혁신적 아이디어를 제품화하는 데 성공한 기업들은 전략 프로세스 관리를 구조적으로 분리했다. 혁신적인 아이디어로 신제품을 개발하는 작업을 맡은 중간관리자는 독립적인 사업단위라는 형태로 구현된 구조적 자율권을 부여받아야 한다. 너무도 관성에 젖은 기존 조직에게 악영향을 받지 않도록, 신제품 개발팀을 전략사업단위로 분리하는 것이다. 물론 자율권을 가진 전략사업단위가 성공을 보장하지는 않지만, 성공의 필요조건임은 분명하다.

완전한 탈중앙화의 문제점

경영학자들이 수행한 여러 심층현장연구에 따르면, 기업의 내부 자원 할당 프로세스에서 가장 전략적인 아이디어 제안은 상향식으로 수행된다.[21] 현재 실적과 목표 간의 불일치(생산능력 부족, 잠재적 시장 기회)를 해결하기 위해, 과장은 상부에 올릴 안의 구체적인 세부내용을 정한다.

부장은 여러 제안서를 검토하고 가장 유망하다고 판단한 안에 추진력을 부여한다.(이 과정에서 위신을 세우고 영향력을 행사한다.) 부장은 구체적인 사업 내용과 담당자들을 아는 마지막 단계의 실무자이기에 그들이 어느 제안을 선택하느냐가 어디에 자본이 투입되느냐를 결정한다.

그렇기에 기업 현장에서 실제 일어나는 일들을 좌우하는 사람은 최고경영진보다는 중간관리자들이다. 직원들이 올린 안은 경영진의 공식 승인을 받기 전에 여러 단계의 선별 프로세스를 거친다. 이러한 상향식 프로세스의 효과는 너무도 강력하기에 기업의 변화는 중간관리자들의 기여 없이는 불가능하다. 최고경영진은 기업

이 거둔 성과를 사후적으로 인식할 뿐이다.[22]

혼다의 사례에서 보듯, 전략 변화에서 최고경영진의 역할은 대부분, '상향식 제안을 전략적으로 인식하고 무시하기보다는 지원하는 것'[23]이다. 최고경영진은 – 이를테면, 외부 위협에 대한 조직적 인식을 바꾸거나[24] 혁신을 위해 자율권을 지닌 전략사업단위를 만듦으로써[25] – 기업 현장에 간접적인 영향력을 행사한다.

＊＊＊＊＊

구글의 구조에서 가장 높이 평가받는 특징은 탈중앙화다. 온라인 검색 엔진부터 안드로이드까지, 구글의 제품 개발팀은 독립적으로 일할 무제한 자율권을 부여받았고, 구글 제품은 대부분 자율적으로 진화했다.[26] 구글은 직원들에게 근무시간의 20퍼센트(5일 중 하루) 동안 본인에게 부과된 고유 업무 이외의 작업을 할 수 있게 허용한다. 그 결과 지메일, 구글맵 같은 탁월한 제품들이 개발됐다.[27]

구글의 창업자 에릭 슈미트와 래리 페이지는 경쟁사들보다 10배는 나은 제품과 서비스를 개발하기 위해 직원들에게 '달성하기 매우 어려운 환상적인 일들'을 시도하도록 독려한다. "누구나 실패하지 않을 만할 일을 하고 싶어하죠. 하지만 점진적 개선은 조금 시간이 흐르면 진부해집니다. 특히 파격적 변화가 종종 일하는 기술 분야에서는 더욱 그렇습니다." 래리 페이지의 설명이다.[28] 구글이 추진하는 프로젝트 중 70퍼센트는 핵심사업, 20퍼센트는 신규사업, 10퍼센트는 아이디어 실험이다.[29]

구글의 여러 실험이 혼돈으로 빠지지 않는 비결은 명확히 정의된 기업 전략에 있다. 구글은 제품을 무료 배포하고, 고객층을 빠르게 확대하고, 소비자의 사용을 유도하고, 사용자 데이터를 마이닝하고, 그 다음에 광고를 판매한다는 전략 아래 움직인다. 이러한 가이드 레일*이 모든 임직원에게 전략적 책임을 배분한다. 이로 인해 구글의 기업 전략은 계획적이게도 창발적으로 나타난다.

구글은 설립 이후 계속 광고 수입에 주로 의존해왔다. 구글은 광고 수입이 연간 600억 달러에 달해 뉴스코퍼레이션(69억 달러), 허스트(40억 달러), 타임(29억 달러)를 압도하는 세계 최대 광고 회사다.[30] 2015년 구글 매출액에서 80억 달러만이 비광고 부문에서 발생했다. 이런 점 때문에 구글의 성공 공식은 여러 사람의 찬탄을 받는 동시에, 구글을 위태롭게 한다.[31]

2012년 구글은 하드웨어 제조사로 거듭나기 위해 모토로라(Motorola)를 125억 달러에 인수했지만, 누적적자를 견디지 못하고 몇 년 뒤 레노버(Lenovo)에 29억 달러를 받고 팔았다.[32] 구글은 자동 온도조절기를 만드는 네스트(Nest)라는 스타트업을 32억

---

* 미닫이 문바퀴가 벗어나지 않도록 안내하는 레일 - 역자 주

달러에 매입해서 별다른 제품을 내놓지 못했다. 구글의 태블릿PC인 넥서스(Nexus)도 성공하지 못했다.[33] 구글은 미국 주요 도시에 광섬유 케이블을 매설해 초고속 인터넷 서비스를 제공하는 사업을 추진하다가 중단했다.[34] 증강현실 기기로 많은 이의 기대를 모은 구글 글래스(Google Glass)조차 실패로 끝났다.[35] 구글이 선도적으로 나선 자율주행차량 프로젝트 역시 추진력을 얻지 못해 우버와 테슬라에게 추월당했다.[36] 마치, 광고 사업 이외의 모든 사업을 망하게 하는 - '광고를 붙여 팔 수 없는 신제품을 출시하면 내가 즉시 죽여주지'라는 - 보이지 않는 손이 구글 본사에 있는 듯하다. 명확한 기준과 전략 없이 탈중앙화된 혁신은 구글 같은 기업조차도 흔들리게 한다.

자율적인 비밀 프로젝트팀이든, 린 스타트업이든, 최고경영자가 혁신을 관리하기 위해 할 수 있는 일이 영리한 인재 몇 명을 한방에 몰아넣고 어느 정도 투자해 뭔가 놀라운 결과가 나오길 기대하는 것뿐이라면, 최고경영자의 역할은 별로 중요치 않을 것이다.

혁신을 위한 최고경영자의 역할은 따로 있다.

유용한 개입과 쓸데없는 개입

햇빛이 쨍쨍 비치는 실리콘밸리에서 북쪽으로 1,300킬로미터 정도 떨어진 곳에 기후가 온화한 시애틀이 있다. 겨울에 서늘하고 습도가 높고 구름 낀 날이 많은 이 도시에 아마존 본사가 있다. 구글과 마찬가지로, 아마존도 호텔 예약 서비스(아마존 데스티네이션), 고급 패션(엔들리스닷컴), P2P결제(웹페이) 등 여러 프로젝트를 실패했다.[37] 하지만 아마존 창업자 제프 베조스는 말한다. "나는 아마존에서 문자 그대로 수십억 달러어치의 실패를 맛봤습니다. 돈 잃고 속 좋은 사람 없지만, 실패한 프로젝트들은 아마존에게 중요하지 않습니다. 계속 실험하지 않거나 실패를 감수하지 않는 기업은 결국 망할 테니까요. 나는 아마존을 위태롭게 하는 실험은 하지 않습니다."[38]

발중앙화된 혁신을 추구히는 구글 경영진과 달리, 베조스는 아마존의 수많은 실험적 프로젝트에 직접 개입하는 것으로 알려졌다. 아마존의 관계자들은 베조스가 궁극의 프로덕트 매니저라고 말한다. "그가 산업 디자인팀과 브레인스토밍 회의를 하거나 UI팀과 폰트 크기를 논의하고 토론하는 모습을 자주 봤습니다." 아마존에서 수석 디자이너로 일했던 관계자의 증언이다.[39] 또 다른 관계자가 말한다. "그는 쇼핑 경험의 모든 부분에 대한 통합적 비전을 가진 경영자입니다."[40]

1997년 주식 상장 후 아마존은 80개 가까운 기업을 인수했다.[41] 그리고 그 과정에서 수많은 신사업 역량을 개발했다. 책과 CD를 판매하는 인터넷 서점으로 출발한 이마존은 이후 패션 의류, 비디오 스트리밍, 음악 스트리밍, 기업 클라우드 컴퓨팅(AWS), 전자책, 오디오북, 음성인식 인공지능 스피커 등 다양한 제품과 서비스를 출시했다. 2017년에는 미국 최대 유기능 식료품 체인인 홀푸드를 인수하여 가정간편식과 반조리음식을 판매하고 있다.

아마존은 다양한 사업을 영위하기에 각기 다른 자원, 프로세스, 수익 공식을 통해 최종 사용자에게 매력적인 가치 제안을 한다. 아마존에는 하드웨어 사업 부문도 있고, 서비스 사업 부문도 있다. B2C 사업을 하는 자회사도 있고 B2B 사업을 하는 자회사도 있다. 아마존의 모든 직원이 하나의 신조를 가지고 일하지 않는다. 아마존의 환상적인 성장세 뒤에는 기업 내의 자원이 원활하게 흘러가게 하고자 모든 규칙을 넘어 중재하는 최고조정자, 제프 베조스가 있다.

베조스는 2014년에 출시한 스마트폰, 파이어폰의 실패로 비판을 받았다. 파이어폰은 3D스크린 기능을 갖춘 카메라를 탑재했지만 이 기능은 킬러 앱이 되지 못했다. 파이어폰은 기존 아마존 서비스들을 편리하게 이용 가능한 스마트폰이란 점을 강점으로 내세웠지만, 전용 앱이 너무 적었다. 2015년 베조스는 파이어폰 사업을 포기했다. 아마존은 1억 7,000만 달러의 손실을 봤고, 8,300만 달러어치의 파이어폰 재고 물량이 갈 곳을 잃었다. 하지만 베조스는 전자책 단말기, 킨들을 개발하는 등 아마존의 R&D를 담당해온 연구개발팀, 랩126을 방문해, 파이어폰을 통해 아마존이 귀중한 교훈을 배웠으니 낙담하지 말라고 위로했다.

이때 얻은 교훈은 아마존 에코(Eco)의 성공에 도움이 됐다.

아마존 에코는 알렉사(Alexa)라는 음성인식 시스템을 이용해 음악을 연주하거나 뉴스, 날씨 등 필요한 정보를 제공하는 인공지능 스피커다. 베조스는 전용 앱의 부족으로 실패한 파이어폰에서 교훈을 얻어, 아마존 에코에서 작동하는 전용 앱의 기능을 빨리 늘려야 한다고 생각했다. 그래서 1,000명에 달하는 아마존 에코 개발팀을 공격적으로 밀어붙이고, 시스템을 서드파티 프로그래머들에게 개방하도록 했다. 시스템을 서드파티 개발자에게 개방하는 일은 언뜻 들으면 쉬운 작업 같지만, 4장에서 탐구한 DARPA 사례에서 알 수 있듯, 사용하기 쉬운 도구를 제작하고 외부인들의 참여를 이끌기란 쉽지 않은 작업이다.

덕분에 아마존의 기술을 이용한 파생 상품을 개발하는 서드파티 프로그래머들은(이를테면, 목록의 다음 항목으로 넘어가고, 작동 중인 기능을 멈추는) 스킬을 쉽게 재사용하고, 이런 기초적 기능을 고급 기능에 통합할 수 있었다.

"이론적으론 아마존보다 구글이 훨씬 유리해 보입니다." 잭도우 리서치(Jackdaw Research)의 기술 분석가 잰 도슨(Jan Dawson)의 평가였다.[42] 구글의 음성인식 비서 시스템인 구글 어시스턴트는 유비쿼터스 검색과 강력한 알고리즘 덕분에 "원숭이의 평균 키는 얼마인가?" 같은 미구조화된 임의의 질문에 잘 답할 수 있다.

사용자들은 구글 어시스턴트와 더 직관적이고 상호작용적인 대화를 할 수 있다.

하지만 아마존 에코는 무려 1만 5,000개의 스킬을 터득했다. 그 덕분에 아마존 에코 사용자는 택시를 부르고(우버), 웨어러블 헬스케어 기기에 입력된 건강 정보를 찾고(핏빗), 칵테일 레시피를 찾아보고(믹솔로지스트), 피자를 주문(도미노)할 수 있고, 필립스, 삼성, GE 같은 다른 기기 제조사들의 앱 기능도 사용할 수 있다.[43] 한편 2017년 6월 30일 기준으로 구글이 확보한 음성인식 앱은 370개고, 마이크로소프트는 65개다.

음성인식 인공지능 스피커 시장에서는 구글도 마이크로소프트도 애플도 아마존 에코에 대항하지 못할 것으로 보인다. 2017년을 기준으로, 인공지능 스피커 시장에서 아마존의 점유율은 2위, 3위, 4위 업체를 합친 것의 2배였다.[44] 당시 구글의 CEO였던 선다 피차이(Sundar Pichai)는 "우리가 소비자들에게 더 나은 인공지능 스피커를 제공하려면 여러 개발자, 서드파티들과 협력할 필요가 있습니다."라며 베조스의 전략이 성공적이었음을 인정했다.[45]

기술적으로 더 깊이 파고들자면, 아마존은 백엔드 운영 접근법을 바꿨다. 2012년에 아마존은 자사의 – 모든 인터넷 기업의 척추와도 같은 – 내부 컴퓨터 서버를 외부 고객들에게 개방했다. 이제는 넷플릭스든 드롭박스든 어떤 기업이든 비싼 서버를 구축하는 대신 약간의 비용을 지불하고 아마존의 인프라를 이용하면 된다.

이것이 아마존 웹 서비스(AWS)의 기본 아이디어다. AWS는 기업 고객들을 위한 클라우드 컴퓨팅 서비스로, 아마존 입장에서는(막대한 자본을 투자해 구축했지만, 현금화하기 어려웠던) 백엔드 인프라를 현금화하는 방법이다.

베조스는 AWS 사업을 성공시키려는 의지가 너무도 강했다. 그래서 아마존 컴퓨터 서버가 표준적 인터넷 프로토콜에 따라 외부 기업들과 쉽게 소통할 수 있게, AWS 플랫폼의 모든 서비스를 개방형 API로 개발하라고 지시했다. 베조스는 개발팀에 보내는 이메일을 이렇게 끝맺었다. "이 지시를 따르지 않는 직원은 해고당할 것입니다. 고맙습니다. 좋은 하루 보내세요!"

이처럼 독재적인 모습은(구글에선 보기 어렵지만) 대기업의 사일로 현상(silo)*을 부수려면 최고경영자의 이런 개입이 필수다.

최고경영자가 위임할 수 없는 역할

시카고 대학교 경제학자 리처드 탈러는 일종의 사고 실험으로, 대기업 중간관리자들에게 다음과 같은 질문을 했다.[46]

"어떤 기업이 200만 달러의 수익을 볼 확률이 50퍼센트, 100만

---

* 조직 부서들이 서로 다른 부서와 담을 쌓고 내부 이익만 추구하는 부서 이기주의와 조직 장벽 - 역자 주

달러의 손실을 볼 확률이 50퍼센트인 프로젝트에 투자할지 검토 중입니다.(기대 수익은 100만 달러, 기대 손실은 50만 달러) 이 기업은 100만 달러의 손실을 봐도 끄떡없을 정도로 규모가 큰 곳입니다. 심지어 이런 실패를 여러 번 해도 망하지 않을 기업입니다. 여러분이라면 이 프로젝트에 투자하시겠습니까?"

탈러의 질문을 받은 중간관리자 23명 중 3명만이 투자하겠다고 답했다. 대다수가 투자를 반대한 이유는? 프로젝트가 성공하면 약간의 성과급을 받을지 몰라도, 실패하면 해고당할 위험이 있다고 생각했기 때문이다. 중간관리자들은 현재 자리에서 쫓겨날 위험을 감수하면서까지 위험한 결정을 내리려 하지 않았다. 하지만 CEO의 관점에서는, 각 프로젝트의 기대 수익이 50만 달러이니 그런 프로젝트들이 있으면 모두 투자해야 한다는 것이 논리적으로 타당한 답변이다.

현실에서는 '회사가 망할 정도'로 많은 자원을 소모하지 않았음에도 프로젝트에 실패해서 최고경영자가 해고당하는 경우가 때때로 있다. 그럼에도 최고경영자들은 중간관리자들이 기피하는 위험을 감수해야 한다. 제프 베조스, 조니 시, 스티브 잡스가 바로 그렇게 했다.

갈수록 급격한 변화가 일어나 기업들이 민첩하게 행동할 필요가 있는 비즈니스 환경에서 완전히 탈중앙화된 혁신 모델로는 충분치 않다. 기업 리더들은 본인이 가진 권한을 현장 지식을 갖춘

부하직원들에게 발휘해야 한다. 이는 무분별한 마이크로매니지먼트나 간섭을 옹호하는 말이 아니라, 최고경영자의 전략적 개입이 중요할 때가 있다는 말이다.

GE의 CEO이자 회장이었던 잭 웰치는 이 점을 직관적으로 이해했다. "내가 누린 특전 중 가장 마음에 들었던 것은 이슈를 골라, '깊이 관여'하는 것입니다. 내가 차이를 만들어낼 수 있다고 생각하는 과제를 파악해 …… 최고경영자로서 내가 가진 권력을 쏟는 것이죠. 나는 회사 내의 모든 부서를 가리지 않고 종종 그렇게 깊이 관여했습니다."

일단 '깊이 관여하기'라는 개념을 알고 나면, 그런 행동을 다양한 곳에서 발견하게 된다.[47]

최고경영자의 깊이 관여하기

뉴욕 월스트리트 근처 메이든 레인과 워터 스트리트 사이에 커뮤니티 솔루션 - 6장에서 살펴본 커먼그라운드의 하위 조직 - 본부가 있다.

오늘날 커뮤니티 솔루션은 완전히 독립적인 조직이 됐다. 커먼그라운드 대표였던 로잔 해거티는 2011년에 브렌다 로즌 주택관리실장에게 대표직을 맡기고 커먼그라운드를 떠났다.

로잔이 커먼그라운드를 떠난 까닭은 공공주택 없이 지식 보급만 전담하는 조직인 커뮤니티 솔루션의 발전에 전력을 기울일 필요가 있다고 판단했기 때문이다.

"그토록 오랜 기간 몸담은 커먼그라운드를 떠나는 선택은 예상했던 것만큼 어렵지 않았습니다. 우리는 (커먼그라운드에서) 홈리스를 위한 공공주택을 건설하고 운영하는 놀라운 일들을 했습니다. 하지만 세월이 흐르면서, 우리의 도움이 닿지 않는 지역에 있는 사람들은 도울 수 없다는 것이 점점 더 마음에 걸렸습니다. 나는 혁신 작업(지식 전파)을 통해 이 이슈에 접근할 수 있다는 점을 깨닫게 되었기에 홀가분하게 나갈 수 있었습니다." 로잔이 내게 한 말이다.

나는 미국의 수많은 CEO들이 어떻게 과거의 성공을 버리고 미래를 새롭게 시작하는 선택을 내릴 수 있는지 궁금했다. 익숙함에 안주하고 유산에 집착하는 것이 인간의 본능이다. 이후 나는 로잔이 커먼그라운드 재직 시절에 조직 곳곳에 '깊이 관여하기'를 해왔음을 알게 됐다.

베키 캐니스가 이끄는 팀이 만성적 홈리스를 집중 지원하는 안을 처음으로 고려했을 때, 이것은 소규모 표본 관찰에 입각한 가설일 뿐이었다. 당시에는 이 안을 추진해서 효과가 있으리란 근거가 없었다. 아마 로잔을 제외하곤 이 안에 선뜻 찬성하는 이가 없었을지도 모른다.

다른 정기적 프로젝트들과 달리, 로잔은 만성적 홈리스 18명에게 공공주택을 제공하는 프로젝트의 실행을 직원들에게 위임하지 않았다. 뉴욕 노숙자를 위한 공공주택 건물 3채를 운영 중이던 커먼그라운드의 규모를 감안하면, 18명의 만성적 노숙자를 돕는 작업은 굳이 CEO가 나서지 않아도 될 일로 보일 수 있었다.

하지만 로잔은 만성적 홈리스들을 빨리 공공주택에 들여보내려고 커먼그라운드의 기존 정책을 바꿨다. 커먼그라운드와 오랫동안 협력해온 도시 공동체 복지 센터(CUCS)에 전화를 걸어 만성적 홈리스들을 등록하는 작업에 대한 지원을 요청했다. CUCS는 정신질환 환자를 대하는 데 훨씬 많은 경험을 쌓은 조직이라 만성적 홈리스들을 등록하는 데 유용한 전문지식을 가지고 있었다. 로잔은 커먼그라운드의 주택관리실에 만성적 홈리스를 받아들일 채비를 하라고 지시했다.

하지만 직원들은 회의적인 반응을 보였다. "모두 걱정했어요. 괜히 받아들여봤자 건물을 어지럽히고 골치 아픈 문제들을 일으킬 것이라는 우려의 목소리가 높았죠." 로잔이 웃으며 내게 말했다. 연간 예산을 관리할 책임이 있는 중간관리자들은 만성적 홈리스들이 월세를 안 내고 시설을 부술 것이라며 로잔의 계획에 반발했다.

공포를 가라앉히고 반발을 최소화하고자 로잔은 만성적 홈리스들을 받아늘인 다음에 어떤 문세가 생기는지 계속 추적 조사하겠다고 밝혔다. 만성적 홈리스의 정신질환에 대처할 필요가 생길 경우를 대비해 CUCS에게 지원 약속도 받았다. 로잔은 만약 비용이 더 올라가면 모금 활동을 벌이겠다는 약속도 했다.

18개월 뒤 평가해보니 부정적인 결과는 거의 없었다. "이번에도 우려한 일은 일어나지 않았죠. 사람들은 만성적 홈리스를 새로운 환경에 적응시키려면 정신질환 의료 서비스가 필요할 것이라고 예상했지만, 그렇지 않았어요. 몇 년간 거리에서 지낸 사람들은 새로운 환경에 적응을 잘 했습니다. 그들은 어디서든 생존하는 법을 알고 있었죠. 일이 늘어난 이는 그들이 은행 계좌를 개설하고 돈을 관리하도록 도와야 하는 중간관리자뿐이었어요." 로잔의 회상이다.

앞의 장에서 보았듯, 만성적 홈리스에 대한 집중적 지원은 지역 노숙자들에게 큰 영향을 미쳤다. 만성적 홈리스에 대한 집중적 지원으로 타임스퀘어 지역의 노숙자 수는 단지 18명만 준 것이 아니다. 실제로 눈에 띄게 감소했다. '주거 우선' 전략이 효과를 보인 원인을 정확히 이해한 점이 10만 인의 주택 캠페인을 성공시킨 발판이 됐다. 가장 눈에 띄는 노숙자들에게 다가가 그들이 원하는 주거형태를 제공한 점을 근거로, 더 단기간 동안 거리에서 지낸 사람들에게 단체의 도움을 받아들이도록 설득하기 쉬워졌다.

만약 깊이 관여하지 않았다면?

이제 로잔 해거티나 조니 시가 깊이 관여하지 않았을 경우 어떻게 됐을지 상상해보라. 만약 두 리더가 맨 처음 지시를 내리고선, 실행 단계에서 생기는 현실적 문제들을 중간관리자들에게 모두 맡겨뒀으면 어떻게 됐을까.

커먼그라운드 중간관리자는 주택관리실 직원들을 계속 구슬리고 괴롭히고 협상해 만성적 홈리스들이 들어오기도 전에 로잔의 계획을 좌초시켰을 것이다.

에이수스 중간관리자는 조니 시 회장의 여러 지시 – 아시아 외부의 **소프트웨어 공급업체 활용**, 파격적인 저가 판매, 출시 전 자체적 품질검증 절차를 건너뛰고 최종사용자에게 피드백 받기 – 를 놓고, 끝없는 논쟁으로 허송세월을 보냈을 것이다. 몇 개월, 어쩌면 몇 년이 지체돼 에이수스의 Eee PC는 적기에 출시되지 못했을지도 모른다.

한 프로덕트 매니저가 설명했다. "다른 부서 사람들이 Eee PC 출시 프로젝트를 실패로 간주한 시기가 있었습니다 …… 우리는 PC 사업부의 많은 기술 전문가에게 도움을 요청했고, 부서들과 긴장이 고조됐죠. 하지만 시 회장님이 이러한 '잡음'을 직접 나서 해소하셨습니다."

만약 조니 시 회상이 깊이 관어하지 않았으면 어떤 일이 벌어졌을까 상상해보면 교훈을 얻을 수 있다. 뒷이야기를 궁금해 할 독자들을 위해 소개하면, 이후 Eee PC 태스크포스는 전략사업단위로 독립해 노트북PC 외에도 여러 전자제품을 개발했다. 시 회장은 여기에 깊이 관여할 필요를 못 느껴 두 중역에게 감독을 맡기고, 다른 사업 부문에 관여했다.

여기서 얻을 수 있는 교훈은 이렇다. 파격적인 신제품을 출시하려면 적절한 인재들로 개발팀을 구성하고 자율권을 부여하는 것이 필요하지만, 그것만으론 충분치 않다.

노바티스와 P&G의 사례에서 보듯, 기업이 새로운 지식 영역을 기반으로 삼으려 도약을 할 때마다 최고경영진은 단순히 전략을 수립하는 역할을 넘어, 전략 실행 과정에도 깊이 관여해야 한다. 기업 리더들은 중간관리자들이 - 실패하면 해고당할까봐 - 기피하는 리스크를 대신 떠안아줘야 한다.

* * * * *

직원들의 지식과 최고경영자의 권력을 정확히 조합하는 기업이 성공한다. 기업의 최상부에서 기업가 정신을 실천하는 행동을 보여주는 것이야말로 남에게 위임할 수 없는 CEO의 핵심 역할이자, 최고임원직의 주요 기능이다.

LEAP

누구든
도약할 수 있을까?

모든 기업의 중역은 지속 가능한 경쟁우위를 갖춘 기업을 꿈꾼다. 한때, 모든 생산 공정을 수직적으로 통합하고 통제하는 기업이 경쟁우위를 점할 것이라고 경영자들이 생각하던 시절이 있었다. 그래서 연구개발, 제조, 판매, 마케팅 업무를 수행하는 부서를 모두 한 건물에 집어넣었다.

과거에는 규모의 경제, 범위의 경제를 실현한 기업이 우위를 점했다. 20세기 중반에 GM, GE, IBM이 이 경영 전략에 입각해 거대기업으로 성장했다. 그 후 소니, 도요타, 혼다, 도시바를 위시한 일본 기업들이 식스 시그마, 품질 관리, 린 생산방식을 통해 우위를 점했다. 1990년대 말에는 델이 부품 제작을 아웃소싱하고, 자사는 핵심 역량에 집중해 놀라운 성과를 거둘 수 있음을 보여줬다.

이처럼 다양한 경영 혁신이 일어났지만, 지속가능한 경쟁우위 확보라는 목표는 여전히 달성하기 어렵다.

이 책은 산업을 개척한 선구적 기업들이 후발업체에게 밀리고, 그 후발업체는 또 다른 물결에 쓸려 몰락한 과정을 그리는 것으로 시작했다.

1850년대 영국 수출의 절반은 섬유 제품이었고, 20세기 초 세계 면직물의 절반 정도를 영국에서 생산했다. 하지만 그 후 20년도 지나지 않아 미국기업들이 영국기업들을 따라잡았다. 20세기 중반 이후에는 미국기업들 앞에 새로운 경쟁자들이 밀물처럼 밀고 들어왔다. 섬유 업계의 새로운 물결은 아시아에서 왔다. 처음에는 일본이, 그 다음에는 홍콩, 대만, 한국이, 나중에는 중국, 인도, 방글라데시가 주요 섬유 생산국으로 부상했다. 시장 경쟁이 치열해짐에 따라 영국과 미국에서 다수의 섬유 노동자를 고용하던 공업도시들이 유령도시로 변했다. 섬유공장들은 용도가 변경되거나 폐건물이 됐다.

섬유산업뿐만 아니라 중장비부터 가전제품, 자동차, 태양광 패널, 풍력발전 터빈까지 모든 제조업의 선두업체들이 후발주자에게 추격당한다. S&P500지수에 편입된 기업들을 기준으로 살펴보면, 미국 기업들의 평균 수명은 1920년대 67년에서 현재 15년으로 크게 줄었고, 미국 기업 최고경영자의 평균 재임기간은 최근 30년간 쭉 짧아졌다.[1] 우리는 가속화된 변화의 세계에 살고 있다.

경쟁우위를 유지하기란 너무도 어렵다. 19세기 독일 제약사 획스트도 자사 제품을 모방하는 스위스 경쟁사 시바, 가이기, 산도스에게 고전했다. 프랑스인들이 '표절자들의 나라'라고 부른 스위스는 1888년에야 특허법을 만들었다. 한동안 스위스 업체들은 외국 제품을 마음껏 모방할 수 있었고, 심지어 그렇게 하도록 권장됐다. 획스트가 화학성분으로 만든 최초의 해열제인 안티피린을 개발한 다음, 자사의 생산설비로 수요를 다 충족하지 못할 정도로 큰 인기를 끌자, 스위스 제약사들이 신속하게 모방제품을 만들어 팔았다.

기존 제약업계 혁신의 요람은 유기화학이었다. 그러나 최초의 항생제인 페니실린의 등장으로 흐름이 바뀌었다. 1928년 영국 미생물학자 알렉산더 플레밍이 인플루엔자 바이러스 연구를 하던 중 우연히 푸른곰팡이가 세균을 죽이는 작용을 한다는 점을 발견했다. 플레밍은 액체 배양기에 푸른곰팡이를 배양한 뒤, 그 배양액을 여과한 액체에 페니실린(푸른곰팡이의 속명)이라는 명칭을 붙였다. 페니실린의 발견 후 차세대 제약 혁명이 미생물학에서 일어나리란 점은 분명해졌다. 그러나 페니실린을 상용화하려면 푸른곰팡이의 배양액에서 유효 물질만 분리해 정제할 필요가 있었다. 플레밍은 이 기술을 연구했으나 실패했다. 2차 세계대전 발발로 항생제 수요가 급증했지만, 당시에는 푸른곰팡이를 대량 배양하고 페니실린을 정제하는 기술이 없었다. 그래서 유럽과 미국 제약사들이 항생제에 쓸 균을 찾고자 세계 각지에 조사원을 파견했다. 조사원들은 생고생을 했다. 오죽하면 균의 샘플을 채집하려 공동묘지 흙까지 팠을까! 대기에 떠다니는 균을 찾으러 열기구를 띄웠으며, 광산 막장과 산꼭대기까지 뒤졌다. 미생물 연구가 신약 연구개발의 핵심으로 부상하면서 결국, 크고 깊은 발효 탱크를 사용해 푸른곰팡이를 대량 배양하는 딥탱크 발효법과, 페니실린 정제 기법이 고안됐다. 이전에는 부상자의 세균감염 사망률이 높았으나, 항생제 보급 덕에 2차 세계대전 부상자의 세균감염 사망률이 급감했다.

1970년대에는 유전자를 조작하는 재조합 DNA 기술의 발명으로 현대적 의미의 생명공학이 시작됐다. 과학자들은 세포핵 속에 들어 있는 염색체의 내부 작용을 알아냄에 따라 DNA 분자를 재조합할 수 있게 됐다. 과학자들은 이 기술을 이용해 박테리아를 통해 당뇨병 환자를 위한 인슐린을 생산하는 등, 자연 상태에서 대량으로 얻기 힘든 갖가지 유효 물질을 합성했다. 1990년부터 2003년까지 진행된 인간 게놈 프로젝트와 컴퓨터 기술의 발전 덕분에 생명공학 연구는 디지털화됐다. 분자생물학자들은 희귀 암 치료법을 개발하고자 암세포의 생물적 기초인 분자 통로를 연구 중이다.

게놈 연구와 생명공학은 새로운 지식의 최전선이 되어 막대한 연구개발 예산, 대규모 연구팀이 투입된다. 스위스 제약사 노바티스가 2014년 한 해 동안 지출한 연구개발비만 100억 달러에 육박한다. 2014년 한 해 동안 스위스 양대 제약사 노바티스, 로슈의 시가총액 합계는 계속 상승해 4,000억 달러를 돌파했다. 미국 자동차 산업의 상징적 도시였으나 글로벌 자동차 경쟁에서 밀려 러스트벨트로 전락한 디트로이트와 대조적으로, 노바티스, 로슈 본사가 위치한 스위스 도시 바젤은 계속 번영할 듯 보인다. 바젤 시민은 서유럽에서 가장 높은 생활 수준을 누리고 있다.

선구적 서구 제약사들이 아직 신흥국 제약사들에게 밀리지 않은 원인은 무엇일까. 이는 제약업이 막대한 자본적 지출을 요하는 산업이란 사실만으론 설명할 수 없다. 사실, 20세기 초 섬유 산업도 막대한 사본직 지출이 필요했고, 선두업체들이 영업 기밀을 지키려 애썼으며, 특허 보호를 받았다. 그러나 결국 영국은 세계 최대 섬유 수출국 지위를 미국에게 뺏겼다. 중장비, 풍력발전 터빈, 태양광 패널, 개인용 컴퓨터, 휴대전화, 자동차 시장에서도 후발주자들이 선발주자들을 역전했다.

이런 산업들과 제약업은 뭐가 달랐을까? 제약업은 신제품 개발에 필요한 핵심 학문이 화학에서 미생물학으로, 미생물학에서 생명공학으로 계속 바뀌었다. 덕분에 막대한 투자를 계속 감행할 의지를 지닌 선구적 기업들이 계속 앞서나갈 수 있는 길이 열렸다.

지속 가능한 경쟁우위란 기업들이 무작정 많이 투자하고 노력한다고 도달하는 위지가 아니다. 새로운 지식을 꾸준히 받아들이고 게임의 규칙을 계속 바꾸는 기업만이 새로이 혁신할 수 있는 공간을 개척해, 후발주자에게 추월당하는 사태를 피할 수 있다. 이것이 스위스 제약사들이 수세기 동안 번영을 유지하기 위해 개발한 기적의 묘약이다.

역사를 이해하는 일이 중요한 까닭은 조직의 미래를 결정짓는 선택을 내릴 때 참고할 증거가 되기 때문이다. 따라서 우리는 이런 질문을 던져야 한다. "다음 프론티어는 찾아내려면 어떻게 해야 할까? 향후에 경쟁의 규칙이 완전히 달라질 분야는 어디일까?" 이에 대한 답은 유비쿼터스 연결성의 출현, 인공지능의 대두, 노동의 역할 변화라는 3개 레버리지 포인트를 통해 탐구할 수 있다.

이 3개의 트렌트가 향후 수십 년간 대부분의 기업에 큰 영향을 미치고 일상적 비즈니스의 일부가 될 것이다. 기업들은 이 3개의 트렌드가 교차하는 영역에서 게임의 규칙을 다시 써야 한다.

스타인웨이의 장인 지식이 야마하의 대량생산 방식에 밀렸듯, 우리는 의사결정 방식의 변화에 직면하고 있다. 발 빠른 기업들은 몇몇 노련한 경영자의 판단에 의존하는 경영행태에서 군중의 판단에 의존하는 경영행태로 이동 중이다. 산업혁명 시기에 대량생산이 장인의 노동 방식을 바꾸었듯, 디지털 혁명 시기에 군중의 지혜가 의사결정과정을 변혁하고 있다.

위챗과 DARPA의 사례는 개방형 협업을 촉진하려면 참여를 요청하기만 해서는 안 되며, ─복잡한 문제를 작은 문제로 쪼개고,

참가자들이 자유롭게 활용할 수 있는 도구를 개발하는 등－몇 가지 원리를 지켜야 한다는 사실을 보여준다. 이런 원리들을 제대로 실천하면, 아마추어도 까다로운 기술적 문제를 해결할 수 있다.

또 다른 레버리지 포인트는 직감의 자동화다. 구글 알파고가 바둑으로 인간을 이긴 것은 경쟁우위를 유지하려는 구글의 끊임없는 탐구에서 큰 의미가 있는 사건이었다. 구글, 페이스북, IBM, 마이크로소프트 같은 거대 기술기업들이 인공지능 기술을 개발하고자 연구소를 운용하고 있다. 오래 전부터 취업정보와 구인광고를 게재한 잡지를 출판한 일본의 리크루트 홀딩스 역시 인공지능 연구소를 열고, 고객들－미용실, 식당 등 자영업자들－이 세계적 수준의 데이터 인프라를 이용할 수 있는 플랫폼을 만들었다. 리크루트 영업사원들은 고객들이 이런 인공지능 플랫폼을 활용하도록 돕는 데 결정적인 역할을 한다. 사무 업무가 자동화됨에 따라 영업사원들은 더 고차원적인 목적의 업무에 투입됐다. 바로 이 대목에 기업들이 활용할 세 번째 레버리지 포인트가 있다. 인간의 창의성을 보강함으로써 인공지능과 인간의 전문지식을 융합하는 것이다.

예측분석과 기계학습의 한가운데서 스몰데이터의 중요성은 아무리 강조해도 지나치지 않다. 우리 사회가 더 많은 데이터를 생산하고 수집함에 따라, 역설적이게도 인간의 공감능력과 인류학적 관찰력이 더 중요해질 것이다.

커먼그라운드의 로잔 해거티, GE의 더 7 디츠, P&G의 클라우디아 코츠카는 빅데이터에만 의존해서 조직을 운영할 수 없음을 보여줬다. 성공하려는 기업들은 풍부하고 깊고 작은 데이터를 이해해야 할 뿐 아니라, 인간의 창의성이 인공지능보다 빛나는 영역에서 두각을 나타내야 한다. 인간이 처한 상태, 인간의 욕구와 감정을 불러일으키는 요소를 이해하는 능력은 소비재 기업에게도, 산업 서비스 기업에게도 중요한 조건이다. 온라인 데이터가 홍수처럼 넘치는 세계에서 스몰데이터의 중요성은 커질 뿐이다.

미래의 경쟁에서 승패를 좌우할 이 3개의 레버리지 포인트 - 유비쿼터스 연결성의 출현, 인공지능의 대두, 인간 중심적 창의성의 중요성 강조 - 는 기업 리더들의 헌신적 대응을 요구한다. 헌신은 인지와 다른 말이다. 통찰만으로는 절대로 충분치 않다. 전략 수립과 집행은 불가분의 관계다.

새로운 아이디어들을 일상적 행동과 조직 운영 전술로 변환하지 않는 기업은 후발주자에게 추월당할 위험에 있다. 스타인웨이, GM, 파나소닉, 섬유업체 등 몰락한 선도기업들은 자기잠식을 장기적 생존을 위해 치러야 하는 불가피한 비용으로 수용하지 않고 버티다가 후발주자에게 역전당했다. 반면 P&G, 노바티스, 애플, 아마존 등 전도유망한 기성 기업들은 자사의 제품을 자기잠식할 필요를 인식한다. 자발적 자기잠식은 쉽게 내릴 수 있는 결정이 아니다. 그렇기에 CEO가 특정한 장벽, 조직 내 저항을 극복하는 데 권력을 사용하는 깊이 관여하기를 할 필요가 있다. 노바티스 CEO

다니엘 바젤라가 "돈은 중요치 않으니, 계속 해봅시다."라며 막대한 비용을 감수하고 글리벡 임상시험을 감행했듯 말이다. P&G의 윌리엄 쿠퍼 프록터는 합성세제 출시를 놓고 이렇게 말했다. "우리의 비누 사업을 위축시킬지 모르지만 어차피 누군가 비누 시장을 잡아먹을 거라면 우리가 하는 편이 낫습니다."

러스트벨트 주민들의 고통은 너무도 크다. 실업, 도심 공동화, 높은 마약 중독률, 치솟는 범죄율, 평균수명 감소 …… 섬유업은 글로벌 경쟁에 희생당한 안타까운 사례다. 그런데 섬유업만큼 역사가 오래 됐으면서 우리에게 희망을 주는 산업이 있다. 농기계 산업이다. 이 산업에서 150년 이상 번영하고 있는 기업이 있다.

누구든 도약할 수 있을까?

1836년 미국 동북부 버몬트 주에 사는 32세의 대장장이가 서쪽으로 이주하기로 결정했다. 당시 미국은 농부의 시대였다. 농부들이 서부로 이동해 노동력을 절감하는 장비와 새로운 농경기법으로 농사를 지었다. 하지만 미국 중서부 대초원에 도달한 농부들은 새로운 토양에 고전했다. 미국 중서부 토양은 낙엽수림 토양이었기 때문이다. 그래서 동북부 지역에서 사용하던 철 쟁기로 중서부 지역에서 쟁기질을 하면, 쟁기 표면에 흙이 자꾸 달라붙어서 쟁기질을 하기 어려웠다.

일리노이 주 그랜드 디투어의 젊은 대장장이가 쟁기질하기 어렵다는 농민들의 불평을 듣다가 동네 방앗간 구석에서 부러진 쇠날붙이를 보고 아이디어가 떠올랐다. 발토판 쟁기*에 톱날을 부착해 땅을 가는 것이었다.(2) 그가 발명한 발토판 톱날 쟁기는 매끄러운 톱날 표면에서 흙이 미끄러져나가 굳이 정기적으로 흙을 긁어내지 않아도 됐기에 농부들에게 큰 인기를 끌었다. 그는 나중에 이렇게 말했다. "내가 최선을 다해 만든 제품이 아니면 내 이름을 붙이지 않습니다.(3)" 그는 '근면성실하고 꼼꼼한' 대장장이로, 빠르게 개발되고 있던 미국 프론티어처럼 거칠고 고집이 셌다.(4) 이 남자의 이름은 존 디어(John Deere)다.

존 디어는 자신의 이름을 붙인 농기계 제조사를 만들었다. 둘째 아들 찰스 디어가 2대 CEO가 되어 말이 끄는 쟁기, 써레, 대형 마차, 소형 마차를 '대리점'들을 통해 판매했다. 찰스 디어는 대리점들을 통해 존 디어의 제품뿐 아니라 경쟁사들의 제품까지 판매했다. 농부들은 한 대리점에서 모든 물건을 사서 좋고, 존 디어는 경쟁사의 매출액에서 일부를 수수료로 챙겨서 좋은 전략이었다. 존 디어는 사업 영역을 확장할 자본을 얻었다.

존 디어가 직면한 첫 도전은 가솔린 엔진이다. 20세기로 접어

---

* 흙을 파고 식물 뿌리를 자르고 토양을 뒤섞는 일을 한꺼번에 하는 쟁기 - 역자 주

들 무렵 존 디어는 미국 1위 농기구 제조사였지만, 자동차의 등장으로 말로 끄는 쟁기가 필요 없어질 것이란 점은 자명해졌다. GM, 포드 등 자동차 제조사들과 경쟁하는 과제는 찰스 디어의 사위로 3대 CEO가 된 윌리엄 버터워스가 맡았다.

윌리엄 버터워스는 쟁기 제조에 집중하고 자동차 회사에 고성능 부품을 납품하는 것으로 사업 방향을 잡았다. 이는 보수적 전략이지만, 말이 쟁기를 끄는 시대가 끝났기에 생존에 불리한 전략이었다. 존 디어가 농기계 사업을 계속 영위하려면 트랙터 시장에 진출해야 했다. 바이오테크놀로지 혁명 초기에 바이오테크 스타트업들을 낚아챈 스위스 제약사들처럼, 존 디어는 워털루 가솔린 트랙션 엔진 컴퍼니라는 트랙터 공장을 인수했다. 쟁기 제조사가 하루아침에 트랙터 제조사로 변신했다. 인수 1년 만에 워털루 보이 트랙터 5,634대가 팔렸다. 존 디어는 금속학(쟁기)에서 기계공학(트랙터)으로 도약했다.

1930년대 대공황 시절, 창업자 존 디어의 손자이자 4대 CEO, 찰스 디어 와이먼이 트랙터 디자인을 매끈하게 바꿔 미적으로 보기 좋은 트랙터를 판매하고자, 미국 산업 디자인의 선구적 디자인 기업인 헨리 드리퍼스와 계약했다.[5] 헨리 드리퍼스는 조향 타축이 겉에서 보이지 않게 내부로 보냈고, 전기식 시동 장치와 헤드라이트를 달고, 전면부에 커다란 라디에이터 그릴을 부착하고, 엔진 위를 금속 후드로 덮고, 트랙터 운전자의 시야를 넓히고자 차체 폭을 좁혔다. '더 강화한 출력의 엔진을 장착한 차량'이라는 인상을 심어주려고 전체적으로 육중한 느낌이 나게 디자인했다.[6]

빌 히윗이 5대 CEO로 취임할 무렵인 1950년대 미국은 호황으로 들뜬 분위기였다. 경영 감각이 뛰어났던 빌 히윗은 텍사스 주 댈러스에 본사를 둔 고급백화점 니만 마커스에서 신형 트랙터를 전시하기로 하고, 보석 매장 앞에 빨간 리본을 단 거대한 선물 상자를 놓았다. 호기심을 느낀 사람들이 잔뜩 몰려들자 리본을 풀고 상자를 개봉했다. 상자 안에서 초록색과 노란색 페인트를 칠한 트랙터가 모습을 드러냈다. 트랙터에는 '존 디어'라는 브랜드가 붙어 있었고, 다이아몬드로 장식된 트랙터 후드와 굴뚝은 백화점 조명을 받아 반짝였다.[7] 지나가는 사람들에게 바비큐를 나눠주고 불꽃 놀이를 하면서 행사는 마무리되었다. 그날 존 디어의 트랙터는 전례 없이 강력하고 멋졌다.

1960년대까지 존 디어는 금속학, 기계공학, 첨단 산업 디자인, 마케팅 지식을 토대로 사업을 영위했다. P&G와 존 디어의 사례는 각기 다른 분야의 지식을 조합하는 기업이 장기적으로 성공한다는 점을 보여줬다. 1963년 존 디어는 인터네셔널 하비스터를 제치고 세계 최대 트랙터 설비 제조사이자 판매사로 등극해 지금까지 정상에 머물고 있다. 지금도 일리노이 주에 본사를 둔 존 디어는 농업용 기계 산업의 선도기업으로서 연간 매출액이 266억 달러고, 직원 수가 5만 6,000여 명에 달한다.

존 디어의 놀라운 점은 이뿐만이 아니다. 구글과 테슬라가 자율주행차량을 개발하기 이전인 2000년대 초부터 존 디어는 이미 자율주행 트랙터 기술을 개척했다.[8] 2부에서 소개한 모든 사례들과 마찬가지로 존 디어는 유비쿼터스 연결성과 인공지능 기술을 이용해 - 인도 시골용 저비용 트랙터를 생산하는 130억 달러 규모의 인도 자동차 제조사, 마힌드라 앤드 마힌드라(Mahindra Group)를 비롯한 - 후발주자의 추격을 뿌리쳤다. 존 디어는 후발주자와 가격경쟁을 벌일 수 없었고, 벌이지도 않았다.

존 디어의 '7760 면화 추수기'는 GPS, 센서, 자동화 기술을 결합한 기술적 경이다. 운전대 내부는 마치 우주선 내부 같은 느낌이 난다. 운전자를 둘러싼 컴퓨터 화면들이 면화를 추수하는 동안 주변에서 일어나는 상황을 운전자에게 알려준다. 추수기는 밭을 직진하면서 면화를 추수하고, 면화만 골라낸 다음에 남은 부분을 두루마리 건초로 만들어 비닐 포장하는 작업을 한다. 밭의 끝에 도달하면 추수기는 곧바로 유턴해서 계속 추수 작업을 진행할 수 있다.[9] 존 디어의 최신 농기계 덕분에 미국에서 곡물 농사를 짓는 일은 - 가족이 소유한 농장에서조차 - 고도로 정밀하고 자동화된 작업이 됐다.[10]

하지만 자동화 트랙터와 추수기는 아직 발전 가능성이 많이 남아 있다. 농민들이 궁극적으로 원하는 것은 농장 생산성을 최적화하는 것이다. 그러려면 농업용 기계들과 관개수로 시설을 연결하고, 토양과 곡물 영양 정보를 날씨, 곡물 가격, 상품 선물에 관한 정보와 연결해야 한다.[11] 그래서 존 디어는 자사의 설비와 다른 기계, 소유주, 운영자, 딜러, 농업 컨설턴트를 연결하는 '마이 존 디어'를 만들었다. 이 농장 관리 소프트웨어는 센서들을 통해 수집한 정보를 날씨, 토양, 작물에 관한 역사적 데이터와 비교해 분석한다.

4장과 5장에서 다룬 플랫폼 전략이 얼마나 중요한지는 기업들이 더 잘 안다. 오늘날에서 전통적 제조업체들보다 플랫폼 제공자들이 더 많은 이익을 거두는 업종이 많다. 한 추산에 따르면 2016년 글로벌 스마트폰 기업 수익의 91퍼센트를 애플이 가져갔다. 애플의 유일한 라이벌인 구글도 플랫폼 제공자로서 성공을 거뒀다. 삼성은 고성능 스마트폰을 제조하지만 시장점유율에 비해 적은 수익을 거두고 있다.[12]

서비스 산업에서도 비슷한 현상이 일어난다. 은행 산업의 미래를 분석한 기사에서 〈이코노미스트〉는 대형 은행들이 걱정해야 할 진짜 위험은 핀테크에 교체당하는 것이 아니라, 핀테크 플랫폼 기업에게 이익을 다 바치고 '어디서나 이용 가능하지만, 과도하게 규제 받고, 수익성이 거의 없고, 평범한 유틸리티 산업'으로 전락하는 미래라고 주장했다.[13] 존 디어는 리크루트 홀딩스와 마찬가지로 농업 부문의 플랫폼 기업으로 변신 중이다.

존 디어의 최고경영진은 존 디어가 여느 기업들처럼 재능 있고 헌신적이지만 여전히 평범한 직원들로 구성된 기업임을 인식하고, 너무도 현실적으로 노력을 기울인다. "존 디어 직원 중 천재가 몇 있지만, 대부분은 천재가 아닙니다." 2010년에 CEO에서 물러난 밥 레인이 덤덤하게 말했다. 그렇기에 4장에서 살펴본 개방형 혁신의 정신에 따라 존디어는 2013년 서드파티 - 공급업체, 농업 소매업체, 지역 농학자, 소프트웨어 기업 - 들이 앱을 개발할 수 있도록 데이터를 공개했다. "추수 후 농민들에게 비료 사용 결과 보고서를 제공하면, 농민들이 그동안 자기 밭에서 일어난 상황을 이해하고 원인을 알 수 있을 겁니다." 듀퐁 파이오니어(화학기업 듀퐁의 농업 부문)의 마케팅 이사, 에릭 벡이 말했다.

현재 듀퐁 파이오니어는 농민들이 "농약과 설비 최적화를 결정할 때 참고할 만한 정보"를 제공하기 위해 존 디어의 데이터를 이용한다. 존 디어의 비즈니스 솔루션 매니저, 케빈 베리는 개방형 파트너십의 결과를 긍정적으로 평가했다. "농민들이 데이터를 공유하게 되면 …… 어떻게 농사를 지어야할지 완전히 새로운 시각에서 검토하게 됩니다. 그 결과 농민들이 설비와 노동력을 더 효율적으로 투입할 겁니다."[14]

정확히 얼마만큼 비료를 뿌려야 하는지 아는 지능형 센서와 GPS를 장착하고 스마트폰으로 조종 가능한 무인 트랙터를 통해 우리는 농업의 미래를 엿볼 수 있다. 농업의 미래는 정밀 농업 - 지능형 센서들과 농장 관리 소프트웨어를 사물인터넷으로 연결함으로써, 비료와 물을 덜 사용하고, 투입 자원 대비 수확량을 최적화하는 농장 관리법 – 이다.

존 디어가 인공지능 기술 영역으로 도약하기 위해 보인 가장 뚜렷한 행보는 아마도, 샌프란시스코에 문을 연 존 디어 연구소일 것이다. 왜 하필 샌프란시스코에 연구소를 열었을까? "우리 회사 직원들이 호텔에서 계속 묵는 것보다 비용이 쌀 것 같아서요." 샌프란시스코 일대에서 기술 섹터의 다양한 협력사 직원들과 자주 만난 존 디어 연구소의 연구소장 알렉스 퍼디의 설명이다.[15]

미국 제조업 대기업 다수가 글로벌 경쟁에서 밀려 몰락했지만, 존 디어는 다른 길을 걸었다. 노바티스, P&G처럼 존 디어는 한 세기 반 이상 되는 세월 동안 진화해왔고 농업 부문의 세계적 선도기업으로 버티고 있다. 존 디어는 어떤 산업에 속한 기업이든 새로운 학문 분야의 지식을 이용해 게임의 규칙을 완전히 다시 쓰는 것이 가능함을 보여주는 사례다. 따라서 어떠한 선도기업도 모방자에게 추월당하는 사태를 피할 수 있다.

일리노이 주에서 쟁기 만들던 회사가 스위스 제약사들처럼 새로운 지식 분야로 도약해 발전해왔는데, 다른 회사라고 못 할 것이 없다. 모든 것이 복제될 수 있는 업종에 속한 기업일지라도 지속적 번영의 길을 선택할 수 있다.

이 책에서는 선구적 서구기업들의 역사적 사례를 소개했다. 일부 기업은 몰락했고, 일부는 생존했으며, 일부는 여전히 번영하고 있다. 이 책은 미래를 대비하려는 기업들을 위한 플레이북이다. 선도기업들이 현재의 사업, 고객과 관계, 존재 이유를 어떻게 재검토해야 하는지 알리는 성명서이기도 하다.

당신의 기업은 - 크든 작든 - 일정한 전통적 강점, 지금까지 성장하는 발판이 된 효자 상품을 가지고 있다. 여러분의 고객, 지역 사회, 이해 관계자들은 여러분이 혁신하길 기대한다. 변화를 일으키기에 좋은 완벽한 시점이 오길 기다리지 말라. 그런 시점이 오길 기다리다가 결국 기회를 놓치게 된다.

지금 우리에게는 도약을 준비하기에 딱 적당한 시간이 남아 있다. 도약의 길로 나아가자.

NOTES
인용 출처

들어가는 말

1. Daniel Augustus Tompkins, Cotton Mill, Commercial Features: A Text-Book for the Use of Textile Schools and Investors (n.p.: Forgotten Books,2015), 189.

2. Allen Tullos, Habits of Industry: White Culture and the Transformation of the Carolina Piedmont (Chapel Hill: University of North Carolina Press,1989), 143.

3. "A Standard Time Achieved, Railroads in the 1880s," American-Rails.com, accessed September 8, 2017, http://www.american-rails.com/1880s.html.

4. Piedmont Air-Line System (1882), "Piedmont Air-Line System (advertisement)," J. H. Chataigne, retrieved September 8, 2017.

5. Pietra Rivoli, The Travels of a T-Shirt in the Global Economy: An Economist Examines the Markets, Power, and Politics of World Trade, 2nd ed.(Hoboken, NJ: Wiley, 2015), 100.

6. Alexandra Harney, The China Price: The True Cost of Chinese Competitive Advantage (New York: Penguin Press, 2009), chap. 1.

7. "Piedmont Manufacturing Company (Designation Withdrawn) | National Historic Landmarks Program," National Parks Service, accessed September 9, 2017, https://www.nps.gov/nhl/find/withdrawn/piedmont.htm.

8. "Oral History," The Greenville Textile Heritage Society, accessed March 11, 2018, http://greenvil le-textile-heritage-society.org/oral-history/.

9. Clayton M. Christensen, "The Rigid Disk Drive Industry: A History of Commercial and Technological Turbulence," Business History Review 67, no.4 (1993): 533-534, doi:10.2307/3116804.

10. "Novartis AG," AnnualReports.com, accessed February 3, 2018, http://www.annualreports.com/Company/novartis-ag.

1부 •••

1장

1. "FDNY vintage fire truck, 1875 - Photos - FDNY Turns 150: Fire Trucks

Through the Years," New York Daily News, April 25, 2015, accessed February 3, 2018, https://web.archive.org/web/20170608165852/http://www.nydailynews.com/news/fdny-turns-150-fire-trucks-years-gallery-1.2198984?pmSlide=1.2198967.

2. "Steinway & Sons | The Steinway Advantage," accessed February 3, 2018, https://web.archive.org/web/20170611062352/, http://www.steinwayshowrooms.com/about-us/the-steinway-advantage; Danne Polk, "Steinway Factory Tour," accessed February 3, 2018, https://web.archive.org/web/20150225093233/, http:// www.ilovesteinway.com/steinway/articles/steinway_factory_tour.cfm. See also:"Steinway & Sons," www.queensscene.com, accessed March 12, 2018, http://www.queensscene.com/news/2014-08-01/Lifestyle/SteinwaySons.html.

3. Ricky W. Griffin, Management (Australia: South-Western Cengage Learning, 2013), 30-31. "Steinway Factory Tour | Steinway Hall Texas," accessed February 3, 2018, https://web.archive.org/web/20160330202353/, http:// www.steinwaypianos.com/instruments/steinway/factory.

4. Matthew L. Wald, "Piano-Making at Steinway: Brute Force and a Fine Hand," New York Times, March 28, 1991, http://www.nytimes.com/1991/03/28/business/piano-making-at-steinway-brute-force-and-a-fine-hand.html.

5. Michael Lenehan, "The Quality of the Instrument," Atlantic, August 1982, 46.

6. Joseph M. Hall and M. Eric Johnson, "When Should a Process Be Art, Not Science?" Harvard Business Review, March 2009, 59 – 65.

7. James Barron, Piano: The Making of a Steinway Concert Grand (NewYork: Times Books, 2006), xviii.

8. "Arthur Rubinstein," Steinway & Sons, accessed January 31, 2017, https://www.steinway.com/artists/arthur-rubinstein. A far more complete history of Steinway & Sons can be found in an authoritative narrative by Richard K. Lieberman, Steinway & Sons (New Haven, CT: Yale University Press, 1995), 139.

9. "A Sound Investment | Steinway Hall Texas," accessed February 3, 2018, https://web.archive.org/web/20170614055826/http://www.steinwaypianos.com/kb/resources/investment.

10. Elizabeth Weiss, "Why Pianists Care About the Steinway Sale," Currency (blog), September 13, 2013, accessed January 31, 2017, http://www.newyorker.com/online/blogs/currency/2013/09/why-pianists-care-about-the-steinway-sale.html.

11. Plowboy, "As Predicted—teinway's Other Shoe Falls" [re: Steve Cohen], August 14, 2013, http://www.pianoworld.com/forum/ubbthreads.php/topics/2133374.html.

12. "Steinway & Sons | About Steinway Hall," accessed February 3, 2018, https:// web.archive.org/web/20170706195110/http://www.steinwayshowrooms. com:80/steinway-hall/about; "Steinway Hall: A Place for the Piano in Music, Craft, Commerce and Technology," LaGuardia and Wagner Archives, January 1, 1970, accessed February 3, 2018, http://laguardiawagnerarchives. blogspot.ch/2016/04/steinway-hall-place-for-piano-in-music.html; Richard K.Lieberman, Steinway & Sons (Toronto: CNIB, 1999), 146 – 152.

13. The Steinway Collection, February 1 – 23, 1968, box 040241, folder23, Henry Z. Steinway, LaGuardia and Wagner Archives.

14. "How Yamaha Became Part of the U.S. Landscape," Music Trades, July 1, 2010.

15. Adapted from "How Yamaha Became Part of the U.S. Landscape."Much of the data for this part of the analysis came from The Music Trade, a highly respected market publication; see "Yamaha's First Century," August 1987, 50 – 72.

16. Peter Goodman, "Yamaha Threatens the Steinway Grand: The Steinway/ Yamaha War," Entertainment, January 28, 1988.

17. Ibid.

18. Ibid.

19. Music Trades, Vol. 135, Issues 7 – 12 (Englewood, NJ. Music Trades Corp., 1987), 69, accessed March 15, 2018, https:/ /books.google.com/ books?id= N jAAAAMAAJ&g=robert+p. +bull+%22yamaha%22+ 196 4+pi ano&dg=robert+p. +bul 1+%22Zyamaha%22+ 1964+piano&hl=en&sa= X&ved=OahUK.EwiL 1-X500zZAh Vl04MKHTuFC04Q6EIKDAA. "On Yamaha's Assembly Line," New York Times, February 22, 1981.

20. Two important books have inspired the model I outline here. In Design of Business, Roger Martin describes the evolving nature of general knowledge. I believe he was the first to coin the term knowledge funnel(see chap. 1, 1 – 28; Cambridge, MA: Harvard Business Review Press, 2009). In another highly influential book, The Innovator's Prescription, Clayton Christensen et al. describe how technology can convert complex intuition into rules-based tasks (see chap. 2, 35 – 72; New York: McGraw-Hill Education,2009). The model that I describe here, however, focuses on the outcome of international competition.

21. Siddhartha Mukherjee, The Emperor of All Maladies: A Biography of Cancer (New York: Scribner, 2010), 81.

22. David J. Jeremy, Transatlantic Industrial Revolution: The Diffusion of Textile Technologies Between Britain and America, 1790 – 1830s (Cambridge, MA: MIT Press, 1981), 36 – 37

23. Robert F. Dalzell, Enterprising Elite: The Boston Associates and the World They Made (Cambridge, MA: Harvard University Press, 1987), 5.

24. Charles R. Morris, The Dawn of Innovation: The First American Industrial Revolution (New York: PublicAffairs, 2012), 92–93.

25. Mary B. Rose, Firms, Networks, and Business Values: The British and American Cotton Industries since 1750 (Cambridge, UK: Cambridge University Press, 2000), 41; quoted in Pietra Rivoli, The Travels of a T-Shirt in the Global Economy, 2nd ed. (Hoboken, NJ: John Wiley & Sons, 2009), 96.

26. Tom Nicholas and Matthew Guilford, "Samuel Slater & Francis Cabot Lowell: The Factory System in U.S. Cotton Manufacturing," HBS No. 814-065 (Boston: Harvard Business School Publishing, 2014).

27. Ibid.

28. Dalzell, Enterprising Elite, 95–96.

29. Rivoli, Travels of a T-Shirt, 97.

30. Henry Z. Steinway private letters, Henry Z. Steinway Archive, February 12, 1993, La Guardia and Wagner Archives.

31. Garvin, David A., "Steinway & Sons," Harvard Business School Case 682–025, September 1981 (rev. September 1986).

32. Carliss Y. Baldwin and Kim B. Clark, "Capital-Budgeting Systems and Capabilities Investments in U.S. Companies After the Second World War," Business History Review 68, no. 1 (Spring 1994), http://www.jstor.org/stable/3117016.

33. Cyb Art (website built by), "Steinway History," accessed March 11, 2018. http://steinwayhistory.com/october-1969-in-steinway-piano-history/.

34. Robert Palmieri, The Piano: An Encyclopedia, 2nd ed. (New York: Routledge, 2003), 411.

35. "Pianos and Parts Thereof: Report to the President on Investigation No TEA-I-14 Under Section 30l(b)(a) of the Trade Expansion Act of 1962," United States Tariff Commission, December 1969, accessed March 15, 2018, https://www.usitc.gov/publications/tariffaffairs/pub309.pdf

2장

1. Ernst Homburg, Anthony S. Travis, and Harm G. Schroter, eds., Chemical Industry in Europe, 18.

2. The Mineralogical Record - Label Archive, accessed January 31, 2018 http://www.minrec.org/labels.asp?colid=765.

3. The Editors of Encyclopaedia Britannica, "Ciba-Geigy AG," Encyclopaedia Britannica, February 19, 2009, accessed January 31, 2018, https://www.britannica.com/topic/Ciba-Geigy-AG.

4. Mark S. Lesney, "Three Paths to Novartis," Modern Drug Discovery, March 2004.

5. Ernst Homburg, Anthony S. Travis, and Harm G. Schroter, eds., The Chemical Industry in Europe, 1850–1914: Industrial Growth, Pollution, and Professionalization (Dordrecht, Netherlands: Springer Science+Business Media, 1998), 18.

6. Rudy M. Baum, "Chemical Troubles in Toms River: Damning Portrayal of Past Chemical Industry Practices Is Also In-Depth Examination of a Public Health Disaster," Book Reviews 91, no. 18 (May 2013): 42–43.

7. Alan Milward and S. B. Saul, The Economic Development of Continental Europe 1780–1870 (Abingdon, UK: Routledge, 2012), 229.

8. Anna Balint, Clariant Clareant: The Beginnings of a Specialty Chemicals Company (Frankfurt: Campus Verlag, 2012), 28.

9. Walter Dettwiler, Novartis: How a Leader in Healthcare Was Created Out of Ciba, Geigy and Sandoz (London: Profile Books, 2014), chap. 1.

10. Anita Friedlin and Kristina Ceca, "From CIBA to BASF: A Brief History of Industrial Basel," Mozaik, accessed February 3, 2018, http://www.mozaikzeitung.ch/spip/spip.php?article282.

11. "Switzerland's Industrialization," accessed February 03, 2018, http://history-switzerland.geschichte-schweiz.ch/industrialization-switzerland.html.

12. "History of Sandoz Pharmaceuticals," Herb Museum, accessed February 3, 2018, http://www.herbmuseum.ca/content/history-sandoz-pharmaceuticals.

13. "Company History," Novartis Indonesia, accessed February 3, 2018, https://www.id.novartis.com/about-us/company-history.

14. Markus Hammerle, The Beginnings of the Basel Chemical Industry in Light of Industrial Medicine and Environmental Protection (Basel: Schwabe & Co., 1995), 44.

15. Ibid.

16. Robert L. Shook, Miracle Medicines: Seven Lifesaving Drugs and the People Who Created Them (New York: Portfolio, 2007), chap. 7.

17. Encyclopaedia Britannica Online, s.v. "Knorr, Ludwig," http://www.

britannica.com/EBchecked/topic/1353916/Ludwig-Knorr.

18. Joseph S. Fruton, Contrasts in Scientific Style: Research Groups in the Chemical and Biochemical Sciences (Philadelphia: American Philosophical Society, 1990), 211.

19. Kay Brune, "The Discovery and Development of Anti-Inflammatory Drugs," Arthritis and Rheumatology 50, no. 8 (August 2004), 2391 – 2399.

20. P. R. Egan, "Antipyrin as an Analgesic," Medical Record 34 (1888), 477 – 478, cited in Janice Rae McTavish, Pain and Profits: The History of the Headache and Its Remedies in America (New Brunswick, NJ: Rutgers University Press, 2004), 80.

21. F. Tuckerman, "Antipyrine in Cephalalgia," Medical Record (1888), 180, cited in McTavish, Pain and Profits, 80.

22. "Antipyrine a Substitute for Quinine," New York Times, January 1, 1886, 6, cited in McTavish, Pain and Profits, 74.

23. "Antipyrin," Druggists Circular 28 (1884), 185.

24. Parvez Ali et al., "Predictions and Correlations of Structure Activity Relationship of Some Aminoantipyrine Derivatives on the Basis of Theoretical and Experimental Ground," Medicinal Chemistry Research 21, no. 2 (December 2010): 157.

25. Dan Fagin, Toms River: A Story of Science and Salvation (New York: Bantam, 2013), 11.

26. Popat N. Patil, Discoveries in Pharmacological Sciences (Hackensack, NJ: World Scientific, 2012), 672.

27. Dettwiler, Novartis, chap. 1.

28. Vladimír Křen and Ladislav Cvak, Ergot: The Genus Claviceps (Amsterdam, Netherlands: Harwood Academic Publishers, 1999), 373 – 378.

29. "First Penicillin Shot: Feb. 12, 1941," HealthCentral, February 11, 2013, http://www.healthcentral.com/dailydose/2013/2/11/first_penicillin_shot_feb_12_1941/.

30. Maryn Mckenna, "Imagining the Post Antibiotics Future," Medium, November 20, 2013, https://medium.com/@fernnews/imagining-the-post-antibiotics-future-892b57499e77.

31. "Howard Walter Florey and Ernst Boris Chain," Chemical Heritage Foundation, last modified September 11, 2015, http://www.chemheritage.org/discover/online-resources/chemistry-in-history/themes/pharmaceuticals/preventing-and-treating-infectious-diseases/florey-and-

chain.aspx.

32. "The Discovery and Development of Penicillin," American Chemical Society, 1999, last modified November 5, 2015, https://www.acs.org/content /acs/ en/education/whatischemistry/landmarks/flemingpenicillin.htm.

33. Mary Ellen Bowden, Amy Beth Crow, and Tracy Sullivan, Pharmaceutical Achievers: The Human Face of Pharmaceutical Research (Philadelphia: Chemical Heritage Foundation, 2005), 89.

34. Joseph G. Lombardino, "A Brief History of Pfizer Central Research," Bulletin for the History of Chemistry 25, no. 1 (2000): 11.

35. "Discovery and Development of Penicillin."

36. Alex Planes, "The Birth of Pharmaceuticals and the World's First Billionaire," Motley Fool, September 28, 2013, http://www.fool.com/investing / general/2013/09/28/the-birth-of-pharmaceuticals-and-the-worlds-first. aspx.

37. H. F. Stahelin, "The History of Cyclosporin A (Sandimmune ₵ç) Revisited: Another Point of View," Experientia 52, no. 2 (January 1996): 5 – 13.

38. Pfizer, Inc., "Pfizer History Text," MrBrklyn, http://www.mrbrklyn.com / resources/pfizer_history.txt.

39. David W. Wolfe, Tales from the Underground: A Natural History of Subterranean Life (New York: Basic Books, 2002), 137.

40. "Penicillin: The First Miracle Drug," accessed February 3, 2018, https://web. archive.org/web/20160321034242/http://herbarium.usu.edu/fungi/funfacts/ penicillin.htm.

41. J. F. Borel, Z. L. Kis, and T. Beveridge, "The History of the Discovery and Development of Cyclosporine (Sandimmune ₵ç)," in The Search for Anti-Inflammatory Drugs: Case Histories from Concept to Clinic, ed. Vincent K.Merluzzi (Basel: Birkhauser, 1995), 27 – 28.

42. Donald E. Thomas Jr., The Lupus Encyclopedia: A Comprehensive Guide for Patients and Families (Baltimore, MD: Johns Hopkins University Press, 2014), 555.

43. Advameg, "Cyclosporine," Medical Discoveries, http://www.discoveries inmedicine.com/Com-En/Cyclosporine.html; Henry T. Tribe, "The Discovery and Development of Cyclosporin," Mycologist 12, no. 1 (February 1998): 20.

44. Camille Georges Wermuth, ed., The Practice of Medicinal Chemistry, 3rd ed. (Burlington, MA: Academic Press, 2008), 25; D. Colombo and E. Ammirati, "Cyclosporine in Transplantation— History of Converging Timelines," Journal of Biological Regulators and Homeostatic Agents 25, no.4 (2011): 493.

45. David Hamilton, A History of Organ Transplantation: Ancient Legends to Modern Practice (Pittsburgh: University of Pittsburgh Press, 2012), 382.

46. Harriet Upton, "Origin of Drugs in Current Use: The Cyclosporine Story," David Moore's World of Fungi: Where Mycology Starts, 2001, http://www.davidmoore.org.uk/Sec04_01.htm.

47. Karl Heuslera and Alfred Pletscherb, "The Controversial Early History of Cyclosporin," Swiss Medical Weekly 131 (2001): 300.

48. Larry Thompson, "Jean-Francois Borel's Transplanted Dream," Washington Post, November 15, 1988, accessed February 3, 2018, https://www.washingtonpost.com/archive/lifestyle/wellness/1988/11/15/jean-francois-borels-transplanted-dream/f3a931b9-e1a1-4724-9f08-a85ec4d3e68f/?utm_term=.9de240694fd1.

49. Ketan T. Savjani, Anuradha K. Gajjar, and Jignasa K. Savjani, "Drug Solubility: Importance and Enhancement Techniques," ISRN Pharmaceutics, July 5, 2012, https://www.ncbi.nlm.nih.gov/pmc/articles/PMC3399483/.

50. "Borel, Jean-Francois (1933 -)," Encyclopedia.com, 2003, http://www.encyclopedia.com/doc/1G2-3409800096.html.

51. Nadey S. Hakim, Vassilios E. Papalois, and David E. R. Sutherland, Transplantation Surgery (Berlin: Springer, 2013), 17.

52. "Borel, Jean-Francois (1933 -)," Encyclopedia.com.

53. "Gairdner Foundation International Award," Wikipedia, January 24, 2018, accessed February 3, 2018, https://en.wikipedia.org/wiki/Gairdner_Foundation_International_Award.

54. Dettwiler, Novartis, chap. 6.

55. "Pfizer's Work on Penicillin for World War II Becomes a National Historic Chemical Landmark," American Chemical Society, accessed September 13, 2017, https://www.acs.org/content/acs/en/pressroom/newsreleases/2008/june/pfizers-work-on-penicillin-for-world-war-ii-becomes-a-national-historic-chemical-landmark.html.

56. Catharine Cooper, "Procter & Gamble: The Early Years," Cincinnati Magazine 20, no. 11 (August 1987), 70.

57. "The Art of American Advertising: National Markets," Baker Library Historical Collections, http://www.library.hbs.edu/hc/artadv/national-markets .html.

58. Alfred Lief, It Floats: The Story of Procter & Gamble (New York: Rinehart & Company, 1958), 23.

59. Barbara Casson, "It Still Floats," Cincinnati Magazine 8, no. 10 (July 1975): 48.

60. Lady Emmeline Stuart-Wortley, Travels in the United States During 1849 and 1850 (1851), as cited in "Cincinnati," Porkopolis, http://www.porkopolis.org/quotations/cincinnati/.

61. Bill Bryson, One Summer, America 1927 (New York: Anchor, 2014), 235.

62. Ted Genoways, The Chain: Farm, Factory, and the Fate of Our Food(New York: Harper Paperbacks, 2015), 26.

63. Writers' Project of the Works Progress Administration, They Built a City: 150 Years of Industrial Cincinnati (Cincinnati: Cincinnati Post, [1938] 2015), 112.

64. Oscar Schisgall, Eyes on Tomorrow: The Evolution of Procter & Gamble (n.p.: J. G. Ferguson Publishing Company, 1981), 25.

65. Casson, "It Still Floats," 50.

66. Paul du Gay, ed., Production of Culture/Cultures of Production (London: Sage Publications Ltd., 1998), 277.

67. Vince Staten, Did Trojans Use Trojans?: A Trip Inside the Corner Drugstore (New York: Simon & Schuster, 2010), 90.

68. Allan A. Kennedy "The End of Shareholder Value," Cincinnati Magazine, July 1975, 50.

69. Staten, Did Trojans Use Trojans?, 91.

70. Pink Mint Publications, Elvis Was a Truck Driver and Other Useless Facts! (Morrisville, NC: Lulu Enterprises, 2007), 89.

71. Kennedy, "End of Shareholder Value," 50.

72. Schisgall, Eyes on Tomorrow, 33.

73. Joan M. Marter, ed., The Grove Encyclopedia of American Art, vol. 1 (New York: Oxford University Press, 2011), 467.

74. Robert Jay, The Trade Card in Nineteenth-Century America (Columbia: University of Missouri Press, 1987), 25.

75. Pamela Walker Laird, Advertising Progress: American Business and the Rise of Consumer Marketing (Baltimore: John Hopkins University Press, 1998), 87; as cited in "The Art of American Advertising: Advertising Products,"Baker Library Historical Collections, accessed February 3, 2018, http://www.library.hbs.edu/hc/artadv/advertising-products.html.

76. "High Art on Cardboard," New York Times, December 3, 1882, 4.

77. Davis Dyer, Frederick Dalzell, and Rowena Olegario, Rising Tide: Lessons from 165 Years of Brand Building at Procter & Gamble (Boston: Harvard Business School Press, 2004), 35.

78. Bob Batchelor and Danielle Sarver Coombs, eds., We Are What We Sell: How Advertising Shapes American Life . . . and Always Has (Santa Barbara, CA: Praeger, 2014), 201.

79. Graham Spence Hudson, The Design & Printing of Ephemera in Britain & America, 1720 – 1920 (London: British Library, 2008), 97.

80. Procter & Gamble, "Ivory Advertisement," Journal of the American Medical Association 6, no. 7 (1886): xv; as cited in Batchelor and Coombs, eds., We Are What We Sell, 202.

81. Saturday Evening Post, October 25, 1919, 2, as cited in Batchelor and Coombs, eds., We Are What We Sell, 203.

82. Ibid., 35.

83. Dyer, Dalzell, and Olegario, Rising Tide, 31.

84. Lief, It Floats, 81; "Harley T. Procter (1847 – 920)," Advertising Hall of Fame, accessed September 14, 2017, http://advertisinghall.org/members/member_bio.php?memid=766.

85. "Hastings Lush French," Genealogy Bug, accessed February 4, 2018, http://www.genealogybug.net/oh_biographies/french_h_l.shtml.

86. Schisgall, Eyes on Tomorrow, 34.

87. Dyer, Dalzell, and Olegario, Rising Tide, 39.

88. David Segal, "The Great Unwatched," New York Times, May 3, 2014, https://www.nytimes.com/2014/05/04/business/the-great-unwatched.html.

89. Walter D. Scott, "The Psychology of Advertising," Atlantic Monthly 93, no. 555 (1904): 36.

90. Christopher H. Sterling, Encyclopedia of Journalism (Thousand Oaks, CA: Sage, 2009), 20.

91. D. G. Brian Jones and Mark Tadajewski, The Routledge Companion to Marketing History (Abingdon, UK: Routledge, 2016), 71.

92. "Ad Man Albert Lasker Pumped Up Demand for California, or Sunkist, Oranges," Washington Post, November 14, 2010, http://www.washington post.com/wp-dyn/content/article/2010/11/13/AR2010111305878.html; Robin Lewis and Michael Dart, The New Rules of Retail: Competing in the World's Toughest Marketplace (New York: Palgrave Macmillan, 2014), 43.

93. Jim Cox, The Great Radio Soap Operas (Jefferson, NC: McFarland, 2011), 115.

94. Batchelor and Coombs, eds., We Are What We Sell, 77 – 78.

95. Anthony J. Mayo and Nitin Nohria, In Their Time: The Greatest Business

Leaders of the Twentieth Century (Boston: Harvard Business School Press, 2007), 197.

96. Alexander Coolidge, "Ivorydale: Model for More P&G Closings?" Cincinnati. com, last modified June 9, 2014, http://www.cincinnati.com/story / money/2014/06/07/ivorydale-model-pg-closings/10162025/.

97. "A Company History," Procter & Gamble, https://www.pg.com/translations/ history_pdf/english_history.pdf.

98. "The Creed of Speed," Economist, December 2015, 23.

99. Jerker Denrell, "Vicarious Learning, Under-sampling of Failure, and the Myths of Management," Organization Science 14 (2003): 227–243.

100.That companies must leap to new knowledge disciplines in order to create new markets for growth is a conclusion consistent with a growing body of management research, most notably by W. Chan Kim and Renee Mauborgne at INSEAD whose Blue Ocean Strategy (2005) and Blue Ocean Shift(2017) have influenced and shaped the thinking of generations of practitioners and academics, including my own.

3장

1. Andrew Solomon, Far from the Tree: Parents, Children and the Search for Identity (New York: Scribner, 2012), 254.

2. Ashutosh Jogalekar, "Why Drugs Are Expensive: It's the Science, Stupid," Scientific American, January 6, 2014, https://blogs.scientificamerican.com/ the-curious-wavefunction/why-drugs-are-expensive-ite28099s-the- science-stupid/.

3. Walter Dettwiler, Novartis: How a Leader in Healthcare Was Created out of Ciba, Geigy and Sandoz (London: Profile Books, 2014), chap. 8.

4. Gunter K. Stahl and Mark E. Mendenhall, eds., Mergers and Acquisitions: Managing Culture and Human Resources (Redwood City, CA: Stanford University Press, 2005), 379–380.

5. Daniel Vasella, Magic Cancer Bullet: How a Tiny Orange Pill is Rewriting Medical History (New York: HarperCollins, 2003), 32–33.

6. Rik Kirkland, "Leading in the 21st Century: An Interview with Daniel Vasella," McKinsey & Company, September 2012, http://www.mckinsey.com / global-themes/leadership/an-interview-with-daniel-vasella.

7. Bill George, Discover Your True North(Hoboken, NJ: John Wiley & Sons, 2015), 58.

8. Bill George, Peter Sims, Andrew N. McLean, and Diana Mayer, "Discovering Your Authentic Leadership," Harvard Business Review, February 2007, https://hbr.org/2007/02/discovering-your-authentic-leadership.

9. Ananya Mandal, "Hodgkin's Lymphoma History," News-Medical.net, last modified August 19, 2014, http://www.news-medical.net/health/Hodgkins-Lymphoma-History.aspx.

10. Vasella, Magic Cancer Bullet, 34–36.

11. Robert L. Shook, Miracle Medicines: Seven Lifesaving Drugs and the People Who Created Them (New York: Portfolio, 2007), chap. 8.

12. Siddhartha Mukherjee, The Emperor of All Maladies: A Biography of Cancer (New York: Scribner, 2010), 432; Shook, Miracle Medicines, chap. 8.

13. Neil Izenberg and Steven A. Dowshen, Human Diseases and Disorders: Infectious Diseases (New York: Scribner/Thomson/Gale, 2002), 30.

14. Shook, Miracle Medicines, chap. 8.

15. Andrew S. Grove, Only the Paranoid Survive (New York: Doubleday, 1999), 146.

16. Robert A. Burgelman, "Fading Memories: A Process Theory of Strategic Business Exit in Dynamic Environments," Administrative Science Quarterly 39, no. 1 (1994): 24, doi:10.2307/2393493.

17. Gordon M. Cragg, David G. I. Kingston, and David J. Newman, eds., Anticancer Agents from Natural Products, 2nd ed. (Boca Raton, FL: CRC Press, 2011), 565.

18. Mayo Clinic Staff, "Leukemia Symptoms," Mayo Clinic, January 28, 2016, http://www.mayoclinic.org/diseases-conditions/leukemia/basics/symptoms/con-20024914.

19. Shook, Miracle Medicines, chap 8.

20. Ibid.; Nicholas Wade, "Powerful Anti-Cancer Drug Emerges from Basic Biology," New York Times, May 7, 2001, accessed January 18, 2018, http://www.nytimes.com/2001/05/08/science/powerful-anti-cancer-drug-emerges-from-basic-biology.html.

21. Ibid.

22. Wade, "Powerful Anti-Cancer Drug."

23. Mukherjee, Emperor of All Maladies, 436.

24. Vasella, Magic Cancer Bullet, 16.

25. US Department of Health and Human Services, "Remarks by HHS Secretary Tommy G. Thompson: Press Conference Announcing Approval of Gleevec

for Leukemia Treatment," HHS.Gov Archive, May 10, 2001, http:// archive. hhs.gov/news/press/2001pres/20010510.html.

26. Rob Mitchum, "Cancer Drug Gleevec Wins Lasker Award," ScienceLife, September 14, 2009, http://sciencelife.uchospitals.edu/2009/09/14/cancer-drug-gleevec-wins-lasker-award/.

27. Mukherjee, Emperor of All Maladies, 438 – 440.

28. Tariq I. Mughal, Chronic Myeloid Leukemia: A Handbook for Hematologists and Oncologists (Boca Raton, FL: CRC Press, 2013), 30 – 31.

29. Andrew Pollack, "Cancer Physicians Attack High Drug Costs," New York Times, April 25, 2013.

30. Joan O. Hamilton, "Biotech's First Superstar: Genentech Is Becoming a Major-Leaguer—and Wall Street Loves It," Business Week, April 14, 1986, 68.

31. Andrew Pollack, "Roche Agrees to Buy Genentech for $46.8 Billion," New York Times, March 12, 2009, accessed February 3, 2018, http://www.nytimes.com/2009/03/13/business/worldbusiness/13drugs.html?mtrref=www.google.ch&gwh=75ED1CAF2D042A3546663BBF0F5D3706&gwt=pay.

32. Gary Hamel and C. K. Prahalad, "Strategic Intent," Harvard Business Review, July/August 2005, https://hbr.org/2005/07/strategic-intent.

33. Andrew Pollack, "F.D.A. Gives Early Approval to Drug for Rare Leukemia," New York Times, December 14, 2012, http://www.nytimes.com/2012/12/15/business/fda-gives-early-approval-to-leukemia-drug-iclusig.html; Dave Levitan, "Nilotinib Effective for Imatinib-Resistant CML," Cancer Network, July 21, 2012, http://www.cancernetwork.com/chronic-myeloid-leukemia/nilotinib-effective-imatinib-resistant-cml.

34. Susan Gubar, "Living with Cancer: The New Medicine," New York Times, June 26, 2014, http://well.blogs.nytimes.com/2014/06/26/living-with-cancer-the-new-medicine/?_r=0.

35. Jeremy Rifkin, Zero Marginal Cost Society: The Internet of Things, the Collaborative Commons, and the Eclipse of Capitalism (New York: St. Martin's Press, 2014), 379.

36. "Procter & Gamble," Fortune.com, accessed February 3, 2018, http://beta.fortune.com/fortune500/procter-gamble-34.

37. Alfred Lief, "Harley Procter's Floating Soap (Aug. 1953)" Modern Mechanix, July 14, 2008, http://blog.modernmechanix.com/harley-procters-floating-soap/.

38. Robert A. Duncan, "P&G Develops Synthetic Detergents: A Short History,"

typewritten manuscript, September 5, 1958, P&G Archives, 1.

39. The laboratory visited was that of I. G. Farben, the chemical giant that would later become notorious for engaging in war crimes under the Nazi regime.

40. Duncan, "P&G Develops Synthetic Detergents," 3.

41. Davis Dyer, Frederick Dalzell, and Rowena Olegario, Rising Tide: Lessons from 165 Years of Brand Building at Procter & Gamble (Boston: Harvard Business School Press, 2004), 70; Duncan, "P&G Develops Synthetic Detergents," 5.

42. Oscar Schisgall, Eyes on Tomorrow: The Evolution of Procter & Gamble (n.p.: J. G. Ferguson Publishing Company, 1981), 42; Advertising Age Editors, Procter & Gamble: How P & G Became America's Leading Marketer(n.p.: Passport Books, 1990), 11.

43. American Chemical Society, "Development of Tide Laundry Detergent Receives Historical Recognition," EurekAlert!, October 11, 2016, http://www.eurekalert.org/pub_releases/2006-10/acs-dot101106.php.

44. "Laundry Detergent," MadeHow.com, http://www.madehow.com/Volume-1/Laundry-Detergent.html.

45. "Birth of an Icon: TIDE," P&G, November 2, 2012, http://news.pg.com/blog/heritage/birth-icon-tide.

46. G. Thomas Halberstadt, interview, April 7, 1984, P&G Archives,cited in National Historic Chemical Landmarks program of the American Chemical Society, "Development of Tide Synthetic Detergent: National Historic Chemical Landmark," American Chemical Society, October 25, 2006, http://www.acs.org/content/acs/en/education/whatischemistry/landmarks/tidedetergent.html.

47. Ibid.

48. Ibid.

49. Ibid.

50. American Chemical Society, "Development of Tide Synthetic Detergent."

51. Dyer, Dalzell, and Olegario, Rising Tide, 73.

52. National Historic Chemical Landmarks program of the American Chemical Society, "Development of Tide Synthetic Detergent."

53. G. Thomas Halberstadt, interview, April 7, 1984, P&G Archives; Dyer, Dalzell, and Olegario, Rising Tide, 74; Dan Hurley, "Changing the Tide," Cincy Magazine, December 2013/January 2014, http://www.cincymagazine.com/Main/Articles/Changing_the_Tide_3939.aspx.

위대한 도약

54. The description is reconstructed from multiple sources, including the Halberstadt interview, April 7, 1984, P&G Archives; and Dyer, Dalzell, and Olegario, Rising Tide, 74–75.

55. "Discover Great Innovations in Fashion and Lifestyle," Tide.com, http://www. tide.com/en-US/article/unofficial-history-laundry.jspx.

56. Advertising Age Editors, How Procter and Gamble, 23.

57. Alfred Lief, It Floats: The Story of Procter & Gamble (New York: Rinehart & Company, 1958), 254.

58. Dyer, Dalzell, and Olegario, Rising Tide, 81.

59. G. Thomas Halberstadt, interview, April 7–9, 1984, P&G Archives, 34.

60. Lief, It Floats, 253.

61. Howard Yu and Thomas Malnight, "The Best Companies Aren't Afraid to Replace Their Most Profitable Products," Harvard Business Review, July 14, 2016, https://hbr.org/2016/07/the-best-companies-arent-afraid-to-replace-their-most-profitable-products.

1부 정리

1. See Rita Gunther McGrath, The End of Competitive Advantage (Boston: Harvard Business School Press), 2013. Professor McGrath's work on this topic, in my opinion, constitutes the fundamental paradigm upon which much subsequent research is being built.

2. Ron Adner, "From Walkman to iPod: What Music Tech Teaches Us About Innovation," Atlantic, March 5, 2012, https://www.theatlantic.com/business/archive/2012/03/from-walkman-to-ipod-what-music-tech-teaches-us-about-innovation/253158/.

3. One starting point is for managers to "reconstruct market boundaries" described by INSEAD's W. Chan Kim and Renee Mauborgne in Blue Ocean Shift (2017), Ch. 10, in which managers are shown six ways to challenge an industry's "self-imposed boundaries." Tills' powerful framework is built upon decades of work, first published in 2005 in Blue Ocean Strategy, an international bestseller.

2부 •••

4장

1. Alexander Osterwalder, "The Business Model Ontology: A Proposition in a Design Science Approach" (PhD thesis, HEC, 2004), http://www.hec.unil.ch/aosterwa/PhD/Osterwalder_PhD_BM_Ontology.pdf.

2. Alexander Osterwalder, interview by Howard Yu, December 3, 2015.

3. Paul Hobcraft, "Business Model Generation," Innovation Management, September 23, 2010, accessed April 23, 2017, http://www.innovationmanagement.se/2010/09/23/business-model-generation/.

4. Alex Osterwalder, accessed April 23, 2017, http://alexosterwalder.com/.

5. "The 10 Most Influential Business Thinkers in the World," Thinkers 50, November 11, 2015, accessed June 30, 2017, http://thinkers50.com/media/media-coverage/the-10-most-influential-business-thinkers-in-the-world/; "Alexander Osterwalder and Yves Pigneur," Thinkers 50, February 1, 2017, accessed June 30, 2017, http://thinkers50.com/biographies/alexander-osterwalder-yves-pigneur.

6. Alex Osterwalder, "How to Self-Publish a Book," Agocluytens, accessed April 23, 2017, http://agocluytens.com/how-to-self-publish-a-book-alexander-osterwalder/. An earlier version of this case study has been published as a background note "Who is Alex Osterwalder?" at IMD based on a private interview with Alexander Osterwalder and public sources. Yu, Howard H., "How a Best-Selling Author Crowdsourced and Broke Every Rule in the Book," IMD, October 28, 2016, accessed March 13, 2018, https://www1.imd.org/publications/articles/how-a-best-selling-author-crowdsourced-and-brokeevery-rule-in-the-book/.

7. "50 Years of Moore's Law," Intel, accessed April 23, 2017, http://www.intel.com/content/www/us/en/silicon-innovations/moores-law-technology.html.

8. Barry Ritholtz, "When Do Scientists Believe Computers Will Surpass the Human Brain?" The Big Picture, August 3, 2015, accessed June 30, 2017, http:// ritholtz.com/2015/08/when-do-scientists-believe-computers-will-surpass-the-human-brain/.

9. "Your Smartphone Is Millions of Times More Powerful Than All of NASA's Combined Computing in 1969," ZME Science, May 17, 2017, accessed June 30, 2017, http://www.zmescience.com/research/technology/smartphone-power-compared-to-apollo-432/.

10. Daniel J. Levitin, The Organized Mind: Thinking Straight in the Age of

Information Overload (New York: Dutton, 2016), 381.

11. Berin Szoka, Matthew Starr, and Jon Henke, "Don't Blame Big Cable. It's Local Governments That Choke Broadband Competition," Wired, July 16, 2013, accessed September 25, 2017, https://www.wired.com/2013/07/we-need-to-stop-focusing-on-just-cable-companies-and-blame-local-government-for-dismal-broadband-competition/.

12. Steven Cherry, "Edholm's Law of Bandwidth," IEEE Spectrum, July 1, 2004, http://spectrum.ieee.org/telecom/wireless/edholms-law-of-bandwidth.

13. Andrew McAfee and Erik Brynjolfsson, Machine Platform Crowd: Harnessing Our Digital Future (New York: W. W. Norton & Company, 2017), 98.

14. Ingrid Lunden, "If WhatsApp Is Worth $19B, Then WeChat's Worth 'at Least $60B' Says CLSA," TC, March 11, 2014, http://techcrunch.com/2014/03/11/if-whatsapp-is-worth-19b-then-wechats-worth-at-least-60b-says-clsa.

15. Tencent shares closed at a record high of 248.40 Hong Kong dollars(just under $32). "China's Tencent Is Now Worth $300 Billion," CNNMoney, accessed June 30, 2017, http://money.cnn.com/2017/05/03/investing/china-tencent-300-billion-company/index.html.

16. Tim Higgins and Anna Steele, "Tesla Gets Backing of Chinese Internet Giant Tencent," Wall Street Journal, last modified March 29, 2017, https://www.wsj.com/articles/chinas-tencent-buys 5 stake-in-tesla-1490702095.

17. Jordan Novet, "China's WeChat Captures Almost 30 Percent of the Country's Mobile App Usage: Meeker Report," CNBC, May 31, 2017, accessed July 2, 2017, http://www.cnbc.com/2017/05/31/wechat-captures-about-30-percent-of-chinas-mobile-app-usage-meeker-report.html.

18. "Number of Monthly Active WhatsApp Users Worldwide from April 2013 to January 2017," Statista, accessed April 23, 2017, https://www.statista.com/statistics/260819/number-of-monthly-active-whatsapp-users/.

19. Josh Constine, "Facebook Now Has 2 Billion Monthly Users ··· and Responsibility," TechCrunch, June 27, 2017, accessed June 30, 2017, https://techcrunch.com/2017/06/27/facebook-2-billion-users/.

20. "2017 WeChat User Report Is Out!—hina Channel," WeChat Based Solutions & Services, accessed June 30, 2017, http://chinachannel.co/1017-wechat-report-users/.

21. David Cohen, "How Much Time Will the Average Person Spend on Social Media During Their Life? (Infographic)," Adweek, accessed June 30, 2017, http://www.adweek.com/digital/mediakix-time-spent-social-media-infographic/; Brad Stone and Lulu Yilun Chen, "Tencent Dominates in

China. The Next Challenge Is the Rest of the World," Bloomberg.com, June 28, 2017, accessed July 2, 2017, https://www.bloomberg.com/news/features/2017-06-28/tencent-rules-china-the-problem-is-the-rest-of-the-world. As for WeChat: An earlier version of this case study has been published as Shih, Willy, Howard Yu, and Feng Liu, "WeChat: A Global Platform?" Harvard Business School Case 615–049, June 2015 (Rev. August 2017).

22. Beth Carter, "High Tech, Low Life Peeks Through China's Great Firewall," Wired, April 27, 2012, https://www.wired.com/2012/04/high-tech-low-life/.

23. He Huifeng, "WeChat Red Envelopes Help Drive Online Payments Use in China," South China Morning Post, February 15, 2016, http://www.scmp.com/tech/article/1913340/wechat-red-envelopes-help-drive-online-payments-use-china.

24. Juro Osawa, "China Mobile-Payment Battle Becomes a Free-for-All," Wall Street Journal, last modified May 22, 2016, http://www.wsj.com/articles/china-mobile-payment-battle-becomes-a-free-for-all-1463945404; Paul Smith, "The Top Four Mistakes That Make Business Leaders Awful Storytellers," Fast Company, November 5, 2016, https://www.fastcompany.com/3065209/work-smart/the-top-four-mistakes-that-make-business-leaders-awful-storytellers.

25. Paul Mozur, "In Urban China, Cash Is Rapidly Becoming Obsolete," New York Times, July 16, 2017, accessed September 26, 2017, https://www.nytimes.com/2017/07/16/business/china-cash-smartphone-payments.html?mcubz=0.

26. James H. David, "Social Interaction and Performance," in Group Performance(Reading, PA: Addison-Wesley, 1969).

27. Tony Perry and Julian Barnes, "U.S. Rethinks a Marine Corps Specialty: Storming Beaches," LA Times, June 21, 2010, http://articles.latimes.com/2010/jun/21/nation/la-na-marines-future-20100621.

28. Christopher Drew, "Pentagon Is Poised to Cancel Marine Landing Craft," New York Times, January 5, 2011, http://www.nytimes.com/2011/01/06/business/06marine.html?_r=0.

29. Edward Bowman and Bruce M. Kogut, eds., Redesigning the Firm(Oxford: Oxford University Press, 1995), 246.

30. L. J. Colfer and C. Y. Baldwin, "The Mirroring Hypothesis: Theory, Evidence and Exceptions" (Harvard Business School, Tech. Rep. Finance Working Paper No. 16-124, May 2016).

31. Spencer Ackerman, "Build a Swimming Tank for DARPA and Make a Million

위대한 도약

Dollars," Wired, October 2, 2010, http://www.wired.com/2012/10/fang/.

32. DARPAtv, "FANG Challenge: Design a Next-Generation Military Ground Vehicle," YouTube video, 3:26, September 27, 2012, https://www.youtube.com/watch?v=TMa1657gYIE.

33. Christopher Drew, "Pentagon Is Poised to Cancel Marine Landing Craft," New York Times, January 5, 2011, http://www.nytimes.com/2011/01/06/business/06marine.html?_r=0; Ackerman, "Build a Swimming Tank for DARPA."

34. Michael Belfiore, "You Will Design DARPA's Next Amphibious Vehicle," Popular Mechanics, October 3, 2012, http://www.popularmechanics.com/military/research/a8151/you-will-design-darpas-next-amphibious-vehicle-13336284/.

35. Kyle Maxey, "DARPA FANG Challenge—1M to the Winners," Engineering.com, April 22, 2013, http://www.engineering.com/DesignerEdge/DesignerEdgeArticles/ArticleID/5624/DARPA-FANG-Challenge—1M-tothe-winners.aspx.

36. "Test and Evaluation of AVM Tools for DARPA FANG Challenge," NASA JPL, accessed April 23, 2017, https://www-robotics.jpl.nasa.gov/tasks/showTask.cfm?TaskID=255&tdaID=700059.

37. Lane Boyd, "DARPA Pushes for an Engineering Internet," Computer Graphics World 21, no. 9 (1998).

38. "DARPA Challenges Combat Vehicle Designers: Do It Quicker," Aviation Week, November 5, 2012, http://aviationweek.com/awin/darpa-challenges-combat-vehicle-designers-do-it-quicker.

39. Allison Barrie, "Could You Design the Next Marine Amphibious Assault Vehicle?" Fox News, April 25, 2013, http://www.foxnews.com/tech/2013/04/25/could-design-next-marine-amphibious-assault-vehicle/.

40. Beth Stackpole, "Dispersed Team Nabs $1 Million Prize in DARPA FANG Challenge," DE, May 3, 2013, http://www.deskeng.com/virtual_desktop/?p=7101.

41. Sean Gallagher, "Tankcraft: Building a DARPA Tank Online for Fun and Profit," Ars Technica, April 24, 2013, http://arstechnica.com/information-technology/2013/04/tankcraft-building-a-darpa-tank-online-for-fun-and-profit/.

42. Graeme McMillan, "The Family That Stays Together, Designs Award-Winning Military Vehicles Together," Digital Trends, April 25, 2013, http://www.digitaltrends.com/cool-tech/the-family-that-stays-together-designs-

award-winning-tanks-together/.

43. Ibid.

44. Stephen Lacey, "How Crowdsourcing Could Save the Department of Energy," GTM, February 27, 2013, accessed September 29, 2017, https:// www.greentechmedia.com/articles/read/how-crowdsourcing-could-save-the-department-of-energy#gs.FQgDUb8; Robert M. Bauer, and Thomas Gegenhuber, "Crowdsourcing: Global Search and the Twisted Roles of Consumers and Producers," Organization 22, no. 5 (2015): 661–681, doi:10.1177/1350508415585030.

45. McMillan, "Family That Stays Together."

46. "DARPA Challenges Combat Vehicle Designers."

47. Oliver Weck, Fast Adaptable Next-Generation Ground Vehicle Challenge, Phase 1 (FANG—1) Post-Challenge Analysis, September 21, 2013, http:// web.mit.edu/deweck/Public/AVM/FANG-1percent20Post-Analysispercent 20Technical percent20Report percent20(de percent20Weck).pdf.

48. Anita McGahan, "Unlocking the Big Promise of Big Data," Rotman Management Magazine, Fall 2013.

49. Sandi Doughton, "After 10 Years, Few Payoffs from Gates' 'Grand Challenges,'" Seattle Times, December 22, 2014, accessed September 27, 2017, http://www.seattletimes.com/seattle-news/after-10-years-few-payoffs-from-gatesrsquo-lsquogrand-challengesrsquo/.

50. Maxey, "DARPA FANG Challenge."

51. David Szondy, "DARPA Announces Winner in FANG Challenge," New Atlas, April 24, 2013, http://newatlas.com/darpa-fang-winner/27213/

52. I would like to thank Professor Hila Lifshitz-Assaf at the New York University Stern School of Business, who first explained to me the importance of decontextualization for successful collaboration in the open. For her excellent research, please refer to Karim Lakhani, Hila Lifshitz-Assaf, and Michael Tushman, "Open Innovation and Organizational Boundaries: Task Decomposition, Knowledge Distribution, and the Locus of Innovation," in Handbook of Economic Organization: Integrating Economic and Organizational Theory, ed. Anna Grandori (Northampton, MA: Elgar, 2014), 355–382.

53. L. Argote, B. McEvily, and R. Reagans, "Managing Knowledge in Organizations: An Integrative Framework and Review of Emerging Themes," Management Science 49, no. 4 (2003): 571–582.

54. "Gennady Korotkevich Wins Google Code Jam Fourth Time in a Row,"

Новости Университета ИТМО, accessed January 31, 2018, http://news
.ifmo.ru/en/university_live/achievements/news/6871/.

55. Joseph Byrum, "How Agribusinesses Can Ensure Success with Open
    Innovation," AgFunder News, November 14, 2016, https://agfundernews.
    com/tips-agribusinesses-succeed-open-innovation.html.

56. Ibid.

57. Discussion with multiple Syngenta managers on March 1, 2016, at a strategy
    workshop in Lausanne, Switzerland.

58. Lizzie Widdicombe, "The Programmer's Price," New Yorker, November 24,
    2014, http://www.newyorker.com/magazine/2014/11/24/programmers-
    price; Frederick Brooks, The Mythical Man-Month: Essays on Software
    Engineering(Boston: Addison-Wesley, 1995), chap. 3.

59. An earlier version of this argument has been published as a supplementary
    reading, "Why Do People Do Great Things Without Getting Paid?" IMD Case
    IMD-7-1537, 2013. A great source on this topic can be found in The Power
    of Habit: Why We Do What We Do in Life and Business (New York:Random
    House, 2012) by Charles Duhigg, Ch. 5.

60. See Charles Duhigg, The Power of Habit. For more details, please refer
    to Duhigg's book for a succinct explanation of the series of fascinating
    experiments conducted by Professor Mark Muraven at SUNY Albany.

61. The concept of social bragging rights is articulated in Jonah Berger,
    Contagious: Why Things Catch On (New York: Simon & Schuster, 2013), chap. 1.

62. For a review of this line of inquiry on human willpower by Mark Muraven
    and his colleagues, see Andrew C. Watson, Learning Begins—The Science
    of Working Memory and Attention/or the Class (Rowman & Littlefield, 2017),
    123–128

63. Yue Wang, "How Chinese Super App WeChat Plans to Lock Out Foreign
    App Stores in China," Forbes, January 9, 2017, https://www.forbes.com/
    sites/ywang/2017/01/09/chinese-super-app-wechat-launches-new-plan-
    to-rival-app-stores-in-china/#156830965748; Yi Shu Ng, "WeChat Beats
    Google to Release Apps That Don't Need to be Downloaded or Installed,"
    Mashable, January 10, 2017, http://mashable.com/2017/01/10/wechat-
    mini-programs/#fKWl6IRhosqE; Jon Russell, "China's Tencent Takes on the
    App Store with Launch of 'Mini Programs' for WeChat," TC, January 9, 2017,
    https://techcrunch.com/2017/01/09/wechat-mini-programs/.

64. Sarah Perez, "Nearly 1 in 4 People Abandon Mobile Apps After Only One
    Use," TC, May 31, 2016, https://techcrunch.com/2016/05/31/nearly-1-in-4-
    people-abandon-mobile-apps-after-only-one-use/.

65. Wang, "How Chinese Super App WeChat Plans."

66. Sijia Jiang, "With New Mini-Apps, WeChat Seeks Even More China Clicks," Reuters, May 28, 2017, http://www.reuters.com/article/us-tencent-wechat-china-idUSKCN18E38Z.

5장

1. "What AlphaGo Means to the Future of Management," MIT Sloan Management Review, accessed May 28, 2017, http://sloanreview.mit.edu/article/tech-savvy-what-alphago-means-to-the-future-of-management/.

2. Alan Levinovitz, "The Mystery of Go, the Ancient Game That Computers Still Can't Win," Wired, May 12, 2014, https://www.wired.com/2014/05/the-world-of-computer-go/.

3. Cho Mu-Hyun, "AlphaGo Match 'a Win for Humanity': Eric Schmidt," ZDNet, March 8, 2016, http://www.zdnet.com/article/alphago-match-a-win-for-humanity-eric-schmidt/.

4. Brad Stone, The Everything Store: Jeff Bezos and the Age of Amazon(New York: Back Bay Books, 2014), 134.

5. Seth Fiegerman, "Man vs. Algorithm: When Media Companies Need a Human Touch," Mashable, October 30, 2013, accessed September 30, 2017, http://mashable.com/2013/10/30/new-media-technology/#H4yVxcTntkq7.

6. "The Valentines!" Stranger, February 7, 2002, accessed September 30, 2017, http://www.thestranger.com/seattle/the-valentines/Content?oid=9976.

7. Molly Driscoll, "'The Everything Store': 5 Behind-the-Scenes Stories About Amazon," Christian Science Monitor, November 4, 2013, http://www.csmonitor.com/Books/2013/1104/The-Everything-Store-5-behind-the-scenes-stories-about-Amazon/Less-space-for-creativity.

8. "History of the World Jeopardy Review Game Answer Key," accessed May 28, 2017, https://www.superteachertools.us/jeopardyx/answerkey.php?game=1408637225.

9. An earlier version of this case study has been published as "IBM Watson (A): Will a Computer Replace Your Oncologist One Day?" IMD Case IMD-3-2402, 2013. Stephen Baker, Final Jeopardy: The Story of Watson, the Computer That Will Transform Our World (Boston: Mariner Books, 2012), 3.

10. Paul Cerrato, "IBM Watson Finally Graduates Medical School," InformationWeek, accessed May 28, 2017, http://www.informationweek

.com/healthcare/clinical-information-systems/ibm-watson-finally-graduates-medical-school/d/d-id/1106982.

11. "Memorial Sloan-Kettering Cancer Center, IBM to Collaborate in Applying Watson Technology to Help Oncologists," IBM News Room, March 22,2012, https://web.archive.org/web/20141222165826/http://www-03.ibm.com/press/us/en/pressrelease/37235.wss; "The Science Behind Watson," IBM Watson,accessed May 28, 2017, https://web.archive.org/web/20130524075245/http://www-03.ibm.com/innovation/us/watson/the_jeopardy_challenge.shtml.

12. IBM, "Perspectives on Watson: Healthcare," YouTube video, 2:16, February 8, 2011, https://www.youtube.com/watch?v=vwDdyxj6S0U.

13. Ken Jennings, "Watson Jeopardy! Computer: Ken Jennings Describes What It's Like to Play Against a Machine," Slate Magazine, February 16, 2011, http://www.slate.com/articles/arts/culturebox/2011/02/my_puny_human_brain.2.html.

14. Brian Christian, "Mind vs. Machine," Atlantic, February 19, 2014, https://www.theatlantic.com/magazine/archive/2011/03/mind-vs-machine/308386/.

15. Natasha Geiling, "The Women Who Mapped the Universe and Still Couldn't Get Any Respect," Smithsonian, September 18, 2013, http://www.smithsonianmag.com/history/the-women-who-mapped-the-universe-and-still-couldnt-get-any-respect-928744/.

16. A. M. Turing, "Computing Machinery and Intelligence," Mind (1950): 433–460, doi:10.1093/mind/LIX.236.433.

17. IBM, "IBM Healthcare," YouTube video, February 21, 2013, https://www.youtube.com/watch?v=D07VJz0uGM4.

18. Baker, Final Jeopardy.

19. IBM, "IBM Watson: Watson After Jeopardy!" YouTube video, 4:36, February 11, 2011, accessed October 2, 2017, http://www.youtube.com/watch?v=dQmuETLeQcg&rel=0.

20. Deepak and Sanjiv Chopra, Brotherhood: Dharma, Destiny, and the American Dream (New York: New Harvest, 2013), 187.

21. Malcolm Gladwell, Blink: The Power of Thinking Without Thinking(Boston: Little, Brown, 2007), 9.

22. Gary Klein, a psychologist, originally reported this story, which a number of authors have since popularized. For additional accounts, please refer to http://www.fastcompany.com/40456/whats-your-intuition; Daniel Kahneman, Thinking, Fast and Slow (New York: Farrar, Straus and Giroux, 2011);

Gladwell, Blink: The Power of Thinking Without Thinking.

23. "Simon Property Group Fights to Reinvent the Shopping Mall," Fortune, accessed October 1, 2017, http://fortune.com/simon-mall-landlord-real-estate/.

24. "Simon Property Group Inc.," AnnualReports.com, accessed October 1, 2017, http://www.annualreports.com/Company/simon-property-group-inc.

25. "China's Dalian Wanda 2015 Revenue up 19 Pct as Diversification Takes Hold," Reuters, January 10, 2016, accessed October 1, 2017, http://www.reuters.com/article/wanda-group-results/chinas-dalian-wanda-2015-revenue-up-19-pct-as-diversification-takes-hold-idUSL3N14V1DU20160111.

26. "Dalian Wanda to Open Nearly 900 Malls by 2025, Focus on Lower-Tier Cities," Reuters, April 20, 2015, accessed October 1, 2017, http://www.reuters.com/article/dalian-wanda/dalian-wanda-to-open-nearly-900-malls-by-2025-focus-on-lower-tier-cities-idUSL4N0XH2MM20150420.

27. Zhu Lingqing, "Top 12 Chinese Firms Debuted in 2016 Fortune Global 500," ChinaDaily.com, accessed October 2, 2017, http://wap.chinadaily.com.cn/2016-07/22/content_26203491.htm.

28. Wang's Dalian Wanda Group is one of China's biggest conglomerates. Sherisse Pham, "China's Wang Jianlin Battles Talk of Trouble at Dalian Wanda," CNNMoney, accessed October 2, 2017, http://money.cnn.com/2017/07/20/investing/wanda-wang-jianlin-battles-rumors/index.html.

29. Barbara Goldberg, "Trump's Net Worth Dwindled to $3.5 Billion, Forbes Says," Reuters, March 20, 2017, accessed October 2, 2017, https://www.reuters.com/article/us-usa-trump-forbes-idUSKBN16R250.

30. Daniel J. Levitin, The Organized Mind: Thinking Straight in the Age of Information Overload (New York: Dutton, 2016), chap. 6.

31. Nicholas Bakalar, "No Extra Benefits Are Seen in Stents for Coronary Artery Disease," New York Times, February 27, 2012, accessed November 18, 2017, http://www.nytimes.com/2012/02/28/health/stents-show-no-extra-benefits-for-coronary-artery-disease.html.

32. Brian Christian, "The A/B Test: Inside the Technology That's Changing the Rules of Business," Wired, April 25, 2012, accessed October 15, 2017, https://www.wired.com/2012/04/ff_abtesting/.

33. Jerry Avorn, "Healing the Overwhelmed Physician," New York Times, June 11, 2013, http://www.nytimes.com/2013/06/12/opinion/healing-the-overwhelmed-physician.html.

34. "Watson Is Helping Doctors Fight Cancer," IBM Watson, accessed May 28, 2017, http://m.ibm.com/http/www-03.ibm.com/innovation/us/watson/watson_in_healthcare.shtml.

35. "Big Data Technology for Evidence-Based Cancer Treatment," Experfy Insights, August 28, 2015, accessed July 3, 2017, https://www.experfy.com/blog/big-data-technology-evidence-based-cancer-treatment.

36. David Kerr, "Learning Machines: Watson Could Bring Cancer Expertise to the Masses," Huffington Post, March 29, 2012, http://www.huffingtonpost.com/david-kerr/learning-machines-watson-_b_1388429.html.

37. Cerrato, "IBM Watson Finally Graduates Medical School."

38. "Memorial Sloan Kettering Cancer Center, IBM to Collaborate in Applying," Memorial Sloan Kettering, March 22, 2012, https://www.mskcc.org/press-releases/mskcc-ibm-collaborate-applying-watson-technology-help-oncologists.

39. Memorial Sloan Kettering, "Memorial Sloan-Kettering's Expertise Combined with the Power of IBM Watson Is Poised to Help Doctors," YouTube video, 2:45, January 8, 2014, https://www.youtube.com/watch?v=nNHni1Jm4p4.

40. Cerrato, "IBM Watson Finally Graduates Medical School."

41. Jon Gertner, "IBM's Watson Is Learning Its Way to Saving Lives," Fast Company, October 16, 2012, http://www.fastcompany.com/3001739/ibms-watson-learning-its-way-saving-lives.

42. Sy Mukherjee, "Digital Health Care Revolution," Fortune.com, April 20, 2017, http://fortune.com/2017/04/20/digital-health-revolution/.

43. Ian Steadman, "IBM's Watson Is Better at Diagnosing Cancer Than Human Doctors," Wired UK, May 23, 2016, http://www.wired.co.uk/article/ibm-watson-medical-doctor.

44. Jacob M. Schlesinger, "New Recruit IPO, New Era for Japan?" Wall Street Journal, September 11, 2014, https://blogs.wsj.com/japanrealtime/2014/09/12/new-recruit-ipo-new-era-for-japan/.

45. Susan Carpenter, Japan's Nuclear Crisis: The Routes to Responsibility (Basingstoke, UK: Palgrave Macmillan, 2014), 130.

46. Recruit's AI lab: An earlier version of this case study has been published as "Recruit Japan: Harnessing Data to Create Value," IMD Case IMD-7-1815, 2016. Iwao Hoshii, Japan's Pseudo-democracy (Sandgate, UK:Japan Library, 1993), 175.

47. This network effect is sometimes referred to as Metcalfe's law, after Xerox's PARC researcher Bob Metcalfe, who posited that the value of a network is

proportional to the square of the number of users.

48. Richard Teitelbaum, "Snapchat Parent's IPO Filing Omits Monthly Data," Wall Street Journal, February 8, 2017, https://www.wsj.com/articles/snapchat-parents-ipo-filing-omits-monthly-data-1486580926.

49. Nicholas Jackson and Alexis C. Madrigal, "The Rise and Fall of MySpace," Atlantic, January 12, 2011, https://www.theatlantic.com/te/archive/2011/01/the-rise-and-fall-of-myspace/69444/.

50. Stuart Dredge, "MySpace—hat Went Wrong: 'The Site Was a Massive Spaghetti-Ball Mess,'" Guardian, March 6, 2015, https://www.theguardian.com/technology/2015/mar/06/myspace-what-went-wrong-sean-percival-spotify.

51. Amy Lee, "Myspace Collapse: How the Social Network Fell Apart," Huffington Post, June 30, 2011, http://www.huffingtonpost.com/2011/06/30/how-myspace-fell-apart_n_887853.html.

52. Christopher Mims, "Did Whites Flee the 'Digital Ghetto' of MySpace?" MIT Technology Review, October 22, 2012, https://www.technologyreview.com/s/419843/did-whites-flee-the-digital-ghetto-of-myspace/.

53. "GE's Jeff Immelt on Digitizing in the Industrial Space," McKinsey & Company, accessed May 28, 2017, http://www.mckinsey.com/business-functions/organization/our-insights/ges-jeff-immelt-on-digitizing-in-the-industrial-space.

54. KurzweilAI, "Watson Provides Cancer Treatment Options to Doctors in Seconds," accessed May 28, 2017, http://www.kurzweilai.net/watson-provides-cancer-treatment-options-to-doctors-in-seconds.

55. Bruce Upbin, "IBM's Watson Gets Its First Piece of Business in Healthcare," Forbes, February 15, 2013, https://www.forbes.com/sites/bruceupbin/2013/02/08/ibms-watson-gets-its-first-piece-of-business-in-healthcare/.

56. "IBM Watson Hard at Work: New Breakthroughs Transform Quality Care for Patients," Memorial Sloan Kettering, February 8, 2013, https://www.mskcc.org/press-releases/ibm-watson-hard-work-new-breakthroughs-transform-quality-care-patients.

57. Kerr, "Learning Machines."

58. David H. Freedman, "What Will It Take for IBM's Watson Technology to Stop Being a Dud in Health Care?" MIT Technology Review, June 27, 2017, accessed June 29, 2017, https://www.technologyreview.com/s/607965/a-reality-check-for-ibms-ai-ambitions/.

59. Christof Koch, "How the Computer Beat the Go Master," Scientific American, March 18, 2016, http://www.scientificamerican.com/article/how-the-computer-beat-the-go-master/.

60. Cade Metz, "In Two Moves, AlphaGo and Lee Sedol Redefined the Future," Wired, March 16, 2016, https://www.wired.com/2016/03/two-moves-alphago-lee-sedol-redefined-future/.

61. Measured in calculations performed per second per thousand dollars of hardware, computer performance has increased since 1960 from one ten-thousandth of a calculation per second (one every three hours) to 10 billion calculations per second. See Edward O. Wilson, Half-Earth: Our Planet's Fight for Life (New York: Liveright Publishing Corporation, 2017), 199.

62. Sam Byford, "Why Google's Go Win Is Such a Big Deal," Verge, March 9, 2016, http://www.theverge.com/2016/3/9/11185030/google-deepmind-alphago-go-artificial-intelligence-impact.

63. Metz, "In Two Moves."

64. Pui-wing Tam, "Daily Report: AlphaGo Shows How Far Artificial Intelligence Has Come," New York Times, May 23, 2017, https://www.nytimes.com/2017/05/23/technology/alphago-shows-how-far-artificial-intelligence-has-come.html; Cade Metz, "AlphaGo's Designers Explore New AI After Winning Big in China," Wired, May 27, 2017, https://www.wired.com/2017/05/win-china-alphagos-designers-explore-new-ai/.

65. David Runciman, "Diary: AI," London Review of Books, January 25, 2018, accessed February 9, 2018, https://www.lrb.co.uk/v40/n02/david-runciman/diary.

66. Paul Mozur, "Google's AlphaGo Defeats Chinese Go Master in Win for A.I.," New York Times, May 23, 2017, https://www.nytimes.com/2017/05/23/business/google-deepmind-alphago-go-champion-defeat.html.

67. "AI May Be 'More Dangerous Than Nukes,' Musk Warns," CNBC, August 4, 2014, http://www.cnbc.com/2014/08/04/ai-potentially-more-dangerous-than-nukes-musk-warns.html.

68. Greg Kumparak, "Elon Musk Compares Building Artificial Intelligence to 'Summoning the Demon,'" TechCrunch, October 26, 2014, https://tech crunch.com/2014/10/26/elon-musk-compares-building-artificial-intelligence-to-summoning-the-demon/.

69. Stacey Higginbotham, "Elon Musk, Reid Hoffman and Amazon Donate $1 Billion for AI Research," Fortune.com, December 12, 2015, http://fortune.com/2015/12/11/open-ai/.

70. "Steve Wozniak: The Future of AI Is 'Scary and Very Bad for People,'" Yahoo! Tech, March 23, 2015, https://www.yahoo.com/tech/steve-wozniak-future-ai-scary-154700881.html.

71. Rory Cellan-Jones, "Stephen Hawking Warns Artificial Intelligence Could End Mankind," BBC News, December 2, 2014, http://www.bbc.com/news/technology-30290540.

72. Andrew Nusca, "This Man Is Leading an AI Revolution in Silicon Valley—and He's Just Getting Started," November 16, 2017, accessed November 26, 2017, http://fortune.com/2017/11/16/nvidia-ceo-jensen-huang/.

73. "Predix—he Premier Industrial Internet Platform," GE Digital, May 15, 2017, https://www.ge.com/digital/predix?utm_expid=109794401-13.6V0rEbO8RzmRu71-IsKIUQ.0.

74. "Internet of Everything," Cisco, accessed May 28, 2017, http://ioeassessment.cisco.com/.

75. The importance of cloud computing to the success of Airbnb has been documented excellently in Leigh Gallagher, The Airbnb Story (London: Virgin Books, 2017), 45.

76. Joseph Treaster, "Buffett Holds Court at Berkshire Weekend," New York Times, April 30, 2000, http://www.nytimes.com/2000/05/01/business/buffett-holds-court-at-berkshire-weekend.html.

77. Daniel Howley, "Warren Buffett: AI Is Good for Society but 'Enormously Disruptive,'" Yahoo! Finance, May 6, 2017, https://finance.yahoo.com/news/warren-buffett-ai-good-society-enormously-disruptive-203957098.html.

6장

1. Theodore Levitt, "Marketing Myopia," Harvard Business Review, March 20, 2017, https://hbr.org/2004/07/marketing-myopia.

2. "An Interview with Steve Jobs," Nova, October 10, 2011, http://video. pbs. org/video/2151510911/.

3. Steve Lohr, Data-Ism: The Revolution Transforming Decision Making, Consumer Behavior, and Almost Everything Else (New York: Harper Business, 2015), 65.

4. An earlier version of this case study has been published as "Finding Community Solutions from Common Ground: A New Business Model to End Homelessness," IMD Case IMD-3-2289, 2012. Pam Fessler, "Ending

Homelessness: A Model That Just Might Work," NPR, March 7, 2011, http://www.npr.org/2011/03/07/134002013/ending-homelessness-a-model-that-just-might-work.

5. Alastair Gordon, "Higher Ground," WSJ Magazine RSS, accessed June 6, 2017, https://web.archive.org/web/20120608011853/http://magazine.wsj.com/hunter/donate/higher-ground/.

6. Dennis Hevesi, "On the New Bowery, Down and Out Mix with Up and Coming," New York Times, April 13, 2002, http://www.nytimes.com/2002/04/14/realestate/on-the-new-bowery-down-and-out-mix-with-up-and-coming.html?pagewanted=3.

7. Gordon, "Higher Ground."

8. Brad Edmondson, Ice Cream Social: The Struggle for the Soul of Ben & Jerry's (San Francisco: Berrett-Koehler, 2014), 76 – 77, 136.

9. Malcolm Gladwell, "Million-Dollar Murray," New Yorker, June 7, 2017, http://www.newyorker.com/magazine/2006/02/13/million-dollar-murray.

10. "Linking Housing and Health Care Works for Chronically Homeless Persons," HUD USER, accessed June 15, 2017, https://www.huduser.gov/portal/periodicals/em/summer12/highlight3.html.

11. TEDx Talks, "How to Solve a Social Problem: Rosanne Haggerty at TEDxAmherstCollege," YouTube video, 18:31, December 19, 2013, https://www.youtube.com/watch?v=DVylRwmYmJE.

12. Fessler, "Ending Homelessness."

13. Becky Kanis, "Facing into the Truth," National Archives and Records Administration, accessed June 9, 2017, https://obamawhitehouse.archives.gov/blog/2013/03/21/facing-truth.

14. Carl Benedikt Frey and Michael A. Osborne, "The Future of Employment: How Susceptible Are Jobs to Computerisation?" Technological Forecasting and Social Change 114 (2017): 254 – 280, doi:10.1016/j.techfore.2016.08.019.

15. Edward O. Wilson, Half-Earth: Our Planet's Fight for Life (New York: Liveright Publishing Corporation, 2017), 199 – 200.

16. Gordon, "Higher Ground."

17. Brenda Ann Kenneally, "Why It's So Hard to Stop Being Homeless in New York," Daily Intelligencer, accessed October 8, 2017, http://nymag.com/daily/intelligencer/2017/03/nyc-homelessness-crisis.html.

18. "Turning the Tide on Homelessness in New York City," City of New York, accessed October 8, 2017, http://www1.nyc.gov/assets/dhs/downloads/pdf/

turning-the-tide-on-homelessness.pdf.

19. Alana Semuels, "How to End Homelessness in New York City," Atlantic, January 4, 2016, accessed October 8, 2017, https://www.theatlantic.com/ business/archive/2016/01/homelessness-new-york-city/422289/.

20. Ellen Lupton, Beautiful Users: Designing for People (New York: Princeton Architectural Press, 2014), 21.

21. Tom Kelley and David Kelley, "Kids Were Terrified of Getting MRIs. Then One Man Figured Out a Better Way," Slate Magazine, October 18, 2013, http:// www.slate.com/blogs/the_eye/2013/10/18/creative_confidence_a_new_ book_from_ideo_s_tom_and_david_kelley.html.

22. "From Terrifying to Terrific: The Creative Journey of the Adventure Series," GE Healthcare: The Pulse, January 29, 2014, http://newsroom.gehealthcare. com/from-terrifying-to-terrific-creative-journey-of-the-adventure-series/.

23. An excellent recount of Doug Dietz's story can be found in an authoritative exposition of design thinking by Tom Kelley and David Kelley, Creative Corifidence Unleashing the Creative Potential Within Us All (New York: HarperCollins, 2015). Kelley and Kelley, "Kids Were Terrified of Getting MRIs."

24. "Doug Dietz: Transforming Healthcare for Children and Their Families," PenneyLaneOnline.com, January 24, 2013, http://www.penneylaneonline. com/2013/01/22/doug-dietz-transforming-healthcare-for-children-and- their-families/.

25. "'Adventure Series' Rooms Help Distract Nervous Youngsters at Children's Hospital," May 28, 2012, Pittsburgh Post-Gazette, accessed June 11, 2017, http://www.post-gazette.com/news/health/2012/05/28/Adventure- Series-rooms-help-distract-nervous-youngsters-at-Children-s-Hospital/ stories/201205280159.

26. "From Terrifying to Terrific," GE Healthcare: The Pulse.

27. "Changing Experiences Through Empathy—he Adventure Series," This Is Design Thinking! July 6, 2015, http://thisisdesignthinking.net/2014/12/ changing-experiences-through-empathy-ge-healthcares-adventure- series/.

28. Kelley and Kelley, "Kids Were Terrified of Getting MRIs." If readers are interested in learning more about Doug Dietz's experience, they may see Tom and David Kelley's Creative Confidence: Unleashing the Creative Potential Within Us All (New York: Crown Business, 2013) and Robert I. Sutton and Huggy Rao's Scaling Up Excellence: Getting to More Without Settling for Less (New York: Crown Business, 2014). I depended heavily on these two excellent references to summarize Doug's personal discovery.

29. Martin Lindstrom, Small Data: The Tiny Clues That Uncover Huge Trends (New York: Picador, 2017).

30. Jeffrey Guhin, "History (and Logic) Explains Why Neil deGrasse Tyson's Proposed Rational Nation Is a Terrible Idea," Slate Magazine, July 5, 2016, http://www.slate.com/articles/health_and_science/science/2016/07/neil_degrasse_tyson_wants_a_nation_ruled_by_evidence_but_evidence_explains.html.

31. David Leonhardt, "Procter & Gamble Shake-Up Follows Poor Profit Outlook," New York Times, June 9, 2000, http://www.nytimes.com/2000/06/09/business/procter-gamble-shake-up-followspoor- profit-outlook.html.

32. Nikhil Deogun and Robert Langreth, "Procter & Gamble Abandons Talks with Warner-Lambert and AHP," Wall Street Journal, January 25, 2000, http://www.wsj.com/articles/SB94873352953885170.

33. "P&G Warning Hurts Dow," CNNMoney, March 7, 2000, http://money.cnn.com/2000/03/07/companies/procter/.

34. "P&G CEO Quits amid Woes," CNNMoney, June 8, 2000, http://money.cnn.com/2000/06/08/companies/procter/.

35. Leonhardt, "Procter & Gamble Shake-Up." "Proctoids": Numerous public sources can be found that document P&G's turnaround under the leadership of CEO A. G. Lafley. Of all the available sources, I find Roger L. Martin's The Design of Business: Why Design Thinking Is the Next Competitive Advantage (Boston: Harvard Business Press, 2009) most illustrative. Martin's writing has been a main source of reference for this part of the case study.

36. Dana Canedy, "A Consumer Products Giant Will Most Likely Stay With What It Knows," New York Times, January 25, 2000, http://www.nytimes.com/2000/01/25/business/a-consumer-products-giant-will-most-likely-stay-with-what-it-knows.html.

37. Warren Berger, CAD Monkeys, Dinosaur Babies, and T-Shaped People: Inside the World of Design Thinking and How It Can Spark Creativity and Innovation (New York: Penguin Books, 2010), chap. 6.5.

38. Kamil Michlewski, Design Attitude (Farnham, UK: Ashgate, 2015).

39. Jennifer Reingold, "Claudia Kotchka Glides from the Design World to the Business World and Back with Ease. Now She Has to Teach 110,000 Employees at Procter Gamble to Do the Same Thing," Fast Company, June 2005 http://www.fastcompany.com/53060/interpreter.

40. Roger L. Martin, The Design of Business: Why Design Thinking Is the Next Competitive Advantage (Boston: Harvard Business Press, 2009), 83.

41. Ibid.

42. Warren Berger, Glimmer: How Design Can Transform Your Life, and Maybe Even the World (New York: Penguin Press, 2009), 172.

43. Martin, Design of Business, 86.

44. Reingold, "Claudia Kotchka Glides."

45. Sutton and Rao, Scaling Up Excellence, 20.

46. Dorothy Kalins, "Going Home with the Customers," Newsweek, May 22, 2005, http://www.newsweek.com/going-home-customers-119233.

47. Martin, Design of Business.

48. Harvard Business Review, "Innovation at Procter & Gamble," YouTube video, 14:27, June 23, 2008, http://www.youtube.com/watch?v=xvIUSxXrffc.

49. Ibid.

50. Dev Patnaik, "Forget Design Thinking and Try Hybrid Thinking," Fast Company, August 25, 2009, http://www.fastcompany.com/1338960/forget-design-thinking-and-try-hybrid-thinking.

51. Sutton and Rao, Scaling Up Excellence, 5.

52. "Automation and Anxiety," Economist, June 25, 2016, accessed February 3, 2018, https://www.economist.com/news/special-report/21700758-will-smarter-machines-cause-mass-unemployment-automation-and-anxiety.

53. David Autor, "Polanyi's Paradox and the Shape of Employment Growth," National Bureau of Economic Research, 2014, doi:10.3386/w20485.

54. Mercatus Center, "Atul Gawande on Priorities, Big and Small," Medium, July 19, 2017, accessed October 9, 2017, https://medium.com/conversations-with-tyler/atul-gawande-checklist-books-tyler-cowen-d8268b8dfe53.

55. Andrew McAfee and Erik Brynjolfsson, Machine Platform Crowd: Harnessing Our Digital Future (New York: W. W. Norton & Company, 2017), 78.

56. Siddhartha Mukherjee, "A.I. Versus M.D.," New Yorker, June 19, 2017, accessed October 9, 2017, https://www.newyorker.com/magazine/2017/04/03/ai-versus-md.

57. Clayton M. Christensen and Michael E. Raynor, The Innovator's Solution: Creating and Sustaining Successful Growth (Boston: Harvard Business Review Press, 2013), 58.

58. "Weekly Adviser: Horror at Credit Scoring Is Not Just Foot-Dragging," American Banker, November 2, 1999, accessed October 15, 2017, https://www.americanbanker.com/news/weekly-adviser-horror-at-credit-scoring-

is-not-just-foot-dragging.

59. Norm Augustine, "The Education Our Economy Needs," Wall Street Journal, September 21, 2011, https://www.wsj.com/articles/SB10001424053111904 26550457656835132491473O?mg=prod percent2Faccounts-wsj#articleTabs percent3Darticle.

60. William Taylor, Simply Brilliant: How Great Organizations Do Ordinary Things in Extraordinary Ways (London: Portfolio Penguin, 2016), 83.

61. Christian Madsbjerg, Sensemaking: The Power of the Humanities in the Age of the Algorithm (New York: Hachette Books, 2017); Cathy O'Neill, Weapons of Math Destruction: How Big Data Increases in Equality and Threatens Democracy (Great Britain: Penguin Books, 2017), Afterword.

62. Ethem Alpaydin, Machine Learning: The New AI (Cambridge, MA: MIT Press, 2016), 58, 162.

63. Larry Greenemeier, "20 Years After Deep Blue: How AI Has Advanced Since Conquering Chess," Scientific American, accessed October 9, 2017, https:// www.scientificamerican.com/article/20-years-after-deep-blue-how-ai-has-advanced-since-conquering-chess/.

64. "Just like Airbnb," Economist January 6, 2015, accessed February 3, 2018, http://www.economist.com/blogs/democracyinamerica/2015/01/data-and-homelessness.

65. James Bessen, "The Automation Paradox," Atlantic, January 19, 2016, accessed July 15, 2017, https://www.theatlantic.com/business/archive/2016/01/automation-paradox/424437/.

66. James Bessen, "Scarce Skills, Not Scarce Jobs," Atlantic, April 27, 2015, accessed July 15, 2017, https://www.theatlantic.com/business/archive/2015/04/scarce-skills-not-scarce-jobs/390789/.

67. Christopher Mims, "Automation Can Actually Create More Jobs," Wall Street Journal, December 11, 2016, accessed November 19, 2017, https://www.wsj.com/articles/automation-can-actually-create-more-jobs-1481480200.

68. Vanessa Fuhrmans, "How the Robot Revolution Could Create 21 Million Jobs," Wall Street Journal, November 15, 2017, accessed November 19, 2017, https://www.wsj.com/articles/how-the-robot-revolution-could-create-21-million-jobs-1510758001; Mims, "Without Humans."

69. A. G. Lafley, "A Liberal Education: Preparation for Career Success," Huffington Post, December 6, 2011, http://www.huffingtonpost.com/ag-lafley/a-liberal-education-prepa_b_1132511.html.

3부 •••

7장

1. Elizabeth Woyke, "Environmental Balance," Forbes, September 13, 2011, http://www.forbes.com/global/2011/0926/feature-environmental-balance-shih-revamp-taiwan-farms-woyke.html.

2. Michael V. Copeland, "The Man Behind the Netbook Craze," Fortune, November 20, 2009, http://fortune.com/2009/11/20/the-man-behind-the-netbook-craze/.

3. Andrew S. Grove, Only the Paranoid Survive (New York: Doubleday,1999); Willy C. Shih, Ho Howard Yu, and Hung-Chang Chiu, "Transforming ASUSTeK: Breaking from the Past," Harvard Business School Case 610-041, January 2010 (revised March 2010).

4. Many Taiwanese companies: An earlier version of this case study has been published as two case studies: Willy C. Shih, Ho Howard Yu, and Hung-Chang Chiu, "Transforming ASUSTeK: Breaking from the Past," Harvard Business School Case 610-041, January 2010 (Rev. March 2010) and Willy C. Shih, Chintay Shih, Hung-Chang Chiu, Yi-Ching Hsieh, and Ho Howard Yu, "ASUSTeK Computer Inc. Eee PC (A)." Harvard Business School Case 609-011, July 2008 (Rev September 2009). It was Professor Willy Shih at Harvard Business School who spurred me to investigate the Taiwanese PC industry. The findings were published as "Taiwan's PC Industry, 1976-2010: The Evolution of Organizational Capabilities," by Howard H. Yu and Willy C. Shih, Business History Review, Vol. 88, Issue 02, June 2014, pp. 329–357. Richard Lai, "The Past, Present and Future of ASUS, According to Its Chairman," Engadget, July 14, 2016, accessed February 3, 2018, https://www.engadget.com/2015/08/16 /asus-chairman-jonney-shih-interview/.

5. Keith Bradsher, "In Taiwan, Lamenting a Lost Lead," New York Times, May 12, 2013, http://www.nytimes.com/2013/05/13/business/global/taiwan-tries-to-regain-its-lead-in-consumer-electronics.html.

6. Jeffrey S. Young and William L. Simon, iCon: Steve Jobs, the Greatest Second Act in the History of Business (Hoboken, NJ: Wiley, 2006).

7. Leander Kahney, "Inside Look at Birth of the iPod," Wired, July 21, 2004, https://www.wired.com/2004/07/inside-look-at-birth-of-the-ipod/.

8. Leander Kahney, Inside Steve's Brain (London: Atlantic Books, 2012); Steven Levy, The Perfect Thing (London: Ebury, 2007).

9. Department of Trade and Industry, "Strategy Alternatives for the British

Motorcycle Industry," gov.uk, accessed July 10, 2017, https://www.gov.uk/government/publications/strategy-alternatives-for-the-british-motorcycle-industry.

10. American Honda 50th Anniversary Timeline, accessed July 8, 2017, http://hondanews.com/releases/american-honda-50th-anniversary-timeline?l=en-US&mode=print.

11. "Establishing American Honda Motor Co. / 1959," Honda Worldwide, accessed July 8, 2017, http://world.honda.com/history/challenge/1959establishingamericanhonda/page03.html.

12. Adam Richardson, "Lessons from Honda's Early Adaptive Strategy," Harvard Business Review, July 23, 2014, https://hbr.org/2011/02/lessons-from-hondas-early-adap.

13. Richard T. Pascale, Perspectives on Strategy (Palo Alto, CA: Graduate School of Business, Stanford University, 1982), 55.

14. Clayton M. Christensen, The Innovator's Dilemma: When New Technologies Cause Great Firms to Fail (Boston: Harvard Business Review Press, 2016), 150–153.

15. Richardson, "Lessons from Honda's Early Adaptive Strategy."

16. Henry Mintzberg and James A. Waters, "Of Strategies, Delibrate and Emergent," Strategic Management Journal 6, no. 3 (1985): 257–272, doi:10.1002/smj.4250060306.

17. Edwin Catmull and Amy Wallace, Creativity, Inc. Overcoming the Unseen Forces That Stand in the Way of True Inspiration (New York: Random House, 2015).

18. Amar Bhide, "Bootstrap Finance: The Art of Start-ups," Harvard Business Review, August 22, 2014, https://hbr.org/1992/11/bootstrap-finance-the-art-of-start-ups.

19. Justin D. Martin, "How to Predict Whether a New Media Venture Will Fail," Quartz, December 10, 2012, https://qz.com/35481/how-to-predict-whether-a-new-media-venture-will-fail/.

20. "The Lean Startup," The Lean Startup: The Movement That Is Transforming How New Products Are Built and Launched, accessed July 9, 2017, http://theleanstartup.com/.

21. J. L. Bower and C. G. Gilbert, eds., From Resource Allocation to Strategy (Oxford, New York: Oxford University Press, 2005).

22. R. A. Burgelman, "Intraorganizational Ecology of Strategy Making and

Organizational Adaptation: Theory and Filed Research," Organization Science 2, no. 3 (1991): 239–262.

23. T. Noda and J. L. Bower, "Strategy Making as Iterated Processes of Resource Allocation," Strategic Management Journal 17, no. 7 (1996): 159–192.

24. C. G. Gilbert, "Unbundling the Structure of Inertia: Resource Versus Routine Rigidity," Academy of Management Journal 48, no. 5 (2005): 741–763.

25. Christensen, Innovator's Dilemma.

26. Fortune Editors, "Is Google Suffering from Microsoft Syndrome?" Fortune. com, July 31, 2014, http://fortune.com/2011/08/04/is-google-suffering-from-microsoft-syndrome/.

27. Jessica E. Lessin, "Apple Gives In to Employee Perks," Wall Street Journal, November 12, 2012, https://www.wsj.com/articles/SB100014241278873 24073504578115071154910456.

28. Steven Levy, "Google's Larry Page on Why Moon Shots Matter," Wired, January 17, 2013, accessed October 16, 2017, https://www.wired.com/2013/01/ff-qa-larry-page/.

29. "Google Inc. (NASDAQ:GOOG), 3M Company (NYSE:MMM)—Google: An Ecosystem of Entrepreneurs," Benzinga, accessed October 16, 2017, https://www.benzinga.com/general/10/09/498671/google-an-ecosystem-of-entrepreneurs.

30. Lara O'Reilly, "The 30 Biggest Media Companies in the World," Business Insider, May 31, 2016, http://www.businessinsider.com/the-30-biggest-media-owners-in-the-world-2016-5/#20-hearst-corporation-4-billion-in-media-revenue-11.

31. Eric Rosenberg, "The Business of Google (GOOG)," Investopedia, August 5, 2016, http://www.investopedia.com/articles/investing/020515/business-google.asp.

32. Zach Epstein, "Google Bought Motorola for $12.5B, Sold It for $2.9B, and Called the Deal 'a Success,'" BGR, February 13, 2014, http://bgr.com/2014/02/13/google-motorola-sale-interview-lenovo/.

33. Charlie Sorrel, "Google to Stop Selling Nexus One," Wired, June 4, 2017, https://www.wired.com/2010/07/google-to-stop-selling-nexus-one/.

34. Klint Finley, "Google Fiber Sheds Workers as It Looks to a Wireless Future," Wired, June 3, 2017, accessed October 16, 2017, https://www.wired.com/2017/02/google-fiber-restructure/.

35. Andrew Cave, "Why Google Glass Flopped," Forbes, February 15, 2015,

https://www.forbes.com/sites/andrewcave/2015/01/20/a-failure-of-leadership-or-design-why-google-glass-flopped/.

36. Doug Gross, "Google: Self-Driving Cars Are Mastering City Streets," CNN, April 28, 2014, http://www.cnn.com/2014/04/28/tech/innovation/google-self-driving-car/; Max Chafkin, "Uber's First Self-Driving Fleet Arrives in Pittsburgh This Month," Bloomberg.com, August 18, 2016, https://www.bloomberg.com/news/features/2016-08-18/uber-s-first-self-driving-fleet-arrives-inpittsburgh-this-month-is06r7on; Neal E. Boudette, "Tesla Upgrades Autopilot in Cars on the Road," New York Times, September 23, 2016, https://www.nytimes.com/2016/09/24/business/tesla-upgrades-autopilot-in-cars-on-the-road.html.

37. Eugene Kim, "Jeff Bezos Says Amazon Is Not Afraid to Fail—hese 9 Failures Show He's Not Kidding," Business Insider, October 21, 2015, http://www.businessinsider.com/amazons-biggest-flops-2015-10/#in-2012-amazon-shut-down-endlesscom-a-high-end-fashion-commerce-site-and-moved-it-under-amazoncomfashion-it-still-owns-other-non-amazon-branded-fashion-sites-like-zappos-and-shopbop-7.

38. Issie Lapowsky, "Jeff Bezos Defends the Fire Phone's Flop and Amazon's Dismal Earnings," Wired, June 2, 2017, https://www.wired.com/2014/12/jeff-bezos-ignition-conference/.

39. Austin Carr, "The Real Story Behind Jeff Bezos's Fire Phone Debacle and What It Means for Amazon's Future," Fast Company, July 8, 2017, https://www.fastcompany.com/3039887/under-fire.

40. Joshua Brustein and Spencer Soper, "The Real Story of How Amazon Built the Echo," Bloomberg.com, April 18, 2016, https://www.bloomberg.com/features/2016-amazon-echo/.

41. James F. Peltz and Makeda Easter, "Amazon Shakes up the Grocery Business with Its $13.7-Billion Deal to Buy Whole Foods," Los Angeles Times, June 16, 2017, http://www.latimes.com/business/la-fi-amazon-whole-foods-20170616-story.html.

42. Tim Higgins and Nathan Olivarez-Giles, "Google Details New Pixel Smartphones, Amazon Echo Rival," Wall Street Journal, October 5, 2016, https://www.wsj.com/articles/google-to-detail-amazon-echo-fighter-called-home-new-phones-1475592365.

43. Sarah Perez, "Amazon's Alexa Passes 15,000 Skills, up from 10,000 in February," TechCrunch, July 3, 2017, https://techcrunch.com/2017/07/03/amazons-alexa-passes-15000-skills-up-from-10000-in-february/.

44. Mike Sullivan and Eugene Kim, "What Apple's HomePod Is Up Against,"

Information, June 20, 2017, https://www.theinformation.com/what-apples-homepod-is-up-against.

45. Brian X. Chen, "Google Home vs. Amazon Echo. Let the Battle Begin," New York Times, May 18, 2016, https://www.nytimes.com/2016/05/19/technology/personaltech/google-home-a-smart-speaker-with-a-search-giant-for-a-brain.html?_r=0.

46. Richard H. Thaler, Misbehaving: The Making of Behavioral Economics (New York: W. W. Norton, 2016).

47. The concept of a "deep dive" was first published as a working paper while I was a doctoral student at Harvard Business School. Yu, Howard H.,and Joseph L. Bower. "Taking a 'Deep Dive: What Only a Top Leader Can Do." Harvard Business School Working Paper, No. 09-109, April 2009 (Rev. February 2010, May 2010.) The study then won the Best Paper Award in the Israel Strategy Conference 2010. See Yu, Howard H., "Leopards Sometimes Change Their Spots: How Firms Manage a Shift between Strategic Archetypes"(September 9, 2010). Israel Strategy Conference, 2010. Available at SSRN: https://ssrn.com/abstract=1733430. I owe much of this discovery to my dissertation committee chair Joseph Bower.

맺는 글

1. Kim Gittleson, "Can a Company Live Forever?" BBC News, January 19, 2012, http://www.bbc.com/news/business-16611040.

2. Neil Dahlstrom and Jeremy Dahlstrom, The John Deere Story: A Biography of Plowmakers John & Charles Deere (DeKalb: Northern Illinois University Press, 2007), 12-14.

3. Margaret Hall, John Deere (Chicago: Heinemann Library, 2004), 30.

4. David Magee, The John Deere Way: Performance That Endures (Hoboken,NJ: John Wiley, 2005), 6.

5. Randy Leffingwell, Classic Farm Tractors: History of the Farm Tractor(New York: Crestline, 2010), 82.

6. Magee, The John Deere Way, 57.

7. Ronald K. Leonard and Richard Teal, John Deere Snowmobiles: Development, Production, Competition and Evolution, 1971-1983 (Jefferson, NC:McFarland & Company, 2014), 15.

8. Andrea Peterson, "Google Didn't Lead the Self-Driving Vehicle

Revolution John Deere Did," Washington Post, June 22, 2015, https://www.washingtonpost.com/news/the-switch/wp/2015/06/22/google-didnt-lead-the-self-driving-vehicle-revolution-john-deere-did/?utm_term=.402c93254201.

9. Pietra Rivoli, The Travels of a T-Shirt in the Global Economy (Hoboken,NJ: Wiley, 2009), 41.

10. USDA ERS, "Glossary," accessed July 14, 2017, https://www.ers.usda.gov/topics/farm-economy/farm-household-well-being/glossary.aspx#familyfarm.

11. Michael E. Porter and James E. Heppelmann, "How Smart, Connected Products Are Transforming Competition," Harvard Business Review, March 17, 2017, https://hbr.org/2014/11/how-smart-connected-products-are-transforming-competition.

12. Andrew McAfee and Erik Brynjolfsson, Machine Platform Crowd:Harnessing Our Digital Future (New York: W. W. Norton, 2017), 204.

13. "Why Fintech Won't Kill Banks," Economist, June 16, 2015, accessed October 20, 2017, https://www.economist.com/blogs/economist-explains/2015/06/economist-explains-12.

14. DuPont Pioneer and John Deere, "DuPont Pioneer and John Deere Help Growers to See More Green," Pioneer Hi-Bred News Releases, May 24, 2016, https://www.pioneer.com/home/site/about/news-media/news-releases/template.CONTENT/guid.0642711A-FCCC-A4F0-21A6-AF150D49ED01.

15. Ina Fried, "John Deere Quietly Opens Tech Office in San Francisco," Axios, June 26, 2017, https://www.axios.com/john-deere-quietly-opens-a-lab-in-san-francisco-2448240040.html.

위대한 도약

초판 1쇄 인쇄 2021년 8월 10일
초판 1쇄 발행 2021년 8월 18일

지은이 하워드 유
옮긴이 윤태경

펴낸이 김남전
편집장 유다형 | 기획편집 박혜연 | 디자인 정란
마케팅 정상원 한웅 정용민 김건우 | 경영관리 임종열 김하은

펴낸곳 ㈜가나문화콘텐츠 | 출판 등록 2002년 2월 15일 제10-2308호
주소 경기도 고양시 덕양구 호원길 3-2
전화 02-717-5494(편집부) 02-332-7755(관리부) | 팩스 02-324-9944
포스트 post.naver.com/ganapub1 | 페이스북 facebook.com/ganapub1
인스타그램 instagram.com/ganapub1

ISBN 978-89-5736-242-6 (03320)

가나출판사는 당신의 소중한 투고 원고를 기다립니다. 책 출간에 대한 기획이나 원고가 있으신 분은 이메일
ganapub@naver.com으로 보내주세요.